U0525465

穿行 诗与思的边界

语言
Language
意义
Meaning & World
世界
语言哲学简史

王维 著

图书在版编目（CIP）数据

语言·意义·世界：语言哲学简史/王维著. --
北京：中信出版社，2024.4
ISBN 978-7-5217-6455-0

I.①语… II.①王… III.①语言哲学－语言学史－
通俗读物 IV.① H0-09

中国国家版本馆 CIP 数据核字（2024）第 059706 号

语言·意义·世界：语言哲学简史

著者： 王维
出版发行：中信出版集团股份有限公司
（北京市朝阳区东三环北路 27 号嘉铭中心 邮编 100020）
承印者： 北京通州皇家印刷厂

开本：880mm×1230mm 1/32　　印张：10.75　　字数：190 千字
版次：2024 年 4 月第 1 版　　　　印次：2024 年 4 月第 1 次印刷
书号：ISBN 978-7-5217-6455-0
定价：78.00 元

版权所有·侵权必究
如有印刷、装订问题，本公司负责调换。
服务热线：400-600-8099
投稿邮箱：author@citicpub.com

序

我一直认为，每个人都应该了解一点语言哲学。

所谓语言哲学（Philosophy of Language），顾名思义，就是关于语言的哲学。它关切语言的意义、指称、用法，以及语言与思维之间的关系等命题，但它的最终目的是通过对语言的探究来理解世界。这一点同具体的语言科学不同，尽管它们的研究对象都是语言。

本书所涉及的哲学家，如弗雷格、罗素、维特根斯坦等，都是推动语言哲学的关键人物，人们也时常将他们划在英美分析哲学的阵营中。当然，要说起来，在20世纪与英美哲学相对而言的欧陆哲学也不乏对语言的研究，但这本书的内容主要还是偏向分析哲学这一传统。

为什么每个人都应该了解一点语言哲学呢？这主要有三方面原因。

第一，语言哲学既是属于我们这个时代的哲学，也是哲学理应关切的最基本问题。哲学追问意义：存在的意义、生命的意义、科学的意义、美的意义……但一个更在先的问题是：什么是"意义"？或者什么是我们所谓"意义"的标准？我们获得意义的途径又有哪些？这些都涉及对语言自身的理解，因为我们毕竟是通过语言去追问意义的。因此，意义问题便成为语言哲学的核心议题。

虽说从20世纪初发展至今，与语言哲学有关的问题领域不断发生扩展和变化，但人们依然把语言的意义问题看作一个基本问题，把对语言的分析视为进入问题的一种基本方法。因此，生于这个时代的我们如果对哲学感兴趣，不了解一下属于这个时代的哲学思潮是说不过去的。

第二，所谓哲学的语言转向虽形成于20世纪，但其实自古以来人们就关注语言问题，毕竟语言对人来说是至关重要的。亚里士多德早就说过，人是唯一具有语言（logos）的动物。我们一出生就努力地咿呀学语，想要与人沟通。我们用语言表达情感，也通过语言来传递信息。我们不仅在日常生活中使用语言，在精神活动中更是离不开语言。如果没有语言，我们就无法向家人吐露心声，无法向爱人倾诉衷肠，无法欣赏任何诗词歌赋，更无法交流知识与思想。可以说，人类文明是建立在语言上的。当然，很多动物也能在彼此间传递信息，"两岸猿声啼不住"，"百啭千声随意移"，但它们毕竟没有像人类语言一样复杂的符号系统，也就未能展现如人类精神世界那样的丰富性。海德格尔说，语言是存在的家。人的存在是通过语言显示的，如果没有语言，也就没有人的存在。

有一种观点认为，语言是思想赖以形成的器官，思维只有借助语言才是可能的。这意味着，我们怎样使用语言，就怎样思考世界。也许这个说法言过其实，但仔细想来，我们的言语至少能反映我们的思维状况。有时候，我们常有话到嘴边却说不出来的感受。说不出来，就表明我们没有形成清晰的想法。还有时候，我们说了什么却好像什么也没有说，因为我们说出的是一串混乱的或无意义的话语。这就像如果我们提出一个问题却找不到问题的答案，不一定是因为问题太难，还可能是因为这是一个错误的或无意义的问题。可见，我们如何使用语言（在很大程度上）能够反映我们如何思维，而我们如何思维又决定了我们如何理解世界。因此，错误地使用语言至少表明我们对世界的理解是混乱的。哲学始于对未知的惊奇，对真理的渴望，可如果我们连提出一个好的问题都做不到，还谈何通达真理呢？

千万不要认为只有普通人才会犯错误。在哲学史上就有不少人说出一些似是而非的话，却把它们看作重要的哲学命题，其中不乏对语言的错误理解和使用。因此，对语言的正确理解对于我们更好地进入哲学是具有奠基作用的，对语言哲学的学习对于我们重新审视那些经典的哲学命题也是很有帮助的。

第三，我们学习语言哲学的目的，不仅是了解其中的观点主张，更重要的是学习它的思维方法。语言哲学采用的是一种分析的方法，语言分析是一种逻辑分析，因此它是逻辑思维的一种体现。逻辑思维是西方哲学一以贯之的思维传统，我们学习哲学的一个重要目的就是培养逻辑思维的能力。

培养逻辑思维不是应该去学逻辑学吗？没错。但要养成一种健全的逻辑品格，仅仅靠纯粹的逻辑学知识是不够的。很多人虽然懂逻辑，但在现实生活中却不一定讲逻辑，或说讲道理。为什么这么说呢？因为纯粹的逻辑推理是高度形式化的符号运算，它抽掉了一切内容，脱离了现实语境，更少关注意义。然而，我们在绝大多数时候遭遇的恰恰是现实本身。在现实世界里，我们用于思想的语言充满了丰富的意义，因而我们不仅要考虑形式，还要考虑内容。

现实的语言活动同样要遵从逻辑行事，只不过这个逻辑是广义的。我们也把语言所要遵从的逻辑称为语法规则。但语言哲学考虑的不是语法学中的那个语法，不是一个句子的主谓宾结构这种表层语法，而是深层语法，或说普遍语法。我们平常说话，无论表达观点、吐露情感还是说理论证，都要遵从语法规则行事，但它实际遵从的规则可能并不是我们表面上看到的那样。

比如"人太多这里""去吃饭了他"这种话，多多少少都有些不合语法，可这一点儿都不妨碍我们理解这些话的意思。但像"没有颜色的绿色想法愤怒地睡觉"（Colorless green ideas sleep furiously）这样的句子，表面上看好像是符合语法的，却难说有什么实际的意思。为什么不合语法的句子我们能理解，符合语法的句子反倒不能理解呢？这正是由于决定语言意义的不是我们表面上看到的那类语法规则，而是更深层次的语法。如果我们看不到更深的这一层，就会被表象迷惑，从而在哲学运思乃至现实生活中犯一些理解或认识上的错误。

因此，语言分析的目的就是通过对语言的细致考察来揭示那些被遮蔽的规则。在这个过程中，它带领我们深入语言的内部结构，使我们认清语言活动的本质。它规范我们如何说话，更重要的是，它引导我们如何说理。这不仅对于我们进入哲学命题是必要的，对于我们面向现实生活、摆脱那些混乱的言语或实际上无意义的说辞所造成的困惑同样是必要的。语言分析可以为我们提供这种思维训练，这也是我们应当学习语言哲学的最主要原因。

当然，这并不是说语言哲学家对问题的理解和解释都是正确的。恰恰相反，在很多方面，他们的观点和立场也饱受各种质疑和批判。在本书中，我们不仅应了解这些哲学家都提出了哪些主张，更应反思他们的观点都存在哪些问题。哲学的本质是思辨的过程，这表明哲学崇尚的是一种思的流动，而反对停滞在任何固有观念中。不轻易地接受某个观点，不轻易地放过某段论证，我们才能真正培养思辨的品格。

目 录

第一章
语言哲学的诞生 001

　　第一节　20 世纪之前　　001
　　第二节　20 世纪之后　　006

第二章
弗雷格的理想语言 013

　　第一节　奠基者　　014
　　第二节　含义与指称　　019
　　第三节　概念与对象（上）　　028
　　第四节　概念与对象（下）　　036

第三章
罗素的描述语理论 043

　　第一节　逻辑原子主义　　044
　　第二节　描述语（上）　　048

第三节 描述语（下） 054
第四节 罗素悖论 062

第四章
维特根斯坦的逻辑哲学论 069

第一节 美好的一生 070
第二节 世界是事实的总和 074
第三节 世界的逻辑图像 082
第四节 可说与不可说 088
第五节 生命的意义 095
第六节 如何理解 101

第五章
逻辑实证主义的可证实原则 109

第一节 维特根斯坦与维也纳学派 110
第二节 可证实的命题 116
第三节 不可证实的命题 121
第四节 可证实原则的疑难 128

第六章
维特根斯坦的语言游戏说 137

第一节 日常语言转向 137
第二节 意义即使用 142

第三节 家族相似性　　　　　　　148
第四节 语法规则　　　　　　　　156
第五节 遵守规则的悖论　　　　　161
第六节 私有语言问题　　　　　　169

第七章
牛津学派的日常语言哲学　　　177

第一节 心的概念　　　　　　　　178
第二节 言语行为理论　　　　　　185
第三节 描述的形而上学　　　　　193

第八章
蒯因的逻辑实用主义　　　　　201

第一节 实用主义传统　　　　　　202
第二节 经验主义的两个教条　　　208
第三节 本体论承诺　　　　　　　215
第四节 翻译的不确定性　　　　　223

第九章
戴维森的真值条件论　　　　　235

第一节 真理定义　　　　　　　　236
第二节 真理与意义　　　　　　　243
第三节 解释理论　　　　　　　　247

第十章
克里普克的可能世界   **255**

   第一节 可能世界理论   256
   第二节 历史因果命名理论   261
   第三节 先天偶然与后天必然   269

第十一章
普特南的缸中之脑   **277**

   第一节 语义外在论   278
   第二节 本质主义   283
   第三节 缸中之脑   291

第十二章
塞尔的意向性   **303**

   第一节 再论言语行为   303
   第二节 言语行为与意向性   310
   第三节 意向性与意义   316

参考文献   323

第一章

语言哲学的诞生

熟悉哲学史的朋友都知道,古代哲学最关注的是本体论问题。比如,真实存在的究竟是柏拉图的理念,还是亚里士多德的个别事物?到了现代,也就是自笛卡尔以后,哲学家们又开始反思:我们是如何认识世界的?知识是怎样产生的?源于经验还是诉诸理性?这就是哲学的认识论转向。到了20世纪初,西方哲学又经历了所谓"语言转向"(linguistic turn),这时人们不再仅仅把语言当作哲学思考的工具,而是把它视为一种哲学研究的对象。由此,语言哲学成为20世纪西方哲学的核心议题。

第一节 20世纪之前

虽然语言哲学是发端于20世纪的哲学思潮,但哲学对语言的关切绝不仅仅是20世纪之后才有的事情。

古希腊

古希腊哲人已经注意到语言分析的重要性。比如，苏格拉底对"什么是美"和"美是什么"加以区分，前者追问属于美的具体事物有哪些，后者则追问美这个概念本身的定义是什么。此外，苏格拉底还很关注语词命名问题。柏拉图为什么叫"柏拉图"？马为什么叫"马"？我们对事物的命名只是一种约定俗成，还是应当符合某种自然本性？

在苏格拉底和柏拉图之后，亚里士多德对语言进行了更为系统的考察。比如在《范畴篇》中，他详细地讨论了什么能够在句子中充当主词，而什么充当谓词，并由此划分了语词的不同类型，这就是他所谓的范畴。到了《解释篇》，他又从名词、动词、句子的定义开始，逐步延伸到对简单命题与复合命题、全称命题与特称命题、相反命题与矛盾命题等问题的考察，从而阐明了他的逻辑学思想。可以说，亚里士多德对语言的考察是非常全面的。同时我们也不难发现，由他开创的逻辑学正是通过对语言的分析建立起来的——逻辑学就是语言分析的产物。通过分析，句子与句子之间的推理关系得到澄明，而逻辑学所研究的就是这种推理关系。因此，说亚里士多德不仅是逻辑学而且也是语言学或语言哲学的鼻祖，一点儿也不过分。

中世纪

人们一般认为，中世纪哲学不再像古希腊时期那么丰富多彩了，但也绝非一无是处。甚至，中世纪哲学家在语言研究上可以说是颇有建树的。这一时期出现的唯名论与唯实论之争，也即殊相与共相之争，就是一个与此有关的重要命题。

什么是殊相和共相呢？简单地说，殊相就是个别事物，共相就是个别事物所属的某个类。比如，在"柏拉图是一位哲学家"这句话中，"柏拉图"这个词对应的是一个殊相，也就是某个个别的人，而"哲学家"这个词对应的是一个共相，也就是哲学家这个类。同样，这块红色的布、这支红色的笔、那条红色的裙子都是殊相，而红色就是共相。换句话说，殊相指的就是那些我们在经验世界可以感知到的个别对象，而共相则是从那些具有共同属性的殊相中抽象出来的普遍概念。唯名论与唯实论争议的焦点就是：共相到底是不是真实存在的。

所谓真实存在，或说实在（reality），指的就是独立于我们的心智而存在。唯实论者大都继承了或部分地继承了柏拉图主义的主张，认为共相，也就是像哲学家、红色、善这些普遍概念是真实存在的对象。当然，如果按照柏拉图的说法（极端实在论），这些普遍概念，也就是理念（idea），并不存在于感觉经验的世界，而是存在于理念的世界。唯名论者则恰恰相反，他们的主张同我们今天的一般观念更为接近，认为只有像某个具体的人、某个具体的东西这样的个别事物才是真实存在的。唯名论者的代表人物奥卡姆的威廉就主张：除个别事物外，根本没有其他东西存在。类似"哲学家""红色""善"这样的词，只是源于我们对个别事物的抽象而形成的概念，绝非什么实体对象。他的观点被人们提炼为："如无必要，勿增实体。"这就是所谓"奥卡姆剃刀"原则。

现代早期

到了现代，哲学再次恢复了往日的繁荣。这一时期的哲学家们思路开阔、观点新颖，其中自然不乏对语言的思考。比如，经验主义的奠基人之一洛克支持唯名论的主张，认为共相只是概念，而并非什么真实存在的东西。洛克最关心的问题是人类的知识由何而来。他认为一切知识的基础是我们的观念，而这些观念最终来自个体的感觉经验。他进一步指出，语词是观念的标记，语词所代表的观念就是它的意义。洛克的这种观点被称为"意义的观念论"。当然，他的主张很快就遭到了质疑。

说语词的意义就是它所代表的观念，而观念又来自个体的感觉经验，这似乎是说：在没有获得相应的感觉经验也即相应的观念之前，我们无法理解和使用某个语词。唯理主义者莱布尼茨就此反对洛克说：一个天生双目失明的盲人也可以大谈某种颜色，这显然不是因为他具有这种颜色的感觉经验；一个小孩子在没有见过金子为何物的情况下也可以使用"金子"这个语词，即便他的使用未必正确，但这至少说明我们对语词的学习往往是在实际获得某种观念之前就完成了的。除这些思考外，莱布尼茨还曾提出普遍语言的构想。普遍语言是一种精确构造的人工语言，它不像自然语言那样存在含混或模糊的缺点，而像数学演算一样清晰明确。莱布尼茨设想，有了这种语言，人们出现分歧的时候只需拿起手中的笔，对照这种语言的规则进行推理计算就可以消除一切争论了。他的这个想法启发了不少后来者，弗雷格、罗素以及卡尔纳普等人都曾致力于构建这样一种理想语言。

与洛克同属经验主义阵营的休谟，被逻辑实证主义者视为最重要的思想先驱之一。休谟将数学命题（"观念的关系"）与事实命题（"实际的事情"）明确区分开来，认为前者是确定的、必然的，而后者是不确定的、偶然的。比如说，"1+1=2"这个数学命题就是必然的，而"明天会下雨"这个事实命题就是偶然的。其实莱布尼茨也做过类似的划分，他称之为"理性真理"与"事实真理"。康德将这一划分明确为其先验哲学的出发点，这就是我们后来所熟知的分析判断与综合判断之分。后世的知识论和语言哲学大都沿用了这一划分原则，直到蒯因敏锐地察觉到其中的问题，从而提出对这一基本教条的质疑和挑战。

思想传承

由上可见，虽然我们总说哲学在 20 世纪经历了语言转向，但这并不是说人们突然才开始关心起语言问题的。正如我们所看到的，在 20 世纪到来之前，哲学家们已在不同方面表现出对这类问题的关注，这些都为后来语言哲学的诞生奠定了基础。

苏格拉底对"美是什么"和"什么是美"的思辨，后来被表述为内涵与外延的区别。亚里士多德通过语言分析而提炼出的逻辑学，在现代又被进一步发展为数理逻辑，从而奠定了现代语言分析的方法论基础。中世纪的殊相和共相之争一直延续至今，专名与通名的指称问题仍是焦点。洛克对语词意义问题的思考，更是一发不可收地成为语言哲学的核心议题。至于其他方面，如莱布尼茨的普遍语言设想，康德的分析判断与综合判断之分，我们在前面已经交代过，也都是 20 世纪语言哲学的重要思想来源。

当然，语言转向也是实际发生的事情，它强烈地提示我们：

兴起于20世纪之初的那场哲学运动不可能仅仅是对过去相关思考的简单延续。以往，人们还没有专门把语言看作哲学研究的中心任务，这种看法直到语言转向之后才发生了根本性的改变。

第二节 20世纪之后

为什么哲学在20世纪会经历所谓的语言转向呢？为什么要将语言看作哲学研究最重要甚至是唯一的对象呢？这个事情还得从弗雷格说起，人们普遍认为他是促使语言转向的关键人物。

关键人物

弗雷格构造了一套符号系统，也就是他所谓的"概念文字"。这是一种纯粹的形式语言，它就像数学语言那样是高度抽象的。有了这套形式语言，我们在进行推理论证的时候就不会再像日常语言那样，可能出现含混或不确定的情况。这就为人们审查与澄清传统哲学中所犯的种种语言错误提供了有力的工具，哲学研究也仿佛找到了一种新的方法。因此，语言转向首先是一种方法论的转向。

但它又不仅仅是一种工具或方法。按照弗雷格的说法，这种形式语言所反映的正是思想的形式或结构，对思想的研究就是通过对语言的研究来实现的，而思想又与实在是同一的，哲学研究就是通过对思想的研究来领会实在。结果：语言的结构就是思想的结构，也就是实在的结构；对语言的分析就是对思想的分析，也就是对实在世界的分析。因此，当我们在语言-思想-实在之间建立起这种同一关系，语言就不仅仅是哲学研究的工具，更成为哲学研究的对象了。

科学时代

当然，除了在哲学内部发生的这些变化外，哲学的外部环境也在一直发生着改变。比如，由于现代科学的兴起，原本属于哲学研究的问题领域逐渐让位给了科学。我们关于宇宙、自然甚至人本身的认识，都可以通过科学得到很好的描述和检验。于是有人就说，这是属于科学的时代。哲学家现在为什么要专注于对语词概念的分析和澄清呢？因为语言分析恐怕是哲学家唯一能做的事情。这一点同中世纪经院哲学的处境何其相似！

然而，并非所有人都认同这种悲观的论调。尤其在最近几十年，人们愈加认识到不是所有问题都是科学能够解释或者解释清楚的。哲学家仅仅是为科学理论的阐明做一些服务性的工作吗？这种说法言过其实了，因为哲学对这个世界的理解本就与科学不在同一层面。我们当然重视科学的世界观，但我们同样需要形而上学，后者是无法回避的本体论承诺。只不过，在今天，形而上学的运思要以对语言的分析为前提和路径。语言是存在的家，因而哲学的语言转向绝不是一种退步；相反，它是哲学的本真诉求。这就像，问题看似在遥远的星空，而答案却在我们心底；我们用语言诉说我们的心思，我们用语言勾勒世界的图景。

发展历程

在了解了哲学为什么会发生语言转向之后，我们再对语言哲学的发展历程做一个总体概览。大致来说，这个过程可以被划分为以下几个阶段：一、以弗雷格、罗素、早期维特根斯坦为代表的语言哲学的形成；二、以维也纳学派为代表的逻辑实证主义思潮的兴起；三、以后期维特根斯坦、牛津学派为代表的日常语言哲学的转向；四、以蒯因为代表的逻辑实证主义与美国实用主义的融合；五、以克里普克、塞尔等为代表的语言哲学在当代的新发展。本书各章节基本就是按照这个发展脉络来设置的。

1. 形成时期

人们经常把人工语言和日常语言看作语言哲学内部的两个最主要的流派。所谓人工语言是相对于日常语言（自然语言）来说的。我们生下来就会说的那种话就是日常语言，而人工语言则是人为构造的一套符号系统。我们在前面已经介绍过，在语言哲学中，它主要是由弗雷格开创的。

总的来说，弗雷格倡导一种逻辑主义的观点。这就是要通过构造一种人工语言来对日常语言进行提纯和改造，以更好地为数学、科学及哲学的阐明而服务。这种语言没有日常语言中那种含混或歧义，每个符号的意义都是唯一确定的，每个推理过程都是必然的。它就像逻辑演算那样，绝不会受到偶然经验或主观心理因素的影响，因此可谓一种理想的语言。

罗素也曾是这种理想语言的积极推动者，他和怀特海一同构造的那套逻辑符号演算系统就被看作一种理想的人工语言。罗素还把这种人工语言的分析方法引入到哲学论证中,他创立的描述语理论因此大获成功,被认为是语言分析的典范。

如果说弗雷格和罗素推崇逻辑主义的初衷是将数学逻辑化,那么维特根斯坦在《逻辑哲学论》中的思想则是将这种逻辑主义彻底贯彻为一种语言哲学。维特根斯坦也深受弗雷格和罗素的影响,但他比这两人走得更远。他的语言图像论意在揭示世界的本质:世界是事实的总和,事实由命题所图示,而命题的逻辑形式就是世界的逻辑形式。由此可见,在维特根斯坦那里,逻辑主义不仅是语言分析的工具,更是一种有关语言的形而上学。

2.逻辑实证主义

此后,逻辑实证主义者进一步发扬了人工语言及逻辑主义的方法和理念。他们以维特根斯坦的一些基本主张为口号,如"凡是能说的,都能说清楚",但却并不欣赏维特根斯坦哲学中那种形而上学倾向。在逻辑实证主义者看来,哲学的目的不是为了提出什么哲学论断,而仅仅是通过一类技术性的语言来进行概念分析,从而澄清问题。语言和世界是逻辑同构的,当然,这指的还是那种被高度逻辑化的理想语言。在20世纪30年代前后,逻辑实证主义在整个欧洲甚至全世界都极具影响力,但也很快就遭到了广泛质疑。同时,他们关于建立一种严丝合缝的人工语言的目标也未能圆满实现。

3.日常语言哲学

随后,在语言哲学内部又经历了所谓日常语言转向。维特根斯坦再一次成为推动这一转向的重要人物。他一改早期逻辑主义的基本理念，认为对所谓理想语言的推崇是自己犯的"严重错误"。理想语言就像冰面，那里很光滑却使我们无法前行；为了前行，我们只能回到粗糙的地面。在某种意义上，日常语言的确是粗糙的。它充满了歧义和不确定性，却承载了丰富的意义，而这正是现实中的语言本就具有的面向。理想很骨感，现实很丰满，哲学所考察的理应是现实中的语言。

受维特根斯坦以及其他一些人（如摩尔）的影响，日常语言哲学逐渐在剑桥和牛津生根发芽。越来越多的人认识到，仅仅通过构造一套理想语言并不能解决语言使用中的实际问题。日常语言的确是丰富且复杂的，但只要我们能深入到语言的细微之处，掌握语词在不同语境中的具体用法，我们就能正确地领会其意义，也自然能够清楚无误地表达。因此，语言哲学的任务就应当是通过对语词用法的精细分析来替代那种纯形式的逻辑分析。唯有如此，我们才能真正理解语言的意义，才能真正澄清传统哲学在对语言的使用中所犯的种种错误。

4. 逻辑实用主义

20世纪50年代前后，日常语言哲学进入鼎盛时期。但这并不是说逻辑主义传统就这样销声匿迹了。在美国，逻辑实证主义与美国本土的实用主义相融合，又形成了所谓逻辑实用主义的思潮，其代表人物就是蒯因。实用主义是美国本土的哲学传统，它的基本理念用一句话概括就是：对于一个概念或一种思想，要根据它所产生的实际效果来认识，而不必教条地固守某些原则。蒯因对早期分析哲学家所坚持的一些教条的批判，如对分析命题和综合命题的截然二分，就是这种实用主义精神的体现。

5. 新发展

在最近的四五十年里，伴随着心灵哲学的兴起、形而上学的复兴等新趋势的出现，无论人工语言还是日常语言都不再以某种学派的身份示人，不再以语言哲学的名目引领新的思潮。但是，通过语言分析来考察哲学命题，依然是当代哲学不可或缺的基本方法之一。在克里普克对本质主义的论证中，在普特南对实在论问题的思考中，在塞尔对心灵活动的探索中，无不体现着这种方法论的风采。此外，诸如语言的意义是什么，语言与世界的关系是怎样的，语言是否具有某种普遍的语法规则这样的问题，无论如何仍是一类基础且重要的哲学命题。就此而言，语言哲学依然任重道远。

第二章

弗雷格的理想语言

戈特洛布·弗雷格（Gottlob Frege，1848.11.8—1925.7.26）出生于德国小镇维斯玛，父母都是教师。1869年，他进入耶拿大学学习，两年后转至哥廷根大学，主修数学并获博士学位。后来，他又回到耶拿大学任教，直至退休。他的主要著述有《概念文字》(*Begriffsschrift*)、《算术基础》(*Die Grundlagen der Arithmerik*)、《论概念与对象》(*Über Begriff und Gegenstand*) 和《论含义与指称》(*Über Sinn und Bedeutung*) 等。弗雷格首先是一位数学家和逻辑学家，而他在哲学上的成就与他在数学、逻辑学上的工作密不可分。虽然他可能没有维特根斯坦、罗素那么出名，但却是分析哲学以及语言哲学名副其实的奠基者。

第一节　奠基者

应当说，弗雷格一生的命运是相当凄惨的。在他小时候，父亲就去世了，后来他的几个孩子也都在成年前相继夭折。虽然结出了丰硕的思想成果，他却时常苦闷于无人能理解他的工作。在他生前，他的理论几乎没得到过认可，直到他死后才逐渐为人们所重视。

逻辑主义

我们学习语言哲学是无法绕开弗雷格的，后世的许多理论都与他开创性的工作有着千丝万缕的联系。怀特海与罗素在他们合著的那本《数学原理》中这样写道："在逻辑分析的所有问题上，我们主要从弗雷格那里获得教益。"[1] 维特根斯坦也曾登门拜访并请教过弗雷格，他坦言自己的思想深受弗雷格的影响。此外，逻辑实证主义的主要代表人物卡尔纳普是弗雷格的学生，而在蒯因、克里普克以及达米特等人那里，也能看到弗雷格逻辑学和哲学思想的影响。

弗雷格一生的工作是致力于将数学逻辑化。他认为数学的基础是逻辑，也就是说，数学概念都可以还原为逻辑概念。这种观点被称为逻辑主义。在他的早期著作《概念文字》中，他就试图证明算术系统归根结底是逻辑的一个分支。为此，他开始构建

---

[1] 怀特海、罗素：《数学原理》，第 1 卷序言，英国剑桥大学出版社，1927 年，第 viii 页。

一套包含特殊符号的人工语言，或说形式语言系统。在这一系统中，每个符号都有明确的意义，它们遵循一些明确的规则。这样一来，由那些简单的符号形成的复杂的语言表达式也必然遵循这些规则，句子与句子之间的逻辑关系是确定无疑的。

显然，弗雷格的这套人工语言系统不仅是建立严格的数学体系所需要的那种语言条件，也是一切精确科学所梦寐以求的理想语言。我们在日常生活中使用的自然语言是不完善的、不确定的，由于涉及特殊经验或心理活动，时常存在模糊性和含混性等问题。一种理想语言正是要去除这些不确定的东西，排除一切歧义，摆脱一切心理内容，使得每个语词都具有精确的含义，每个句子或思想都阐述确定无疑的意思。弗雷格正是希望通过这套精确的人工语言来说明算术系统的基本概念、定理和规则，使之能够澄清所有的假设前提，检验所有推导过程。总而言之，就是要让数学证明像逻辑推理那样，一步一步严丝合缝，由一个命题严格推出另一个命题。弗雷格也因这项工作而被誉为现代数理逻辑的奠基人。

三大原则

为了将数学归于逻辑，弗雷格意识到必须将思考推进到哲学的层面。在他的第二部著作《算术基础》中，他提出三条基本原则："1.要把心理学的东西和逻辑的东西、主观的东西和客观的东西明确区别开来；2.必须在句子联系中研究语词的意谓，而不是个别地研究语词的意谓；3. 要时刻看到概念和对象的区别。"[1]
以此作为其哲学研究的基础。

我们先来看第一条原则：要把心理学的东西和逻辑的东西、主观的东西和客观的东西明确区别开来。这样做的目的在于反对心理主义。心理主义大多主张语词概念表示某种主观的东西，我们对其意义的理解要诉诸内在的感觉印象。弗雷格则认为任何概念都具有客观性，它们当然不是什么物理存在，但也绝非任何主观观念（idea），而是一种不依赖于主观感觉或直觉的东西。[2]

弗雷格说，凡是客观的东西都是可以用语词表达的东西。具体而言，我们可以用专名、概念词和关系表达式来表达不同的客观事物。专名（proper name），顾名思义，就是专有名词，"弗雷格""北京""月球"都是专名。专名一般是相对于通名（general name）来说的，后者通常指的是一类事物的名称，比如"人""首都""卫星"。弗雷格所说的概念词差不多就是通名的意思。专名指称对象，如"苏格拉底"指称苏格拉底这个人；概念词指称概念，比如"老师"这个概念词指称的是老师这个概念；关系表达式指称关系，比如"5大于4"，这里的"什么大于什么"就是个关系表达式，它指称的是大于这个关系。

那如何理解概念和关系也具有客观实在性呢？根据弗雷格，无论"老师"还是"什么大于什么"，这些概念词或关系表达式

---

1 弗雷格：《算术基础》，王路译，北京，商务印书馆，1998年，第8~9页。
2 弗雷格是坚定的反心理主义者，在这一点上他对同时代以及后世的哲学家也有不小影响，其中就包括被誉为现象学之父的胡塞尔。弗雷格曾给胡塞尔的著作《算术哲学》写过书评，批评后者有心理主义的倾向。这在很大程度上影响了胡塞尔，使他转而反对心理主义的立场。

都是客观、公共地被我们使用的，我们对某个概念的认识不因你我不同的主观感知而有所不同。这就像一说到"老师"，我们都会认同它有一个基本的意思，是能被我们共同理解的，因此对意义的考察就是客观的。这种客观性的基础绝不在感觉印象或直觉中，而是在理性中。

再看第二条原则：必须在句子联系中研究语词的意谓，而不是个别地研究语词的意谓。与我们通常的理解不同，弗雷格认为语词不是单独就具有意义的，我们必须在一个句子的整体语境中去考察语词的意义，因而它也被称为"语境原则"。这意味着语言使用的基本单位是句子，而不是语词。这一主张的影响同样深远，卡尔纳普以及维特根斯坦等人都赞同并受到这一观点的启发。

最后看第三条原则：要时刻看到概念和对象的区别。在"苏格拉底是哲学家"这句话里，苏格拉底就是一个对象，而哲学家是一个概念。因此，对象就是像某个具体的人、某棵个别的树这样的个别事物，它们不同于它们所归属的那些概念。我们绝不能将概念视为对象那样的东西，从而赋予它们实体性。在语言的层面，这意味着"苏格拉底"只能做主词，而"是哲学家"只能做谓词，传统哲学中所犯的诸多"存在谬误"正是由于没能认识到这种区别才引起的。由此可见，对概念和对象之间关系的理解是至关重要的。

以上三条原则实际上都与弗雷格最初的目标一致，即致力于将数学归于逻辑。但《算术基础》这本书如同《概念文字》一样并未引起广泛重视，相反却招致不少批评。然而，弗雷格并没有停止他的工作，在随后几年他陆续发表了多篇论文，其中《论概念与对象》和《论含义与指称》影响重大。

正如前文所述，在《算术基础》这本书的第三条原则中，弗雷格已经开始强调概念和对象的区别，现在他又专门撰文再次论述这个观点。可见这一主张在弗雷格那里是极其重要的，我们会在本章第三、四节专门介绍这个问题。《论含义与指称》这篇论文则被看作弗雷格对意义理论做出的突出贡献。语言哲学的基本命题就是对意义的追问，由此产生了各种形式的意义理论。弗雷格在这篇论文中也提出了他自己的观点。所谓含义，就是一个语词最基本的、被共同理解和使用的那个意思，而指称就是语词所指的对象。弗雷格要表明的是，含义与指称之间是有区别的。他在这方面的思想也引起了后世广泛而又深远的讨论。具体内容我们将在下一节详述。

理想破灭

弗雷格致力于将数学逻辑化的目标是极其坚定的。后来，他更试图将所有著述汇总起来，形成一部关于逻辑哲学的完整著作，以此来最终实现逻辑主义的愿景。于是，在《算术的基本法则》(*Die Grundgesetze der Arithmerik*)中，他开始统一梳理以往的观点，并采用更加技术性的逻辑语言来表达算术系统的基本概念和规则。为此，他进一步主张可以用概念的外延或说类来定义自然数的性质。然而，就在弗雷格认为一切都大功告成时，他收到一封对他的事业产生毁灭性打击的信件。

这封信是罗素寄来的，信中提到了那个著名的罗素悖论。罗素通过这一悖论指出弗雷格想用类概念定义数的想法存在一个基本矛盾，从而最终使得弗雷格试图将数学逻辑化的愿望毁于一旦。在《算术的基本法则》第二卷附录中，弗雷格不无伤感地写道："在工作结束以后才发现自己建造的大厦的基础已经动摇，对于一个科学家来说，没有比这更为不幸的了。"

关于罗素悖论的具体内容，我们会在罗素一章再做详述，在此我们只需知道，当弗雷格认识到自己的理论存在重大问题时，他诚实地接受了这一结果。虽然这是他一生的心血，但他始终把追求真理放在最重要的位置。现在，他被真理打败了，满脸倦容却依然无悔。作为一个普通人，弗雷格的一生是不幸的；作为一个理论家，他也未能在生前获得多少肯定。但他不会因此而有什么怨言，因为仅纯粹的探求真理就已经超越了任何世俗的评判，弗雷格一定深知这一点。正因如此，他的理论光辉并不因时光而有丝毫褪色，相反却激起层层涟漪。

我们在开始时曾说，弗雷格首先是一位数学家，因此他关于语言的思考主要是为了数学研究。然而，他为建立一种严格的理想语言的努力，以及他对含义与指称、概念与对象的区分等思想，已远远超出了数学或逻辑学的理论成就。受他的启发，通过对语言的逻辑分析来澄清哲学命题成为一种新风尚，哲学的语言转向由此初见端倪。正是在这个意义上，我们说弗雷格是语言哲学当之无愧的奠基者。

第二节 含义与指称

意义理论是语言哲学的核心问题，在语言哲学家看来，这甚至是一切哲学的基础问题。我们通过意义认识世界，我们也通过意义实现交流。那么,语词或句子的意义究竟是什么?意义的来源是什么?或者说,是什么构成了对语言表达式的理解?这自然成为语言哲学家首要关心的问题。弗雷格并没有专门提出某种意义理论,但他在《论含义与指称》中的思考却为意义理论的发展提供了重要基础。

基本概念

有一种流行的观点认为语词的意义就是它的指称。所谓指称,就是语词所指的对象,比如"苏格拉底"这个词的指称就是苏格拉底这个人,"月亮"的指称就是天上那个月亮。意义就是指称的意思无非是说,一个词的意义就是它所指的对象,因此苏格拉底这个人就是"苏格拉底"这个词的意义。但弗雷格不同意这种观点。他认为语词不仅有指称,也有含义,二者共同构成一个词的意义,并且他更强调含义的重要性。

那含义是什么呢?含义是相对于观念或意象(image)来说的。在弗雷格看来,观念是主观的,它是某人脑中所唤起的或者联想到的想法,也就是说,观念是私人的,而不是公共的。比如一说到"月亮",你和我脑中所能联想到的那些观念恐怕是不尽相同的,甚至是很不一样的。你想到的可能是残月,而我想到的可能是满月;你联想到的可能是嫦娥,而我联想到的可能是月饼。每个人的观念都是主观的、千差万别的。然而,一个词的含义是客观的,它承载了一个词最基本的、被共同理解和使用的意思。比如说,"月亮"的含义可以是"围绕地球公转的那颗卫星"。我一说"围绕地球公转的那颗卫星",你马上就明白我说的意思，你不会没来由地联想到其他东西，你会明白我指的是月球。因此含义是客观的，或说是公共的。此外，弗雷格强调说一个词可能没有指称，但它一定有含义。比如"方的圆"，现实中不存在方的圆这种东西，但是不能说"方的圆"没有任何意思。

等同关系

弗雷格强调区分含义与指称的思想并不难理解，但我们要关注的重点在于他是怎么发现并思考这个问题，从而最终得出这个结论的。须知，对于一个哲学家来说，最重要的是他思想的过程，而不是结论。那么接下来，我们就看看弗雷格是怎样论证他的观点的。

他首先提出这样一个问题：相同或者等同（sameness）这个概念是什么意思？它指的是一种关系吗？那是什么和什么之间的关系呢？随后，带着这些疑问，弗雷格考察了两种不同形式的等同关系：a=a 和 a=b。

我们先来看 a=a 这种情况，这个等同关系是必然成立的。用逻辑学的术语说，它符合逻辑同一律；用形而上学的术语说，它遵从自身同一性。比如，"晨星是晨星"无非就是说晨星等同于它自身。然而，a=b 在形式上与 a=a 不同，前者无法直接诉诸逻辑同一律。但只要 a 和 b 表示的是同一对象，a=b 也是成立的，例如"晨星是暮星"这种情况。"晨星"和"暮星"是两个不同的语词符号，因而我们就不能说"晨星是暮星"是像"晨星是晨星"那样源自同一律了。但由于"晨星"和"暮星"这两个名称指的都是同一颗星，也即金星，所以晨星就是暮星。

但如果是这样，那 a=b 这种等同关系与 a=a 有什么区别呢？按照这种解释，无论 a=a 还是 a=b，它们都表示的是同一对象的等同关系。"晨星是晨星"指的是同一颗星（金星），"晨星是暮星"也指的是同一颗星（金星）。那么等同关系指的就是对象自身的同一。因此，除了符号形式的不同外，a=b 和 a=a 就没什么区别了。但弗雷格说这是不对的。"晨星是晨星"和"晨星是暮星"这两个表达式不仅在形式上存在差异，二者的认识价值也不相同。"晨星是晨星"至多提示了我们对象自身的同一性，而"晨星是暮星"则提供给我们比这更多的知识，前者与后者在认识论的地位上是不同的。

如果说等同关系不是指对象自身的同一，而是两个名称之间的等同呢？在这种情况下，我们只需知道 a 与 b 指称相同，而无须进一步考虑它们如何能与对象建立这种指称关系。比如，"苏格拉底"和"Socrates"都指称苏格拉底这个人，因此即便这两个语词符号存在着形式（物理形状）上的差异，它们仍是等同的。这体现的仅仅是两个符号之间的等同关系，而这样一种等同关系的建立是任意的。如果我现在随便在纸上画一个符号，然后我说它也表示苏格拉底，只要大家接受和认同这种指称关系，那么我们也可以在这个任意的符号和"苏格拉底"或"Socrates"之间建立起等同关系。这样一来，a=b 也就不比 a=a 蕴涵更多知识。但问题在于，很多时候事物的命名并非总是任意武断的，此时如果两个名称 a 和 b 是等同的，那在这种等同关系中就蕴涵着比它们指称相同更多的信息，正如"晨星"和"暮星"这种情况。

再回想一下，我们是怎么知道"晨星是晨星"的？按照康德的说法，我们先天地就知道。因为它是逻辑学的基本知识，是不依赖于经验就能确证的知识。正如我说"王维是王维"，你却说"那我要验证一下"。你需要验证吗？不需要，即便你不知道王维是谁。然而"晨星是暮星"也是先天地或独立于经验之外就能确证的知识吗？显然不是。我们都知道，古人在清晨观察到了一颗明亮的星星，就起名为"晨星"；然后又在傍晚观察到另一颗明亮的星星，就叫它"暮星"。但后来通过天文观测发现，原来它们是同一颗星，即金星，因此我们才认识到晨星就是暮星。天文观测是一个经验的过程，也就是说，我们是通过经验观察才确证了"晨星是暮星"这个知识。因此，一个是无须经验就可确证的知识，一个是经验之后才能获得的知识，二者的认识论地位是不同的。那么 a=a 与 a=b 就不仅是形式上的不同，也存在质的不同。

这样一来，弗雷格的意思就很清楚了。起初，我们认为 a=b 是一种等同关系，因为 a 和 b 指的是同一对象，就像 a=a 那样；可 a=b 又不仅仅是指同一对象那么简单，否则 a=b 与 a=a 就没什么区别了。在"晨星是暮星"的例子中，"晨星"与"暮星"这两个名称不仅指称相同，而且还蕴涵了我们对同一对象的不同表示方式，一个表示的是早晨看到的星星，一个表示的是傍晚看到的星星。因此，a=b 就比 a=a 蕴涵了更多的认识价值，a=a 只表明了逻辑同一律，而 a=b 则带给我们关于对象的更多知识——这就是含义。

至此，弗雷格终于抛出了他的基本观点：a 与 b 指称相同但含义可能不同。

从含义推进到指称

弗雷格说含义有别于观念,现在他又进一步区分了含义和指称,那这三个概念之间究竟是什么关系呢?既然指称就是一个名称所指的对象,而观念是关于对象的主观意象,那么含义便居于指称与观念之间:它不像观念那样是主观的,但也不是对象本身。为了更清楚地说明这一点,弗雷格举了这么一个例子。

当一个人用望远镜去观察月亮时:1. 我们可以把月亮本身比作指称,它是通过投射到望远镜上的真实图像和观察者视网膜上的影像而成为观察对象的;2. 望远镜中显示的那个图像就好比含义,我们通过望远镜才能清晰准确地观察到月亮,而且在望远镜中所呈现的图像是公共的,也就是客观的,因此它相当于含义;3. 最后,在我们视网膜上形成的影像就是观念或意象,我们终究是通过自己的眼睛去直观现象,但视网膜上的成像毕竟是因人而异的、私人化的,也就是主观的,因此它相当于观念。

由此可见,含义不同于观念。你有你的观念,我有我的观念;但含义为我们所共享,它是客观、公共的,是关于对象的真实图像。因此,含义是我们确定指称的手段,是我们理解对象的媒介,正如我们必须通过望远镜才能清晰地观察到月亮那样。专名通过含义的媒介,并且仅仅通过这一媒介才与对象联系在一起。即便是概念词或其他语言表达式,逻辑也是一样的:必须从语词推进到含义,再从含义推进到指称。

弗雷格的这些思想可被归结为"含义决定指称"的语义学原则。这意味着如果一个语词没有表达某种含义,我们就不知道它指的是什么;换句话说,我们唯有通过语词的含义才能确定其指称。但这似乎与我们的日常经验相悖。在更多情况下，我们直接通过某个"命名仪式"就能确定语词的指称，正如我的父亲指着刚出生的我对众人说"这是王维"那样。此时，人们并不是因为"王维"这个词所具有的某种特定含义而知晓这种指称关系的。[1] 类似的例子还包括"美洲""泰坦尼克号""阿迪达斯"等等。

句子的指称是真值

弗雷格认为每个语法上正确的表达式都有含义，尽管它们未必都有指称。比如"离地球最远的天体"肯定是有含义的，但它的指称是什么呢？"最大的自然数"也是有含义的，但它也没有指称。

更细致地来讲，专名、概念词、句子都有含义。专名的含义与它的给定方式有关，我们应当在句子中去理解它。也就是说，专名的含义是句子含义的一部分，这让我们想起弗雷格的语境原则。那么"苏格拉底"的含义是什么呢？有人会说是"索佛洛尼斯科斯的儿子"，也有人会说是"柏拉图的老师"，还有人会说是"那个被雅典法庭处以死刑的哲学家"。这些都可能是"苏格拉底"这一专名的含义。[2]

---

[1] 与此相关的讨论还可参考克里普克一章的内容。
[2] 但这样一来，含义不也像观念那样是因人而异的吗？弗雷格的解释是，这是由于自然语言本身不够完善导致的。在理想语言中，一个表达式的含义应当是唯一确定的。不过，即便同一语词在不同人那里的含义可能不同，这些含义仍然是客观、公共地被所有人接受的，这与主观私人化的观念依然有别。

"哲学家"这个概念词的含义或许是"以哲学为研究对象并拥有较高成就的人"。因此,由专名和概念词组成的句子"苏格拉底是一位哲学家"也必然是有含义的,它由句子的每个组成部分的含义共同构成。弗雷格又把句子(这里主要是指陈述句)的含义称为思想。显然,句子的思想也必然是客观、公共的,它指引我们断定句子的真假。正因如此,弗雷格说:句子的真值就是它的指称。

这句话有几个难点,我们一个一个来解释。首先解释一下真值这个概念,它是相对于数值来说的。我们知道,数值指的是一个数学算式经计算得出的那个结果,比如2+3的数值是5;真值则指的是对一个语言表达式进行断定的结果,这个结果只有两个值——真或假。比如"外面下雪了",对于这句话我们可以通过观察外面是不是真的下雪了来做一个判断。是,则这句话的真值为真;不是,则这句话的真值为假。

其次,句子有指称这件事也需要解释。弗雷格的解释是他把句子(陈述句)也看作专名,这样一来,"苏格拉底"是专名,而"苏格拉底是一位哲学家"也就成了专名。弗雷格的许多概念并不是按照我们通常的理解去使用的,这就容易造成一些混淆,指称也属于这种情况。

我们知道,在弗雷格那里专名的指称是对象,比如"月球"的指称就是月球这颗卫星。然而"卫星"是一个概念词,那么根据弗雷格,"卫星"这个概念词的指称是卫星这个概念,而不是某颗个别的卫星(比如月球或者木卫三)。换句话说,只有专名指称对象,概念词则指称概念,而非概念的外延。这已与我们通常对指称的用法不太一致。至于说句子也有指称,如果你追问指称不是相应于对象吗？弗雷格说没错，真值就是对象，这就更令人感到费解了。因此，弗雷格认为句子的指称是真值的观点也引起了不小争议。

弗雷格的解释是，既然我们是通过含义推进到指称的，就像我们必须通过望远镜才能看清月亮，且一个句子的含义或说思想总是在指引我们断定句子的真或假，而对真或假的断定正是从思想推进到指称的运动，因此我们便不得不把句子的真或假（真值）看作句子的指称。弗雷格进一步说："如果语句的真值是它的指称，那么所有真的语句都具有同一指称。同样，所有假的语句也具有相同的指称。"[1] 并且，正如句子的含义是由其组成部分的含义共同给出的那样，句子的指称也是由其组成部分的指称共同给出的。

"月亮"的指称是天上的月亮，"圆"的指称是圆这个概念，可为什么"今晚的月亮是圆的"这个句子的指称就变成一个真值判断了呢？况且，如果"北京是中华人民共和国的首都"和"北京是中国北方的一座城市"都是真的，也就是说这两个句子具有相同的指称，且它们的主词也具有相同的指称（北京），那么我们能由此断定它们的谓词部分"中华人民共和国的首都"和"中国北方的一座城市"的指称也相同吗？显然不能。弗雷格自己也承认这里可能存在一些争议："因为对于指称来说，指称的整体及其一部分不足以决定它的其他部分。"[2] 维特根斯坦等人更倾向于认为，如果一个句子或说命题要有一个指称，那它就是这个命

---

1 弗雷格：《论涵义和所指》，见《语言哲学》，马蒂尼奇编，牟博等译，北京，商务印书馆，1998年，第384页。
2 同上。

题所反映的事实。比如"外面下雪了"这个句子如果为真,它的指称就是外面下雪了这一事实。

或许我们对弗雷格的理解困难与对 Bedeutung 一词的翻译有关。我们把弗雷格的论文"Über Sinn und Bedeutung"翻译为《论含义与指称》,其中 Sinn 对应"含义",Bedeutung 对应"指称"。但实际上,在德语中 Sinn 和 Bedeutung 的意思非常接近,这就给理解与翻译造成很大困难。英语中对 Bedeutung 一词的常见翻译有 meaning、reference 或 denotation。相较而言,Bedeutung 的本意与 meaning 更近,而与 reference 或 denotation 更远,但后两者才是英语中表示"指称"的常见用法。可见,从 reference 或 denotation 入手去理解弗雷格的 Bedeutung 也有隔膜。因此在中文里,王路先生建议应把弗雷格的 Bedeutung 翻译为"意谓",而非"指称"或"所指",由此强调"含义"与"意谓"的关系不同于"内涵"与"外延"的关系。但这仍无法在根本上解决问题。

第三节　概念与对象(上)

弗雷格说,在所有语法上正确的表达式中,专名指称对象,概念词指称概念。因此,虽然同样有指称,概念词与专名是有区别的,也就是说,由它们所指称的概念与对象是有区别的。那么在这一节,我们来看看二者究竟有什么区别,弗雷格又是如何对此进行分析的。

基本概念

　　首先来了解一下概念（Begriff）和对象（Gegenstand）指的是什么。

　　先说"对象"，我们在上一节已经多次提到这个词，它指的就是独立于我们而客观存在的事物，比如苏格拉底这个人或路边那辆吉普车。那"概念"是什么呢？在"苏格拉底是柏拉图的老师"这句话里，苏格拉底和柏拉图都是对象，而老师就是概念。相对于专名，人们一般把"老师""大象""恒星"这样的名称称为通名，但弗雷格更愿意称它们为概念词（Begriffswort）。他说通名这个词总是引诱人们以为它同专名一样，也是直接与对象相联系，只不过专名指称单个事物（如"苏格拉底"指称苏格拉底），而通名则普遍地指称许多事物（如"老师"指称所有个别的老师）。但弗雷格说这是不对的。如果概念词也像专名那样直接与对象相应，那么概念词与专名，从而概念与对象就没区别了。概念词的指称只能是概念，而不是任何对象。因此，"老师"的指称不是某个个别的老师，而是作为概念的老师。

　　虽然概念词相应于概念，我们也不能混淆二者之间的关系。弗雷格强调概念词只是表示概念的符号，因此"老师"这个词绝不等于老师这个概念。同理，在数学中我们可以用"2"来表示数2，也可以用"二"或"1+1""3-1"来表示2。数还是同一个数，只不过我们可以用不同的符号去表示它。

　　此外，弗雷格认为概念具有客观性，这一点在他反对心理主义的原则中已经介绍过。我们通常认为那些直观可见的具体事物，比如那位老师、这辆车子、那套房子是客观实在的，但现在弗雷格说老师、车子、房子这些抽象概念也是客观实在的。因为当我们谈论这些概念的时候并不是在谈论某种主观的意象：我一说老师这个概念，大家都明白是什么意思。因此，概念是公共的，而绝非某个人心中的私有观念。当然，概念的实在性与对象的实在性不同，弗雷格也未必因此就倒向某种本体论意义上的柏拉图主义。[1]

自变元与函项

既然概念与对象性质不同，那么在逻辑的层面二者之间的区别又是如何体现的呢？为此，作为一个数学家，弗雷格非常具有想象力和创建性地从数学中引入了函数这一概念来解释这个问题。

我们知道，函数是初等数学里的一个基本概念。比如，对于 $2x^2+1$ 这个函数来说，自变元（argument）x 代入不同的数值，就会得出不同的函数值。若 x 的值为 1，代入后就是 $2×1^2+1$，则函数值为 3；x 的值为 2，就是 $2×2^2+1$，则函数值为 9；以此类推。在此我们不难发现，除了自变元 x 可以代入不同的数值外，整个函数的其余部分是不变的，它都满足 $2(\ )^2+1$ 这样一种形式。

弗雷格进一步指出，类似 $2(\ )^2+1$ 这样的函数表达式是

---

[1] 柏拉图认为事物可分为可感的和可知的两类。可感事物就是我们在经验世界中直观可见的那类事物，如个别的人或个别的马；可知事物是独立于可感事物而存在的理念，如人或马的理念。并且理念是更真实完满的存在，可感事物只是理念的分有或摹本，如所有美的事物都分有了美的理念。

不饱和的，或说是不完整的。这是什么意思呢？当自变元或空位（括号）中没有代入一个具体的数时，2（　）^{2}+1 就是悬而未决的，它本身不表示任何数值。只有当我们在空位代入一个具体的数，比如代入 1，则整个函数才能得出一个具体的数值 3。由此便可看出："自变元符号（x）和函数表达式［2（　）^{2}+1］不是同类的，因为自变元确实是一个数，一个自身独立的整体，而函数不是这样的东西。"[1] 因此，自变元本身不属于函数。

那这跟概念与对象有什么关系呢？弗雷格主张概念就像是数学中的函数，而对象则对应自变元。前面说了，相对于自变元 x 来说，函数的形式是不变的。虽然 $2×1^2+1$ 与 $2×2^2+1$ 表示的数值不同，但是都具有一个共同的函数形式 2（　）^{2}+1。那么，比如在"德国的首都""美国的首都"或"中国的首都"这些语言表达式中是不是也存在一个共同的形式，即"（　）的首都"呢？

当我们在空位处代入某个专名，比如"德国"，就得到一个确定的描述语"德国的首都"，而我们知道它的值为"柏林"。同理，代入"美国"，则其值为"华盛顿"；代入"中国"，则其值为"北京"。可见，"（　）的首都"就像 2（　）^{2}+1 一样具有一个不变的形式，而且如同函数的性质，"（　）的首都"也是不饱和的，唯有在空位代入一个专名，这个表达式才会具有一个特定的值。但为了表示区别，在逻辑学中人们习惯于把"（　）的首都"这样的表达式翻译为"函项"，而不是"函数"，其实英文都是一个词：function。

1　弗雷格：《函数和概念》，见《弗雷格哲学论著选辑》，王路译，北京，商务印书馆，1994 年，第 58 页。

同理，在"亚里士多德是一位逻辑学家""弗雷格是一位逻辑学家"和"罗素是一位逻辑学家"这些句子中也存在一个共同的形式，即"（　）是一位逻辑学家"。这个函项表达式也是不饱和的，唯有在空位处代入某个专名，它才成为一个完整的句子，我们才能得到一个值。只不过，这个值不是别的什么，而是真值。因此，这样的函项也被称为真值函项（truth function）。

　　我们在上一节已经介绍过，真值指的是一个句子的真或假。那么当我们给"（　）是一位逻辑学家"代入"亚里士多德"或者"罗素"这类专名时，我们就得到"亚里士多德是一位逻辑学家"或"罗素是一位逻辑学家"这样的句子，显然其真值为真；而当我们代入"爱因斯坦"甚至"地球"这类专名时，其真值为假。换句话说，"（　）是一位逻辑学家"对亚里士多德为真，而对爱因斯坦为假。[1]

　　这里要注意，我们一般说像"老师""首都"或"逻辑学家"这样的词是概念词，但在"亚里士多德是一位逻辑学家"中，弗雷格也把"（　）是一位逻辑学家"这个函项表达式看作一个概念词。这个同我们日常语言的用法可能不太一样，因为弗雷格是从逻辑学的意义上来考虑问题的。实际上，他在这里所谓的概念词接近于我们在传统逻辑中所说的谓词。在传统逻辑中，一个命题是由主词和谓词共同构成的，如在"亚里士多德是一位逻辑学家"这个命题中，"亚里士多德"是主词，"是一位逻辑学家"就

---

[1] 与之相应，弗雷格认为在数学中也存在真值函数。比如，对于函数方程 $x^2=1$ 来说，如果我们给 x 代入 1 或 -1，则其真值为真；代入 0 或 2，则其真值为假。由此可见，正如句子是自然语言的基本单位，方程式是数学语言的基本单位。

是谓词。只不过弗雷格在这里换了一种说法,他把后者称为概念词。[1]

因此,我们也可以把"( )是一位逻辑学家"这个函项表达式称为命题函项(propositional function)。显然,在没有代入自变元之前,该命题函项是不饱和的,它虽然有一个明确的含义,却没有真值。当我们在其空位填入"亚里士多德",则该命题函项成为一个完整的命题——"亚里士多德是一位逻辑学家",而我们也可以由此来断定它的真值。换句话说,一个能够代入特定专名的自变元和一个具有确定意思的命题函项共同构成一个可被断定的命题。由此,弗雷格实现了将数学中的函数概念扩展到更为一般的命题函项理论的目的。

概念词与谓词

虽然我们说弗雷格的概念词接近于传统逻辑中的谓词,但二者又不尽相同。许多在传统逻辑中被认定是谓词的表达式,在他看来却不一定是,而许多在传统逻辑中不是谓词的表达式,他却认为可以当作谓词来看待。这是为什么呢?

对于像"( )是一位哲学家""( )是一颗卫星"或"( )是非常繁华的"这样的函项表达式,当我们在空位代入某个自变元,比如"苏格拉底""月球"和"上海",则"苏格拉底

---

[1] 在逻辑学中,命题指的是语句的意义或思想内容,因而不同语句有可能具有相同的命题。"这朵花是红的"和"The flower is red"是两个句子,但都表达了同一个命题;相似地,"我请你离开!"和"你可以离开吗?"也表达了同一命题。

是一位哲学家""月球是一颗卫星""上海是非常繁华的"这些句子便成为可被断定的命题。在这种情况下,弗雷格的概念词和传统逻辑中的谓词就是一回事。

然而,我们再来看这个例子:"苏格拉底比柏拉图年长。"在传统逻辑中,"苏格拉底"应该是该命题的主词,而"比柏拉图年长"是谓词。但在弗雷格看来,则未必如此。注意,"苏格拉底比柏拉图年长"这个命题跟"苏格拉底是一位哲学家"在形式上是不一样的。我们自然可以按照之前的理解,把"( )比柏拉图年长"看作一个函项或者谓词,于是我们在空位处代入"苏格拉底",这个命题为真;代入"亚里士多德"或"亚历山大",这个命题为假。但我们也完全可以把"柏拉图"看作一个自变元,因为它也是个专名。这样"苏格拉底比( )年长"就变成了一个函项,而在其后的空位代入"柏拉图",这个命题为真;代入"巴门尼德"或"赫拉克利特",这个命题为假。

总之,无论"苏格拉底"还是"柏拉图"都是专名,都可以充当自变元。因此,我们既可以说"苏格拉底"是自变元,"( )比柏拉图年长"是函项;也可以说"柏拉图"是自变元,而"苏格拉底比( )年长"是函项。由此可见,弗雷格界定谓词的标准与传统不同。他更多是从是否构成命题的不饱和部分来判断何谓谓词,而并非根据传统的语法结构。因此,"苏格拉底比( )年长"同"( )比柏拉图年长"一样是函项,它们的逻辑地位与"( )是一位哲学家"或"( )是非常繁华的"没有什么不同,都是在命题中承担谓词的角色。这一点我们需要格外注意。

更进一步来说,"苏格拉底比柏拉图年长"这个命题还可以看成是这样一种函项形式，即"（　）比（　）年长"；同理，"徐志摩爱上了林徽因"也具有"（　）爱上了（　）"这样的函项形式。在这样的形式中，前后两个空位可以代入不同的自变元。比如在函项"（　）爱上了（　）"中分别代入"徐志摩"和"林徽因"，就是"徐志摩爱上了林徽因"，则这个命题为真；而如果分别代入的是"徐志摩"和"梁思成"或"梁思成"和"陆小曼"，则命题为假。

相较于"（　）是一位哲学家"，"（　）比（　）年长"或者"（　）爱上了（　）"这类函项表达式具有两个空位，也就是说，可以代入两个自变元。于是，我们可以把"（　）是一位哲学家"称为一元谓词，而把"（　）比（　）年长"和"（　）爱上了（　）"称为二元谓词。以此类推，"（　）拿（　）打了（　）"就是一个三元谓词，因为它有三个空位。

我们应还记得，弗雷格不仅区分了对象和概念，而且区分了概念与关系。在这里，一元谓词指的就是概念，而二元谓词指的就是关系。因为"（　）比（　）年长"或者"（　）爱上了（　）"表达的都是两个自变元之间的关系，就像数学中的"$x>y$"那样。当然，概念与关系并不像概念与对象那样具有质的不同。因此，更一般的，无论一元谓词、二元谓词还是三元谓词，都可以被看作在句子中充当不饱和函项的概念词。在这个意义上，我们也可以说所有谓词都是概念词，而与之相对的是，只有指称对象的专名才能充当主词。

第四节　概念与对象（下）

通过上一节内容，我们了解了弗雷格对概念与对象的区分。在逻辑的层面上，他主张概念就是函项，对象就是自变元。函项是一个命题的不饱和部分，唯有在其空位代入一个自变元才成为一个可被断定真假的命题。在这一节，我们将触及函项理论较为复杂的部分，并由此聚焦于"存在"这个重要概念是如何在弗雷格的新逻辑中被分析和运用的。

专名与主词

在上一节最后，我们说无论一元谓词还是多元谓词都是句子中的不饱和函项，因此所有谓词都是概念词，而只有专名才能充当主词。然而，难道就不存在概念词充当主词的情况吗？我们也经常看到这样的句子："哲学家是善于反思的""鸟是两足动物""有些行星没有卫星"等等。在这些句子里，"哲学家""鸟""行星"不都是在主词的位置上吗？但弗雷格坚称这样的理解是错误的。这些词都是概念词，因而它们只能起到谓词的作用，而只有专名才能充当主词。

那我们该怎么理解这些句子所反映的情况呢？弗雷格认为这些句子应当被改写。比如，"鸟是两足动物"就应当改写为："如果任何东西是鸟，那它就是两足动物。"经过改写，"是鸟"就如同"是两足动物"一样处在了谓词的位置上，这样一来，就不存在概念词充当主词的情况了。但我们还可以追问：为什么要做这种改写呢？说"鸟是两足动物"有什么问题吗？

在日常语言中这可能没什么问题，但在逻辑分析中就会有问题。当我们把某个专名放在主词的位置，而把某个概念词放在谓词的位置，这就意味着由这个专名所指称的对象具有这个概念词所表示的性质，因而"苏格拉底是一位哲学家"就是说苏格拉底具有哲学家这一性质。但我们不能说在"哲学家是善于反思的"这句话里，"哲学家"这个概念具有善于反思的性质，而是说那些在"哲学家"这一概念下的对象（比如苏格拉底、柏拉图）是善于反思的。因此，我们不能将这个句子中的"哲学家"看作主词，而要对它进行改写："如果某人是哲学家，那么这个人就是善于反思的。"

我们还可用弗雷格自己举的例子来进一步说明这一点。"2是一个正数""2是一个整数""2小于10"这三个句子可以合并为一句话："2是一个小于10的正整数。"在这里，是一个正数、是一个整数、小于10都是数字2的性质。只不过，当我们把这些性质或概念合并起来就是"小于10的正整数"这样一个复合概念。但我们不能说是这个复合概念具有是一个正数或者小于10的性质，而只能说是处于小于10的正整数之下的对象（比如2或者3）才具有这些性质。这就像说红木这个概念既不是红色的，也不是木头，而是处于红木这一概念之下的个体事物才既是红色的，也是块木头。

总之，任何概念词都不能居于主词的位置，如果遇到这种情况，我们必须通过改写把它重新置于谓词的位置上。

二阶概念

如果只有专名才能充当真正的主词,那是否意味着所有概念都只是对象的性质?从前面的论述来看似乎是这样的,但弗雷格却认为并非如此。他说类似存在或有这类概念就不是对象的性质,而只能是概念的性质。为了更好地说明这一点,弗雷格引入了一阶概念和二阶概念的思想。

我们知道,在数学中,如果一个函数的自变元是数,这类函数就可以称为一阶函数;相对而言,如果一个函数的自变元本身就是一个函数,那么这类函数就可以称为二阶函数。与之相应,所谓一阶概念指的是自变元是专名的函项表达式,而所谓二阶概念指的就是自变元是一个一阶概念的函项表达式。[1]

弗雷格说存在就是一个二阶概念,它只能运用于一阶概念上。比如,对于"哲学家存在"来说,"哲学家"是个一阶概念,由于它是不饱和的,我们便可以把它写成"( )是哲学家"这样的函项形式,在其空位代入一个专名(如"苏格拉底")便成为一个可被断定真假的命题。然而,"存在"作为一个二阶概念运用于某个一阶概念上所表示的就是:至少有一个对象处于这一概念下。因此,这个二阶概念的函项形式可以表示为"( )至少有一个对象"。这里的空位代入的只能是像"哲学家"这样的概念词,其表达的是"在哲学家这个概念下至少有一个对象"。同理,说"独角兽不存在"表达的就是"没有哪个对象是处于独角兽这一概念下的"。

---

[1] 我们可以把一个二阶函数或二阶概念写成这样的形式:$F[f(a)]$。

与之相对，弗雷格说我们不能用"存在"直接谓述某个对象，也就是说，"存在"不是一个一阶概念。说"苏格拉底存在"是无意义的，因为我们不能说"至少有一个对象在苏格拉底这个对象之下"。任何对象本身都不是类，而是独一无二的个体。当然，说"苏格拉底存在"就如同说"哲学家是善于反思的"一样，是看起来很平常的话，但按照弗雷格的分析，这些句子却都蕴涵着深层次的逻辑问题。这似乎有悖于我们在日常语言中的直觉，但弗雷格并不是在日常语言的层面来审视这些命题的。

　　我们还可以用另一种方法来说明为什么"存在"不是一个一阶概念。比如，对于"哲学家是善于反思的"这个句子，按照弗雷格的改写原则，它就应当被改写为："如果存在某物，它是哲学家，那么它是善于反思的。"其中，"是哲学家"和"是善于反思的"都是一阶概念，都属于对象（某物）的性质。如果我们依据同样的原则对"哲学家存在"进行改写，就应当是："如果存在某物，它是哲学家，那么它存在。"这无疑是同义反复，说明所谓的谓词"存在"并没有给主词（某物）添加什么新的性质，也就是没有起到谓述主词的作用。同理，对于"哲学家不存在"的改写就应当是："如果存在某物，它是哲学家，那么它不存在。"这又导致自相矛盾。由此可见，与"是哲学家"或"是善于反思的"不同，"存在"不是一个能够直接谓述对象的性质，因而它不是一阶概念。

　　此外，既然"（　）至少有一个对象"这个表达式本身就是一个函项，那么在它的空位处代入不同的一阶概念就可以得到不同的真值。比如，如果代入的是"（　）是会飞的动物"，则这个函项就成为"（　）是会飞的动物至少有一个对象"，翻译成日常语言就是"有些动物是会飞的",并且我们可以断定其真值为真;代入的如果是"（　）是不会死的人",则这个函项为"（　）是不会死的人至少有一个对象",翻译成日常语言就是"有些人是不会死的",则其真值为假。

"存在"不是谓词

注意,我们不要把二阶概念和二元谓词搞混了。虽然看起来它们都指的是那些起谓词作用的表达式,但二元谓词是比如"（　）爱上了（　）"这种形式,这里前后两个空位代入的都是专名,因而它是一个一阶概念。但二阶概念的自变元本身就是个一阶概念,因此我们只能将二阶概念运用于一阶概念,而不能直接运用于对象。

再强调一遍,说"存在"只能运用于一阶概念意味着它不能直接用来谓述在一阶概念之下的对象,也就是说"存在"不是对象的性质。弗雷格就用这一论证支持了"存在不是一个谓词"的传统观点。由此,他进一步主张所谓"上帝存在"的本体论证明是无法自圆其说的。因为在这种证明中人们大都把存在视为一种性质、一个谓词,而既然上帝是无与伦比的至高完满者,那么他就不可能不具有这种性质。但根据前面的分析,"存在"不是一个一阶概念,而是一个二阶概念。因此,如果上帝是一个对象,我们却无法用存在这个二阶概念直接谓述这一对象,那么说"上帝存在"就是无意义的,"存在"也就不可能因此成为上帝的性质。然而,如果上帝是一个概念,那么说"上帝存在"至少是合乎逻辑规定的,但这显然不是那些支持上帝实存的人想要得到的结果。

当然，说"存在"是概念的性质也绝不意味着概念的实存。存在作为一个二阶概念只是表示至少有一个对象处于某个一阶概念之下，而非断言一阶概念具有"存在性"。换言之，说"哲学家存在"或"有一些人是哲学家"只是表示在"哲学家"这个概念下的对象数量不为0；同理，说"金星有0个卫星"的意思无非是说"金星不存在卫星"。因此，本质上它是一种量化方法。

归根结底，虽然"存在"不是一个谓词，但我们可以把它看作一个量词，因为存在与数具有相似性。既然"存在"指的是"至少有一个"，那么对存在的肯定不过是对0这个数的否定，因而"存在"的意思就无非是"不是空的"。由此，弗雷格引入存在量词（或特称量词）这一概念来处理他的逻辑问题。比如，对于"有一些人是哲学家"这个句子就可以进行这样的改写："至少有一个事物是人，且它是哲学家。"（或者把它表述为："存在x，使得x是人且x是哲学家。"）在这里，"是人"和"是哲学家"都起着谓词的作用，而"至少有一个"就是存在量词。

既然存在量词表示的是"至少有一个"，与之相应，弗雷格就把"所有"看作一个全称量词，因为后者表示的是"任何东西"。于是，"所有的鸟都是两条腿的"这个句子就应当被改写为："如果任何东西是鸟，则它是两条腿的。"（或者把它表述为："对于任意x，如果x是鸟，则x是两条腿的。"）在这里，"是鸟"和"是两条腿的"都是谓词，而"任何东西"就是全称量词。实际上，这一改写我们已经在前面示范过了。

以上就是对弗雷格函项理论的基本介绍。或许，从日常语言的视角很难看出我们将"鸟是两条腿的动物"或者"有一些人是哲学家"进行改写的必要性在哪里。我们也仍可以对将"存在"仅作"至少有一个"的量词化理解是否完备这一点展开争论。然而不要忘记,弗雷格的初衷是为了将数学逻辑化而建立某种严格的理想语言。虽然他的努力最终失败了,但这种对语言进行逻辑分析的方法却为后世树立起一座灯塔。在下面的章节中我们就会看到,这种分析的方法如何被发扬光大,并形成后世所谓"语言哲学"这一蔚为壮观的思潮。

第三章
罗素的描述语理论

伯特兰·罗素（Bertrand Russell，1872.5.18—1970.2.2）出生在一个英国贵族家庭，自幼便失去双亲，后来主要由祖母抚养，无奈过着一种"清教徒式的"生活。1890年他进入剑桥大学学习数学，1895年获得三一学院研究员资格，1910年起在校任教。他曾获得诺贝尔文学奖，继承了伯爵爵位，四处访问讲学，一生丰富多彩。他在哲学领域的主要著述包括：《数学原则》(Principles of Mathematics)、《数学原理》(Principia Mathematica)、《哲学问题》(The Problems of Philosophy)、《数理哲学导论》(Introduction to Mathematical Philosophy)、《心的分析》(The Analysis of Mind)、《物的分析》(The Analysis of Matter)、《意义与真理的探究》(An Inquiry into Meaning and Truth)、《西方哲学史》(A History of Western Philosophy)、《逻辑与知识》(Logic and Knowledge)，等等。与弗雷格相比，罗素的名气显然要大很多。尤其是罗素曾访问过中国，对于中国人来说应不陌生。他是20世纪语言哲学的另一位重要奠基者,同样也是一位数学家和逻辑学家。然而与弗雷格不同,罗素的思维旨趣远不止于逻辑哲学的层面。

第一节　逻辑原子主义

总的来说,罗素有四个显著特征:著述颇丰、涉猎广泛、高寿、多情。罗素活到 98 岁,在近一个世纪的生命里,他先后出版过 60 多部著作,且涉猎极其广泛,涵盖了从数理逻辑到哲学、政治、教育、宗教、历史、文学等几乎所有领域。而且,他并不停留在纯粹理论层面,还积极参与政治实践和社会活动。他进过监狱,当然也结过几次婚,谈过不少恋爱。

学术伙伴

罗素在剑桥学习期间便结识了日后重要的学术伙伴,如怀特海和摩尔。一开始受他人影响,罗素对德国唯心主义产生了兴趣,但是读到黑格尔却十分头疼,认为其中不乏混乱和模棱两可的东西,甚至是"神志不清的胡说"。后来在摩尔的影响下,他最终与唯心主义分道扬镳。罗素主要反对的是唯心主义的一元论倾向,并认为这种一元论形而上学的核心理念是所谓"内在关系说",而他则倡导一种多元论的形而上学,即一种"外在关系说"。后来,这种理论发展成为罗素哲学生涯中最重要的主张——逻辑原子主义。

在这一思想演化的进程中有一个突破,罗素称其为革命性的变化。这是在 1900 年，他参加巴黎国际哲学会议期间接触并掌握了数理逻辑的皮亚诺技术，并在这一基础上发明了一种关系的符号系统。此后，采用这样的方法，他与怀特海一道致力于将数学归结为逻辑的工作，并合著了那部数理哲学的不朽之作——《数学原理》。在此，罗素的工作与弗雷格出现了重合。起初，罗素并不知道弗雷格已经在这方面做了许多研究，当他认真拜读过弗雷格的著作后才发现其中的价值。但也正是在这一过程中，罗素"遭遇"了"罗素悖论"，并写信给弗雷格。后面的故事我们已经知道了。

与罗素紧密相关的另一个名字是维特根斯坦，后者常被认为是 20 世纪的哲学奇才，而罗素正是这位天才人物的导师。当然，这对师生的关系十分微妙，罗素的思想常受到这位学生的启发，而维特根斯坦却时常抱怨他的老师不能真正理解他。当然，罗素对维特根斯坦既赏识又宽容，亦师亦友，这也常被传为佳话。凡此种种，我们还将在维特根斯坦一章再做介绍。

简单物

罗素的哲学思想庞杂多变，但至少所谓"逻辑原子主义"的主张是贯穿始终的。虽然在这一主题下的内容绝非联系紧密、逻辑融贯的体系，但如果我们忽略那些庞杂的细枝末节，还是能找到一些清晰的线索。

如同弗雷格一样，罗素也推崇一种理想的、精确的逻辑语言，认为这才是研究哲学问题的基本方法。当然，罗素提倡的逻辑是原子主义的，是与那些追随黑格尔的人的一元论逻辑相反的。什么是原子主义呢？实际上这个想法并不新奇，它的意思就是说这个世界是由一个个相互独立的事物组成的。罗素说，存在许多个别事物，世界是充满多样性的，而绝不像一元论者所认为的那样是唯一不可分的实在的假象或不真实的部分。

正是在这样一种本体论的信念下，罗素提出，在逻辑上完善的语言必然是与构成这个世界的那些事实一一对应的。因此，相应于某个简单对象的，应当是某个唯一的语词；正如复合事物是由简单事物构成的，复合命题也由相应的简单命题组成。换句话说，复合物总是可以分析为简单物，正如分子命题总是可以分析为原子命题那样。

当然，简单物不是某个人、某只猫、某个杯子这类所谓个体事物，这些事物也是可以继续分解下去的，但它也不是物理学意义上的基本粒子。罗素的简单物是在认识论的意义上并就语言逻辑的层面而言的，它意指我们所能感知或言说的最小单位。一个白色的杯子不是简单物，它可以分析为其他可被感知或描述的性质，如"白色的""圆柱形""表面光滑""硬的"等等，而这些性质又可以继续分析下去，直至无法分析的逻辑原子。那么，逻辑原子是什么东西呢？受英国经验主义的影响，罗素认为它指的是最基本的感觉材料。那感觉材料又是怎么来的呢？罗素说我们通过亲知（acquaintance）来获得它。

亲知的知识

亲知是罗素非常看重的认识论原则。他说："我们所能了解的每一个命题都必须完全由我们所亲知的成分组成。"[1]什么是亲知呢？顾名思义，就是不需要以任何推理过程或真理知识为媒介便能够直接察觉到的东西。

阿姆斯特朗说："这是我的一小步，却是人类的一大步。"那个时刻，他亲知到了有关月球的知识。我们都没去过月球，都没有关于月球的任何亲知，但是我们通过电视、报纸或网络的描述也可以了解到有关月球的知识。因此，亲知的知识就是我们能够直接觉察到的知识，而描述的知识则是通过其他途径间接获得的知识。根据罗素的认识论原则，描述的知识最终都要建基于亲知的知识。严格来说，即便阿姆斯特朗的确登上了月球，我们也还不能说他亲知到的就是月球本身，而是构成月球的那些感觉材料。这就像如果我们面前有一张桌子，那我们亲知到的也并非这张桌子本身，而是构成桌子这一现象的感觉材料，如颜色、形状、硬度、平滑性等。这些性质才是我们亲知到的东西。

但是，罗素认为我们不只是通过当下的直接感觉才能获得亲知，记忆和内省也可以。阿姆斯特朗晚年坐在自己家里回忆起当年登月时的场景也是亲知的过程，并且正是由于这种亲知的存在，我们才能经由它推理出其他关于过去的知识。因此，罗素说："这种由记忆而来的直接知识，便是我们关于过去的一切知识的根源。"[2]

内省则是对内部感觉（思想、情感、欲望等）的亲知。当我看见太阳时，我能察觉我看见了太阳；当我在思考罗素的观点

---

[1] 罗素：《哲学问题》，何兆武译，北京，商务印书馆，2007年，第45页。
[2] 同上书，第37页。

时，我也知道我在思考罗素的观点。这种对自我内心活动的察觉也构成某种亲知。我们能够察觉自己的快乐、痛苦以及欲望，并且由此我们才能够想象别人也具有这样的内心活动。正是这些对自我内部感觉的亲知，构成了关于精神现象的一切知识的根源。

当然，我们能够亲知的知识毕竟有限，而绝大多数知识都是间接获得的，这就是所谓描述的知识。通过在语言逻辑的层面对描述的知识的思考，罗素提出了他的描述语理论。

第二节　描述语（上）

在上一节，我们大致了解了罗素的基本哲学理念——逻辑原子主义，并初步介绍了亲知的知识和描述的知识之间的区别。罗素说描述的知识是那些只能通过描述语间接获得的知识。在这一节，我们来看看罗素所谓的描述语究竟是什么，以及它和我们通常说的专名有什么区别。

基本概念

首先我们来看描述语（description，或译"摹状词"）的定义。

罗素将知识分为亲知的知识和描述的知识。通过亲知，我们直接面对认识对象，但显然我们不可能亲知所有对象，比如就鲜有人有关于月球的亲知，好在我们还可以通过描述来间接地认识和理解这些对象。我虽然没见过亚里士多德，但这一点儿都不妨碍我通过"亚历山大大帝的老师"这样一个描述语来了解和认识他。

"亚历山大大帝的老师"是一个词组,它描述的是一个对象,也就是亚里士多德,因而描述语就是描述一个对象的指称性词组或短语。当然,根据罗素,"亚历山大大帝的老师"不仅是一个描述语,而且是一个确定的(definite)描述语,因为它试图指称一个确定的对象。相对而言,"一位老师"就是一个不确定的描述语,因为它可以表示不同的对象,也就是说指称不确定。按照罗素的说法,凡是类似"一个某某"(a so-and-so)这种形式的表达式就是不确定的描述语,而凡是类似"这个某某"(the so-and-so)这种形式的表达式就是确定的描述语。因此,"一只会唱歌的鸟"就是不确定的描述语,而"这只会唱歌的鸟"就是确定的描述语。

专名与描述语

其实,"确定的描述语"这个思想在弗雷格那里就已经出现了。弗雷格说专名指称对象,他所谓的专名是比较广义的。这不仅是指"苏格拉底""月球"这样的普通专名,还包括"柏拉图的老师"和"地球的卫星"这样的确定的描述语,因为后者也指称某个特定的对象。弗雷格还认为专名不仅可以有指称且一定有含义,比如"晨星"指称金星,而它的含义可以是"清晨看到的那颗行星"。

首先,罗素认同专名指称特定的对象,但他不认为专名有含义。罗素比较支持弗雷格所反对的那种意义理论,即所谓"意义的指称论"。一个名称的意义就是它所指称的对象,因而"晨星"的意义就是金星这个对象本身。罗素说:"一个名字乃是一个简单的符号,它直接指称一个个体,这个个体就是它的意义,并且凭它自身而有这意义,与所有其他的词的意义无关。"[1]

其次,罗素也不赞同将确定的描述语等价于专名。请注意,罗素说名称的意义就是它的指称,不同于弗雷格,这个指称是在最严格的意义上来说的。在罗素看来,当我们说某个名称具有一个指称对象,这个对象必须是真实存在的,但确定的描述语不一定符合这个要求。"现在的法国国王"是一个确定的描述语,可它显然没有指称,因为现在的法国没有国王。

再次,罗素强调专名必须是简单符号,也就是不能再分解为其他符号的符号。专名的指称必须是使用这一名称的人所亲知的对象,因为所有的知识最终都要建立在亲知的基础上,而我们只能通过专名来指称我们所亲知的对象。这样的专名只具有指称功能而绝无描述的成分,因为它的全部意义就是它的指称。因此,即便现在的英国有国王,"现在的英国国王"这个确定的描述语也不是简单符号,而更多是在描述而非指称,由此可见它也不是专名。

最终,罗素认为确定的描述语实际上完全可以没有指称,因而也不独立地具有意义。它们正像弗雷格的概念词那样是不饱和的,必须结合句子的前后关系才能确定其意义。总而言之,弗雷格强调区分专名与概念词,罗素同意这一点,但他更强调区分专名与确定的描述语。

---

[1] 罗素:《数理哲学导论》,晏成书译,北京,商务印书馆,1982年,第163~164页。

逻辑专名

然而，如果专名必须指称我们亲知的对象，那像"苏格拉底""孔子"这样的词也就算不上真正的专名了，因为我们谁都没有亲知过他们。罗素说我们在使用"苏格拉底"一词时，实际上是在使用一个确定的描述语，也就是说我们是在描述，而非指称。这个词要表达的无非这样一些思想——"这位柏拉图的老师"，或"这位喝了毒酒的哲学家"，而这些都是确定的描述语。在罗素看来，真正的专名是用来指称我们的感官所直接亲知的对象，并且只是用来指称这些对象而绝无描述的功能，因此，类似"苏格拉底""孔子"这样的普通专名，其实不过是些"伪装的"或"缩略的"描述语罢了。

那什么才算真正的专名呢？罗素说是逻辑专名。任何普通专名实际上都可以转化成某种确定的描述语，因而不是真正的专名，但逻辑专名必定不能做这种转化。并且，逻辑专名所指称的也绝不是苏格拉底、孔子这样的个体，而是最基本的感觉材料，或说逻辑原子。那到底什么是逻辑专名呢？罗素认为只有"这"（this）或"那"（that）这样的词才有这个资格。

他说："人们确实在逻辑意义上用作名称的词，仅仅是一些像'这'或'那'的词。人们可以用'这'作为一个名称，代表此刻有人亲知的一个殊相。"[1]当我们说"这是白的""那是方的"时，说明我们看见了"这"或"那"，因此我们才会一边用手指

---

[1] 罗素：《逻辑与知识》，苑莉均译，北京，商务印书馆，1996年，第242页。

着那个对象，一边说"这是白的"或"那是方的"——这样才算亲知。罗素认为"这"或"那"没有含义，不可能作描述用，而只能用来指称，因此是纯粹的逻辑专名。

请注意罗素所给出的条件：1. 必须是指称我们的感官所直接亲知的对象；2. 必须是真正的简单事物，而不能是其他复合事物。罗素说，如果你是要理解我们说"这是白的"这句话是什么意思，那你就不是把"这"当作一个专名，因为你并没有当下指称什么。而且，如果你是用"这"来指任何一个物理对象，比如这只粉笔或这块橡皮，那都不是在真正严格的意义上使用这个专名，因为所谓物理对象并不是真正纯粹的逻辑原子或感觉材料。

在做了这番强调后，罗素宣布，"这"和"那"几乎是他所能想到唯一恰当的可当作专名的词了。

简单评价

问题是，罗素一开始强调的是要区分专名和描述语，而现在普通专名如"苏格拉底""孔子"最终都要被还原为描述语，这样一来，普通专名和确定的描述语之间就没区别了。当然，罗素会说真正的专名只有"这"或"那"，它们是有别于描述语的。可我们真能将"这"和"那"看作专名吗？专名，即专有名词，一般来说是我们用来给每个独立个体命名用的。张三叫"张三"，李四叫"李四"，不考虑重名的情况，每个个体的名称都是不一样的。可是现在，专名只剩下"这"或"那"，甚至罗素更多地是说"这"，如此一来，所有不同个体的名称反而都成一样的了，这还能叫"专名"吗？

罗素在这一问题上的主要论敌斯特劳森评价说，罗素的错误正在于他把一个语词的意义等价于它的指称，也即错在他的意义指称论这一基本信念上。他之所以会犯这样的错误，是因为他没有看清语词和对语词的使用的区别，没有看清语词的意义和语词的指称的区别。如果说因为苏格拉底不是这个时代的人，所以他的名字只是一种伪装的描述语，那与我们同时代的人的名字也是描述语吗？比如，如果我没有亲眼见过莱昂纳多·迪卡普里奥，那么"迪卡普里奥"这个名字对我来说究竟是一个专名还是描述语呢？要严格遵从罗素的标准，恐怕也不能算是一个专名了。但这显然是很奇怪的，原因正在于罗素没有区分语词和对语词的使用。

我说到"迪卡普里奥"这个名字，根据不同语境，可以是用它在进行描述，当然也可以是用它在进行指称。因此，不是语词自身在指称，而是我们用语词来指称，而意义则是语词自身的一种功能，是能把语词使用于指称的一套规则、习惯和约定。斯特劳森举例说："如果我谈论我的手帕，我或许能从我的口袋里掏出我正在指称的对象，但却不能从我的口袋里掏出'我的手帕'这个语词的意义。"[1] 因此，语词的意义和它的指称还是有区别的。

罗素不仅没有认识到这种区别，还坚持认为专名必须指称我们亲知的对象。因为意义就是指称，如果没有指称的对象在场，那语词不就没有所指，也就没有意义了吗？所以不管是确定的描述语还是普通专名，它们无法亲知对象或依然残存着描述的

---

[1] 斯特劳森：《论指称》，见《语言哲学》，马蒂尼奇编，牟博等译，第424页。

功能，只能统统被不断地还原下去，最终只剩下蹩脚的"这"和"那"。斯特劳森对此评论说："如果有人问我'这个'这一语词的意义，我不仅不会递给他我刚刚用该语词所指称的那个对象，我还会对他说，每当这个语词被使用时，它的意义就会发生变化……因为该语词本身并没有指称任何东西，尽管该语词在不同场合下能被用来指称无数的东西。"[1]

第三节 描述语（下）

通过上一节内容，我们对描述语这个概念有了初步的认识，并进一步了解了罗素为什么要区分专名和确定的描述语。虽然罗素有关专名问题的主张存在诸多困难，但他的描述语理论依然具有不可估量的价值。它被誉为分析哲学的典范，其中必有缘由。在这一节，我们来看看罗素试图通过描述语理论解决哪些问题，我们又该如何评价。

同一替换难题

罗素强调确定的描述语不是专名，而正由于我们错误地把确定的描述语看作专名，或把它们看作命题的主词，才造成很多哲学上的混乱。因此，罗素认为我们有必要对含有确定的描述语的

---

[1] 斯特劳森：《论指称》，见《语言哲学》，马蒂尼奇编，牟博等译，第424页。

句子进行改写，从而展现它真实的逻辑结构，以此消除不必要的思想混乱。基于此，罗素宣布他的描述语理论能够解决以下三类难题：1. 同一替换难题；2. 存在悖论难题；3. 排中律失效难题。我们依次来看。

弗雷格在论证含义与指称的区别时提出了对等同关系的思考，罗素接过这个话题，他说如果 a 与 b 等同，则意味着在任何命题中 a 与 b 总可以互相替换而不改变命题的真假。因此，假如你问我"托尔金是不是《指环王》的作者"，而事实上托尔金的确就是《指环王》的作者，那么其中就理应存在等同关系："托尔金"="《指环王》的作者"。于是，似乎我们就可以用前者替换后者，那么你想知道的无非"托尔金是不是托尔金"。但这显然是很奇怪的，你不可能只是想知道托尔金是不是他自身这样一个同一性命题。由此可见，"托尔金是《指环王》的作者"与"托尔金是托尔金"并不相同。

弗雷格对这个问题的解释是："《指环王》的作者"和"托尔金"都是专名（在广义的层面上），它们指称相同而含义不同。罗素当然不能同意这种解释，因为在他看来，语词的意义就是它的指称，并且描述语不能指称而只能描述。"《指环王》的作者"是一个确定的描述语，而"托尔金"则是一个普通专名。即便前者所描述的和后者所指称的是同一个人，二者性质也不同。"托尔金是托尔金"的形式其实就是同一律 a=a，也可以认为就是一句"废话"，但无论如何我们都不会认为"托尔金是《指环王》的作者"是一句废话。由此也可证明我们不能将确定的描述语和专名混为一谈。

罗素虽然不赞同弗雷格的意义理论，却很认同他的函项理论。我们回忆一下，弗雷格认为专名是饱和的，而概念词（函项）只是组成一个完整命题的不饱和部分。罗素认为既然描述语只能描述而无指称，因而并不独立地具有意义，那么它就同概念词一样只是一种不完全符号。可见，描述语与专名的逻辑地位不同，我们不能轻易地用"托尔金"去替换"《指环王》的作者"。因此，当你问我"托尔金是不是《指环王》的作者"时，你想知道的自然不是托尔金是不是托尔金。

那怎么解决这个同一替换的难题呢？罗素认为，如同弗雷格所给出的方法那样，我们可以对该命题进行改写。于是，"托尔金是《指环王》的作者"就应当被改写为："有且仅有一个 x 写了《指环王》，且 x 就是托尔金。"这样，你想知道的就不是托尔金是不是托尔金这类"废话"，而是有没有一个且仅有这么一个人，他既写了《指环王》，又正好是托尔金；或者更通俗地说，就是你想知道写了《指环王》的那个人是不是就是托尔金这个人。由此，它真实的逻辑结构才得以展现。

通过改写我们也可以发现，"《指环王》的作者"这个描述语在命题中被消解掉了，这进一步表明它只是一个不完全符号，而与专名性质不同。它能被消解掉也说明它不像专名那样能够充当真正的主词，这为罗素解决存在悖论难题同样指明了路径。

存在悖论难题

罗素提出描述语理论的一个主要目的，是为了解决非存在物的存在问题。所谓非存在物就是虚构事物，比如"金山""独角兽""哈利·波特"甚至"圆的方"，总而言之，就是现实中不存在的东西。

最初，罗素认同存在是属于每个可以设想的事物的性质，是属于每个可能的思想对象的性质，因而可以说任何虚构物都有其存在。罗素说这种思想是由奥地利哲学家迈农率先提出的，后者认为我们能够谈论金山，能够以这些虚构物作为一个真命题的主词，说明它们必定是某种逻辑上的存在。问题是，或许我们能想象金山或独角兽有存在的可能性，但我们恐怕万难接受即使只是在逻辑上存在着圆的方这种事物。说独角兽具有某种逻辑上的存在，或者说它存在于神话故事里，这和说"一只鸭嘴兽存在于现实世界里"是一种意义上的存在吗？显然我们不会这么认为。但如果它们不是一种意义上的存在，那究竟哪一种才是真正的存在呢？于是罗素说，我们必须维持一种"健全的实在感"。现在他改变了最初的看法，认为只存在一个世界，就是现实世界，只有那些在现实世界中的事物才是真实存在的。对于那些虚构物，我们必须拿起"奥卡姆的剃刀"将它们通通从拥挤不堪的存在世界中剔除出去。

如此一来，罗素就必须重新面对这样一个问题：不存在的东西怎么能够成为命题的主词呢？比如，当我们说"这座金山不存在"时，这究竟是什么意思？"这座金山"是这个句子的主词，假如这句话要成立，"这座金山"就要有一个意义，按照罗素的观点，它就需要有一个指称对象。然而当我们说"这座金山如何如何"时，我们似乎已经默许了它有一个指称对象。可是如果它有一个指称对象，这就意味着金山是存在的。但既然它是存在的，我们却又说金山不存在，这不就自相矛盾了吗？

实际上，弗雷格也注意到了这个问题。在他那里，我们可以认为类似"金山""圆的方"这样的词指称为空，或说它们所指称的是一个空类。所谓"空类"就是没有具体对象的类，所以说这个类是空的。[1] 当然，弗雷格这样说是建立在他的含义与指称的理论基础上的。因为一个名称即便指称为空，它也依然是有含义的，所以我们仍可以有意义地把它当作一个主词来使用。然而，罗素坚持认为一个词的意义就是它的指称，因此他不能接受弗雷格的解释。

在弗雷格那里可以被视作专名的词，在罗素看来则不能，"这座金山"也是这种情况——它是一个确定的描述语。弗雷格认为只有专名才是一个句子真正的主词，概念词则不是。因此，当我们面对"鸟是两条腿的动物"这样的句子时，我们就应当把它改写为："如果任何东西是鸟，那它就是两条腿的动物。"这样一来，"是鸟"就如同"是两条腿的动物"一样处在了谓词的位置。罗素认为像"这座金山"这样的确定的描述语，正如弗雷格的概念词一样，并非真正的主词，因为确定的描述语并不真的指称对象，也就没有资格充当主词。因此，"这座金山不存在"这句话就如同"鸟是两条腿的动物"一样，隐含着深层次的逻辑错误。我们也应当对其进行改写，以展示其真实的逻辑结构。

总而言之，罗素认为"这座金山不存在"应当被改写为："对 x 的一切值来说，'x 是金的而且是一座山'这个命题函项总是假的。"或者："没有一个 x，使得 x 既是金的又是山。"如此一

---

[1] 注意：说一个词指称为空和没有指称并不一样。"最大的自然数"没有指称，意思是说我们不知道它的指称对象是什么，或者可以说它的指称未定；"孙悟空"指称为空并不是说我们不知道它指称什么，而是说它指称的东西并不存在。

来,"这座金山"不再是句子的主词,而是被移到了谓词的位置上,并被拆解为"是金的"和"是山"这两个谓词;同时,作为句子原有谓词的"存在"也被转换成了存在量词("有")。很明显,通过这样的改写,我们可以做出这样的判断:对于该命题来说,没有任何一个对象能够胜任"既是金的又是山"这样一个命题函项的自变元,因此它也就不是一个真命题了。

排中律失效难题

我们再来看第三类难题。为了便于理解,这里先简单介绍一下逻辑学中的三个基本规律:同一律、矛盾律和排中律。对于同一律,简单来说就是 a 等于 a 必为真,这一点我们在弗雷格一章已经讲过了,在此不再赘述。矛盾律则是说,a 不能既是 b 又不是 b。比如"现在的英国国王是一位男性",如果这个命题为真,则"现在的英国国王不是一位男性"这个命题肯定是假的,即一对相互矛盾的命题不可能同时为真。排中律则是说 a 是 b 或 a 不是 b 二者必有一个是真的。比如"现在的英国国王是一位男性"或"现在的英国国王不是一位男性",这两个命题总有一个是真的,换句话说,它们不能都是假的。

让我们来看以下命题:"现在的法国国王是秃头"和"现在的法国国王不是秃头"。根据排中律,现在的法国国王要么是秃头要么不是秃头,二者必居其一;可实际上两个命题都谈不上是真的,因为现在的法国根本没有国王。这样一来,排中律似乎就失效了。与非存在物的存在问题相似,当我们说"现在的法国国王如何如何"时,我们似乎默认了它有一个特定的指称对象,也就是说现在的法国国王是存在的，但这显然是假的。

于是，罗素说这样的句子也必须进行改写。"现在的法国国王"是一个确定的描述语，它不该待在主词的位置上，因而原命题应当被改写为："有一个 x，x 是现在的法国国王，且 x 是秃头"。经过改写，这个命题变成了两个可以断定的部分："x 是现在的法国国王"和"x 是秃头"。因此，该命题的否定式就不是"现在的法国国王不是秃头"，而是"或者没有一个 x，使得这个 x 是现在的法国国王；或者如果有这样一个 x，则 x 不是秃头。"

x 是不是秃头不好说，但"x 是现在的法国国王"肯定是假的，我们不可能找到一个对象符合这一要求。于是，由于命题的这一部分为假，则整个命题也为假。因此，当我们否定"现在的法国国王是秃头"这个命题时，我们是通过否定他的存在，而不是通过否定他是秃头来达到目的的。这样也就不存在违反排中律的问题了。

简单评价

以上就是罗素试图通过他的描述语理论来解决的三个难题。总而言之，无论同一替换难题、存在悖论难题，还是排中律失效难题，如同弗雷格的函项理论，罗素解决问题的办法也是通过对命题的改写来澄清它真实的逻辑结构，从而消解可能出现的哲学问题。然而，正如我们在上一节所说的，罗素的描述语理论不是没有问题的。虽然他一再强调要把确定的描述语和专名区分开来，前者不能充当句子的主词，这样他就可以通过改写把原先处于主词位置的描述语移到谓词的位置上，但严格说来这样做并不能真正解决问题。

就非存在物的存在问题而言，如果"这座金山"不能作主词，因为它是确定的描述语，那么"哈姆雷特"可以作主词吗？显然，当我们说"哈姆雷特不存在"时，同样面临"这座金山不存在"所面临的问题。当然，罗素会进一步争辩说普通专名也不是真正的专名，真正的专名是逻辑专名，比如"这"或"那"。但这同样会导致更严重的问题，我们在上一节对此已有评价。

问题不止如此。罗素说，通过改写我们可以断定"现在的法国国王是秃头"这个命题是假的，但我们似乎同样可以断定"现在的法国总统是秃头"这个命题也是假的。可是，前一命题的假和后一命题的假能够相提并论吗？显然不能。现在的法国没有国王，但有总统。因此，如果你说"现在的法国总统是秃头"，我会说你说的不对（如果现在的法国总统依旧是马克龙的话）；但如果你说"现在的法国国王是秃头"，我不会说你说的不对，而会说"现在的法国没有国王"。斯特劳森就此评论道，在法国已然不是君主制的情况下，说"现在的法国国王如何如何"就既不会是真的，也不会是假的。也就是说，该命题没有真值。

斯特劳森强调，我们不仅应区分语词的意义和指称，还要注意区分我们使用语词去指称和通过这一指称去做一种存在性论断的不同。"指称或提到某个特定事物这一点不可能被分解为任何一种断定。指称不等于断定，尽管你做出指称是为了继续去做出断定。"[1] 说"法国国王如何如何"似乎暗示有这样一个个体，但

---

1 斯特劳森：《论指称》，见《语言哲学》，马蒂尼奇编，牟博等译，第430页。

其实只是预设了我们的谈论对象，而非断定其存在。这就像我们也经常谈及一些虚构事物（孙悟空、哈利·波特），却并不因此而断言它们的实存。归根结底，斯特劳森认为罗素的错误就在于总是将那些指称性语句看作做出某种存在性论断的语句，从而不断陷入何谓逻辑主词的困境，并最终导致灾难性的名称理论。

无论如何，罗素的描述语理论为后来的分析哲学树立了标杆。或许这种对语言的逻辑分析远不能令人满意地解决所有问题，但它的确有利于我们建立清晰严格的论证方法。可以说，正是罗素的工作使人们更加重视语言内在的逻辑结构，我们将会看到维特根斯坦的早期思想就主要是循着这一线索展开的。

第四节　罗素悖论

通过前面两节内容，我们主要了解了罗素的描述语理论。这一节，我们将把思绪集中在与罗素悖论有关的话题上。在弗雷格一章我们已埋下伏笔，正是罗素提出的这一悖论彻底摧毁了弗雷格毕生的事业。在这一节，我们来了解一下这个著名悖论的具体内容是什么，以及罗素试图用什么办法来消除这个悖论。

基本概念

首先我们来解释一下什么是悖论。简单讲，悖论就是说了一些自相矛盾的话，且在自相矛盾的两个结论之间还能相互推导。它的基本形式是：如果命题A成立，则推出非A；如果非A成立，则又推出 A。我们来举几个例子。

比如著名的"说谎者悖论"。它讲的是有一个克里特人说过这样的话："所有克里特人说的话都是假话。"那么这个克里特人说的这句话是真话还是假话呢？这个悖论更一般的形式是："我的这句话是假话。"假如我的这句话是假话，也就意味着我说了真话；可如果我说的是真话，那就说明我的这句话的确是一句假话。这就构成了悖论。再比如"纸牌悖论"，纸牌的一面写着："这张牌反面的句子是对的。"另一面却写着："这张牌反面的句子是错的。"它更一般的形式是："'后面这句话是对的'，'前面这句话是错的'。"这同样构成了前后矛盾的悖论。

那么罗素悖论又是怎么回事呢？罗素自己曾举过一个通俗的例子来解释他的悖论，这就是"理发师悖论"。假设在某个村子里有两类男人，一类给自己刮胡子，另一类不给自己刮胡子。现在这个村子里有个男性理发师，他立了这样一条奇怪的规矩："本理发师只给那些不给自己刮胡子的男人刮胡子。"那么现在问：这个理发师给不给自己刮胡子？如果他给自己刮胡子，他就属于村子里那些给自己刮胡子的男人，因而按照他的规矩他就不该给自己刮胡子；如果他不给自己刮胡子，他就属于那些不给自己刮胡子的男人，那按照规矩他就应该给自己刮胡子。这就形成悖论。

当然，理发师悖论所描述的是一个非常生活化的场景，这里难免存在含混或不严谨的地方。人们对于如何解决这一悖论提出过五花八门的建议，这里只提供一种最简便的做法——如果有人向理发师提出这里存在悖论，那么理发师只需补充一句说："这条规矩隐含了'不包括我在内'。"也就是说，虽然理发师也是本村村民，他也要刮胡子，但这条规矩是给那些除了他之外的人定的，这样一来，关于理发师自己该不该给自己刮胡子的悖论也就不存在了。

不属于其自身的类

然而，真正的罗素悖论比理发师悖论要复杂得多。简言之，罗素悖论是对于不属于其自身的类来说的。什么叫"不属于其自身的类"呢？我们先说"类"是什么。正如我们可以将村民归为给自己刮胡子和不给自己刮胡子两类人，我们也可以把任何个体事物都归在某个类当中。比如，一切个别的人都属于人类，一切个别的猫都属于猫类。因此，"类"就是同类事物的集合。[1]

类又可分为两种：一种是属于其自身的类，一种是不属于其自身的类。所有概念组成的类也是个概念，因此可以说概念的类就属于其自身。但肯定没有人会说人类是一个人，或者猫类是一只猫。也就是说，人类是不属于人这个类的，同理，猫类也不属于猫这个类，因而人类或猫类都是那种不属于其自身的类。以此类推，我们就能得到一个新的类，也就是由所有那些不属于其自身的类构成的类，这里可能就包括了人类、猫类、狗类、杯子的类、汽车的类、行星的类，等等。所有这些类都不是其自身的一分子，由这些类构成了一个新的类，我们就称之为所有不属于其自身的类的类。现在的问题是：所有不属于其自身的类的类，属于其自身吗？

1　严格来说，"类"（class）和"集合"（set）仍有区别。

如同理发师悖论，我们先假定它属于其自身，也即它是不属于其自身的类的类中的一分子，那么它就不应该属于其自身；可如果它不属于其自身，它就不是那个不属于其自身的类的类中的一分子，因而它就属于其自身。我们还可以换一种方式来解释罗素悖论。前面讲类有两种，一种属于其自身，一种不属于其自身，那我们就把所有类的类也分为两种：用类 1 表示"所有属于其自身的类的类"，用类 2 表示"所有不属于其自身的类的类"。因此问题就是：类 2 是否属于其自身？假如类 2 属于其自身，而恰恰类 1 是所有属于其自身的类的类，那么类 2 就应当属于类 1，因而不属于其自身；假如类 2 不属于其自身，而恰恰类 2 是所有不属于其自身的类的类，那么类 2 就应当属于类 2，因而属于其自身。总而言之，用罗素自己的话归纳就是："如果它是自身的一个元素，它就不是自身的一个元素；如果它不是自身的一个元素，它就是自身的一个元素。"[1] 这就造成悖论。

类型论

毋庸置疑，罗素悖论的发现具有重大意义，究竟该如何认识和应对这一悖论，一直是数学家和逻辑学家热衷讨论的话题。

实际上，罗素自己提出了应对的办法。他认为造成悖论的原因是人们进行了恶性循环推理。就像说谎者悖论所展示的那样，"假定你首先给定一组命题，并且断言其中的某个命题正在被断言是假的，那么，这个断言本身就变成这一组命题中的一个"，

---

[1] 罗素：《逻辑与知识》，苑莉均译，第 316 页。

这就导致恶性循环。[1]那该如何避免呢？罗素主张凡是涉及一个类的全部分子的东西，其本身绝不能也是这个类的一分子。

这个道理其实很简单。回看一下我们给理发师悖论提供的解决方案——如果有人质疑理发师的规矩，他只需声明这条规矩是给那些除了他之外的人定的就可以了。同理，当一个克里特人说"所有克里特人说的话都是假话"，我们不能把他这句话本身也算在他所针对的那些话里去，否则就会造成恶性循环。因此，如果我们打算就某个"命题全体"说些什么，我们必须首先规定这个命题全体的范围，从而排除那些谈及所有被规定在这个范围内的命题的命题。也就是说，那些谈及某个命题全体的命题不该成为该命题全体的一分子。

因此，当某个克里特人谈及"所有克里特人说的话如何如何"，他就涉及一个已经被规定了的命题全体，我们可以把它看作第一类型；命题全体一旦被规定就不能再扩展，而那个谈及这一命题全体的命题——"所有克里特人说的话都是假话"则是第二类型。第一类型并不包含谈及这一全体的第二类型，而我们以往的错误就是混淆了不同层级的类型。由此可见，任何全体都不是它自身的一分子，我们之前说的类或类的类也是如此。由一切个别事物构成的类是第一类型的类，由第一类型的类所构成的类是第二类型的类，以此类推。在某一类型下的类的范围是被规定了的，而这一类型的全体并不属于这一层级的类型。因此，一个类型中的类就不可能既等同于又不等同于另一类型中的类了。这就是罗素用以解决罗素悖论所提出的类型论。

---

[1] 罗素：《逻辑与知识》，苑莉均译，第318页。

其实，如果在日常语境中，我们对于悖论的应对完全不必这么复杂。你说"我们家族的人说的都是假话"，我不会感到困惑，不会去盘算这句话存在怎样的恶性循环，因为我们的日常对话总要融入相应的语境中。你不会没来由地说出这么一句话，而必定是针对上下文有感而发。某一特定语境有时会帮助我们脑补更多不曾说出的内容，有时也会让我们自动过滤掉那些无关的信息。如果真有某个理发师发出那样的告示，我根本不会介意他究竟如何处理自己的胡子，而会欣然前往。但哲学家是在语言自身的层面来看待这些问题的，它关涉到我们应该如何对概念或命题的意义进行清晰有效的界定。虽然罗素提出的方案是不是一劳永逸地消除了罗素悖论，人们对此还普遍地存有疑义，但他的恶性循环原则以及相应的类型论对于解决这一问题仍然具有指导性和启发性。

我们在本章第一节就曾说过，罗素涉猎的领域非常宽广，而我们在此介绍的只是与其语言哲学相关的一部分内容。乍一看，罗素的思维方式是相当技术性的，无论他的描述语理论还是类型论，都被认为是逻辑分析的典范。但罗素恰恰不是一个只专注于技术细节的思想家，他曾批评后来的分析哲学越来越像一种新的经院哲学，认为它们"钻进了牛角尖"。罗素更关注大问题，关注形而上学、精神哲学，关注宗教以及其他实践命题。就此而论，他同他的爱徒维特根斯坦一样，都不是纯粹的分析哲学家。

第四章
维特根斯坦的逻辑哲学论

路德维希·维特根斯坦（Ludwig Wittgenstein，1889.4.26—1951.4.29）是20世纪乃至整个西方哲学史上最重要的哲学家之一。与罗素不同，维特根斯坦一生的著述并不多。他早期的主要代表作是《逻辑哲学论》(*Tractatus Logico-Philosophicus*)，后期则是《哲学研究》(*Philosophical Investigations*)，其他著述还包括《哲学评论》(*Philosophical Remarks*)、《哲学语法》(*Philosophical Grammar*)、《论确定性》(*On Certainty*)、《蓝皮书和棕皮书》(*The Blue and Brown Books*)，等等。在弗雷格和罗素那里我们都多少提到了维特根斯坦，前者与后者的思想存在着千丝万缕的联系。当然，这种联系绝不仅是单向的承继关系。如果说弗雷格和罗素是哲学实现语言转向的奠基者，那么维特根斯坦就是完成这一转向的灵魂人物。

第一节　美好的一生

对于有的哲学家，我们可以这样评价："他出生，他思考，他死去。"然而对于维特根斯坦，我们却无法这样评价。有的哲学家留给后人的财富几乎全在他的著述当中，而有的哲学家的一生就是值得我们思讨的哲学命题，维特根斯坦正是后者的典型代表。

哲学天才

维特根斯坦出生在维也纳一个富足的大家庭。父亲是钢铁大亨、成功的投资人；母亲则是一位虔诚的天主教徒，且极富艺术修养。许多知名音乐家都是维特根斯坦家族的朋友和常客，因此一家人都深受音乐艺术的熏陶。他的哥哥保罗是国际知名的钢琴家，而他本人也会吹奏单簧管。我们在他的著述里经常能看到他用音乐来举例子，由此可见他对音乐的喜爱。

在父亲的殷切期望下，维特根斯坦从小就对工程机械方面很感兴趣，17岁时便被送入柏林一所工学院学习机械制造，两年后又到曼彻斯特大学学习研究喷气式发动机和推进器的设计。在这个过程里，他对纯数学产生了浓厚的兴趣，并偶然读到罗素的《数学原理》这本书。通过这本书，他对弗雷格在语言和数理逻辑方面的思想有了了解，也深受启发，不久便萌生了从事哲学研究的念头。为此他专门拜访弗雷格，并在后者的建议下去剑桥求学于罗素。

罗素对维特根斯坦非常赏识，称其为"天才的完美实例"，并评价他"易动感情、思想深沉、性情激烈、卓尔不群"。在三一学院的第一个期末,维特根斯坦跑去跟罗素说:"你认为我是一个十足的白痴吗?如果我是,我就去当一个飞机驾驶员;如果我不是,我将成为一名哲学家。"罗素回答说:"如果你在假期里给我写一篇有关你感兴趣的任何一个哲学论题的论文,我读了后就回答你这个问题。"维特根斯坦照办了,一开学便把他写的文章交给罗素,而罗素只读了第一句话就相信他是个十足的天才。[1]

维特根斯坦的著作《逻辑哲学论》是在第一次世界大战期间写成的。战争一爆发,他便志愿加入了奥地利军队。在战争中他表现英勇,但因战败而成为阶下囚。但这丝毫没有影响他的哲学热情,他在战俘营中继续修改业已成型的书稿,并时常写信给罗素报告他的进展以及彼时的心境。然而,这本书的出版可谓一波三折。据说,由于没有什么名气,维特根斯坦先后联系的五家出版商都拒绝了他。如果要出版,就必须有知名教授的推荐,甚至得由他自己承担印刷费用。

维特根斯坦当然不愿自费出版此书,他认为这是对这本著作的不尊重。至于推荐人,他曾找过弗雷格,希望后者能帮他在一份学术期刊上发表此书。弗雷格起初回复说这本书的写作不符合学术规范,建议他摘取其中的一部分内容,并以标准论文格式重述他的观点,但维特根斯坦不肯照办。弗雷格只好直言自己没有看出这本书讲清楚了任何问题,于是断然拒绝了他的出版请求。

---

[1] 参见《罗素自传》,第 2 卷,陈启伟译,北京,商务印书馆,2003 年,第 145~146 页。

在此期间维特根斯坦屡屡受挫，几近绝望，幸好他有罗素这个一生都在支持他的伯乐。罗素认认真真地为《逻辑哲学论》写了一篇导论，虽然维特根斯坦并不满意罗素对自己思想的评述，但好在这本书终于出版了。

尽管不被出版商看好，但《逻辑哲学论》出版后便引起了广泛关注，甚至被维也纳的一个哲学小组奉为经典，时常组织逐字逐句的研读。维特根斯坦也对自己的著作颇为得意，并宣称哲学问题已得到彻底解决。因此他拂衣而去，远离"尘世"，到奥地利一个小山村当起了小学老师。

重要著作

1929年，维特根斯坦又回到剑桥，并凭借《逻辑哲学论》获得博士学位。说起他的学位答辩过程，也是一件很有意思的事情。主考官是他的老友摩尔和罗素，整个答辩的过程很简短。然而，当罗素就《逻辑哲学论》中的某个观点向维特根斯坦提出疑问时，这场答辩出现了谁都不会想到的结局——维特根斯坦轻轻拍了拍两位考官的肩膀说道："别在意，我知道你们永远不会懂的。"[1]

在这段时间里，维特根斯坦重拾了对哲学的兴趣，并逐渐改变了他最初的想法，后来彻底推翻了在《逻辑哲学论》中所坚持的某些核心观点。对此，我们将在"维特根斯坦的语言游戏说"一章再做详述。

---

[1] 蒙克：《维特根斯坦传：天才之为责任》，王宇光译，杭州，浙江大学出版社，2011年，第274页。

第四章　维特根斯坦的逻辑哲学论

维特根斯坦一生著述虽然不多，但他的早期著作《逻辑哲学论》和后期著作《哲学研究》都引起了巨大反响，可以说在很大程度上分别引领了语言哲学的不同走向。在当代哲学家所评定的史上最重要哲学著作中，绝对少不了这两本书的名字。

一个人的两部著作都获得这样高的赞誉，这是弗雷格和罗素都无法媲美的。然而，维特根斯坦不是弗雷格和罗素那样的专业学者，他对学院派哲学无甚好感，甚至对一般的哲学史也没有多少深入研究。[1] 显然，维特根斯坦拥有某种独特的天赋，使他能够摆脱同时代思想者们的思维定式，用超乎常人的洞察力直抵问题的核心，并通过创建性的方式表达自己的思想。当然，他之所以具有如此非同一般的才华，也同他对音乐、艺术、文学、宗教乃至人生冷暖的敏锐洞察有着千丝万缕的联系。

真理与痛苦

关于维特根斯坦的生平，还有一点必须要说。在第一次世界大战前夕，维特根斯坦的父亲就去世了，他所获得的遗产足以使他跻身欧洲最富有的阶层。然而战争一结束，他便散尽家财，不是捐给别人，就是赠予哥哥和姐姐。自己孑然一身，过着极其清苦的生活。很多人竭尽所能地追逐名利，而维特根斯坦已经拥有了，却全然放下，并无留恋。或许因为受到一些宗教思想的影响，他的人生态度很像一个苦行的僧侣，他也的确曾认真地考虑

---

[1] 维特根斯坦也受到历史上一些哲学家的影响，如叔本华和克尔凯郭尔等。

过当一名修道士。他对金钱丝毫没有兴趣,对常人所追求的东西也不以为然,从他那双犀利的眸子中投射出的唯有对人类精神事业的纯粹渴望。当然,对自己极为严苛的要求毕竟使他难以获得常人的安逸和幸福。但当他的生命走向终点,弥留之际他说的最后一句话却是:"告诉他们,我度过了极其美好的一生。"

毋庸置疑,维特根斯坦的一生就是一场人生哲学的试炼。有的人从事哲学是为了探寻真理,而有的人与哲学相遇则是希望从痛苦中解脱。维特根斯坦或许兼而有之。他生在一个富有的家族,一个充满艺术气息的家族,却也是一个被悲剧笼罩的家族。他的三个哥哥都自杀身亡,而他自己也不止一次地认真思考过生死问题。对生命意义的困惑一直萦绕着他,令他痛苦,也令他深刻。

因此,维特根斯坦对哲学的关注绝不仅仅是为了满足纯粹理智的愉悦。他费尽心思为思想的表达划界,不是要将那些不可说的部分(如生命的意义)丢弃一旁。恰恰相反,这才是更重要的部分!维特根斯坦说,对生命问题的解答正在这个问题的消失中。生命不是某个对象,而是一个不断伸展的过程。因此,与其在那里空谈,不如走出话语的牢笼,在沉默中等待它慢慢绽出。

第二节　世界是事实的总和

《逻辑哲学论》是维特根斯坦的代表作。这本书几乎浓缩了他早期所有重要思想,在语言哲学史上也具有很高的地位。然而,维特根斯坦时常抱怨说,弗雷格对这本书一个字都没理解,而罗素也基本误解了它。之所以会出现这种情况,一方面自然是因为维特根斯坦所要传达的思想之艰深,另一方面也与这本书的写作风格有很大关系。

概　述

《逻辑哲学论》是一本仅有两万余字的小书,而且这本书的写作风格非常独特。它的绝大部分句子都很简短,独立成行,就像一句句格言。全书由七个大命题构成,在每个大命题下还有若干子命题。每个命题的前面都有数字编码,命题与子命题之间通过不同层级的编码标出了逻辑承递或解释扩展关系。如:"1. 世界是一切发生的事情。1.1 世界是事实的总和,而不是事物的总和。1.11 世界为诸事实所规定,为它们即是全部事实所规定。"[1]

在序言中,维特根斯坦便直截了当地将这本书的全部意义概括为一句话:凡是可以说的,都能说清楚;凡是不能谈论的,就应当保持沉默。既然分为"可说的"和"不可说的"两个部分,这里自然就隐含了划定界限的问题。但维特根斯坦马上就提醒我们:与其说这种划界是针对思想本身的,毋宁说是针对思想的表达的。如果真的要给思想本身划定界限,我们就需要想到这个界限的两个方面——一面是能够思想的,一面是不能够思想的。但不能够思想的事情我们如何去想,如何去说呢?因此,只存在一个可以被语言表达的世界,在此之外是完全无意义的。可说的就

---

[1] 维特根斯坦:《逻辑哲学论》,贺绍甲译,北京,商务印书馆,2009年,第25页。此后引文只给出相应序号。

在这世界之内，就在这受有意义的语言表达支配的领域之内，而对于不可说的，我们唯有保持沉默。

维特根斯坦用几乎整本书的篇幅去澄清什么是可说的，但他同时强调这本书所要传达的还包括一切他没说的，并且那些没说的部分更为重要。这正是让罗素感到困惑的地方。维特根斯坦说，这本书归根结底是要表达一种伦理的观点，而他正是通过对那些不可说的部分保持沉默显示了他对伦理的关怀。

《逻辑哲学论》的七个大命题如下：

1. 世界是一切发生的事情。
2. 发生的事情即事实，就是诸基本事实的存在。
3. 事实的逻辑图像是思想。
4. 思想是有意义的命题。
5. 命题是基本命题的真值函项。
（基本命题是自身的真值函项。）
6. 真值函项的一般形式是：$[\bar{P}, \bar{\xi}, N(\bar{\xi})]$。
（这也是命题的一般形式。）
7. 对于不可说的东西我们必须保持沉默。

很显然，命题1到6是层层推进的关系，而它们共同构成了可以说的部分；命题7则完成了对思想表达的划界，并展示了对于那些不可说的部分所应采取的态度。我们遵循维特根斯坦的思路，依次来看这些命题都蕴涵了哪些思想。

世界是一切发生的事情

首先，所有可说的都是在这世界之中的东西。那世界是什么呢？"世界是一切发生的事情"（1），而"发生的事情即事实"（2），因此维特根斯坦强调："世界是事实（Tatsache）的总和，而不是事物（Ding）的总和。"（1.1）

但在通常的理解中，我们会认为事实也是由事物组成的，因而说世界是由一切事物组成的似乎更符合我们的直觉。维特根斯坦自己也说："事物的本质在于能够成为基本事实（Sachverhalt）的组成部分。"（2.011）既然如此，那为什么又说世界是事实的总和，而非事物的总和呢？因为事物并不独立自存，它只能在与其他事物的关联中，仅仅作为事实的组成部分而存在。

想想看，我们见过不在任何情境中的纯粹的物吗？虽然我们能够谈及"一匹马""一辆车""一个人"，仿佛正在纯粹地谈论某个事物，但与其说它们存在于现实中，不如说它们存在于思想中。在现实世界中，并不真的存在独立于具体情境的事物。我们看到的永远是在草原上奔腾的马，在路上走走停停的车子，或者在工地忙忙碌碌的人们。也就是说，物总是在事中的物。

因此，维特根斯坦说："正如我们根本不能在空间之外思想空间对象，或者在时间之外思想时间对象那样，离开同其他对象结合的可能性，我们也不能思想任何一个对象。如果我能够思想在基本事实中结合的对象，我就不能离开这种结合的可能性来思想对象。"（2.0121）这让我们想起弗雷格的语境原则，实际上，维特根斯坦这一思想正是受到弗雷格的启发。

我们回忆一下，弗雷格是在他的《算术基础》中提出了这一原则，旨在强调，我们在对语言的考察中决不应孤立地探究一个词的意义，而只能在命题的前后关系中探究其意义。维特根斯坦赞同这一主张，用他自己的话说："只有命题才有意义（Sinn）；只有在命题的关联中名称才有指称（Bedeutung）。"（3.3）命题由句子表达，这意味着语言的基本单位是句子，而非语词。

但句子不是由语词构成的吗？没错。类似"苏格拉底在法庭上慷慨陈词"这样的句子，是由一个个语词通过合逻辑的配置组成的。然而这只是表明，语词是构成句子的内部结构，离开了句子整体，这些语词自身无法独立示意。难道就不存在单独使用某个语词的情况吗？例如，小孩子通过看图片说出相应的单词，或餐馆服务员报出菜单上的菜名。维特根斯坦会反驳说，我们看似能够独立地使用这些语词，是因为我们知道在一个完整的句子中如何使用它们，知道它们在一个句子中的指称是什么。

比如，在 Green is green（格林是不成熟的）这个句子中，我们可知前后两个 green 所指不同。前一个指人名，后一个则是个形容词。如果有人单单说出 green 一词，却没有指明相应语境，我们就不知道它指的究竟是一种颜色，是一个人名，还是一个形容词了。所以，在"独立"使用某个语词的背后，总存在着一个未被说明的强大语境作为支撑。

因此，正如语词不能独立于句子而具有意义，事物也不能独立于事实而存在。如此一来，维特根斯坦就超越了弗雷格，将后者的语境主义发展为一种本体论。世界的基本构成是事实而非事物，一如语言的基本单位是句子而非语词；而且，正是句子表达了事实，也正是语词指称了事物。因此，在维特根斯坦这里，存在一种从语言到世界的一一对应关系。

复合物与简单物

世界是事实的总和，事实由基本事实组成，基本事实由对象组成；与之相应，语言是命题的总和，命题由基本命题组成，而基本命题则由名称组成。显然，我们在其中又能看到逻辑原子主义的影子。实际上，罗素正是从维特根斯坦这里得到的启发。

一个复合命题，如"苏格拉底是一个明智的雅典人"，对应着如此这般的事实。它可以被进一步分析为两个基本命题——"苏格拉底是明智的"和"苏格拉底是一个雅典人"，它们又分别对应着两个基本事实，其中，"苏格拉底"作为名称指称了作为对象的苏格拉底。

我们应该还记得，在弗雷格那里，名称既有指称又有含义，但维特根斯坦认为名称只有指称而没有含义，因为名称只代表它所指的对象，除此以外它并不表达什么。这看起来又与罗素的观点很接近。并且，维特根斯坦也像罗素一样，认为类似"苏格拉底"这样的普通专名或"现在的英国国王"这样的确定的描述语都不是真正的专名，或说都不是指真正的简单对象。但与罗素从经验主义的进路把简单对象追溯到"感觉材料"不同，维特根斯坦并未对它们具体是什么有明确的说法。他唯一能够确信的只是——"对象不可能是复合物"（2.021），也就是说它们是不可再分的。并且，正因对象不是复合物，故而它们是不变的和实存的东西，但它们的配置组合则是变化的和不固定的。

比如说，一只鸟显然是一个复合物，它的羽毛、色泽、体重都可能发生变化。为什么会发生这种变化呢？因为组成这只鸟的各个内在部分的配置组合发生了变化。如果一个对象是简单的，也就是说它根本不包含任何内在部分,那么也就无所谓它的内在部分的组合会发生怎样的变化了,结果就是:这个对象自身是不变的。同时,正因复合物是复合而成的,所以它们总是派生性的存在。一只鸟只是那些简单物的组合派生出来的事物,而只有那些简单物是真正实存的。正是由于简单物或对象的不同配置组合,才派生出不同的复合物,所以对象是不变的,但它们之间的配置组合却是可以不断变化的。不同的配置形成不同的复合物。

当然,复合物并不一定都是事实;或者说,简单物之间的配置组合并不一定都构成实际存在的事。"苏格拉底是高个子""苏格拉底是矮个子""孔子是一位思想家""孔子是一位艺术家"……我们可以构造出无数种可能组合,有些是存在的,有些是不存在的。这种简单物的可能组合,维特根斯坦称之为事态(Sachlage),而事实就是那些实际存在的事态。"孔子是一位思想家"描述的是一个存在的事态,因而也就是一个事实;"孔子是一位艺术家"描述的是一个不存在的事态,因而也就不是一个事实。当然,我们可以想象在某个可能世界中孔子就是一位艺术家而不是一位思想家,正如我们可以想象在另一个可能世界中袁世凯最终没有复辟,或者希特勒根本没有成为德国元首。因此,事态表达的是一种逻辑可能性,即便它在现实世界中未必是实际发生的。在维特根斯坦那里,所有这些存在的或不存在的可能事态的范围构成了逻辑空间,而所有处于逻辑空间中的事实构成了世界。

至此,我们可以发现这样一条闭合的论证路径:1.世界是一切事实的总和;2.事实可以分解为物的组合;3.物的不同组合形成不同的可能事态;4.所有可能事态的范围构成了逻辑空间;5.在逻辑空间中,那些存在的事态(即事实)构成了世界。

对象是什么？

像罗素一样，维特根斯坦所谓简单对象不是物理学意义上的原子，而是逻辑原子。但这样的简单对象究竟是什么，维特根斯坦语焉不详。这是一个棘手的问题。如果世界最终可以被还原为某些实存的对象，而关于这些对象却无法给出任何实际的例子去对应，这就使得整个理论仿佛空中楼阁一般。

当然，我们可以认为维特根斯坦的简单对象仅仅是逻辑分析的产物，是为了保证意义的确定性而在逻辑上的一种必要设定。因为我们对事态的还原或对命题的分析总要有一个逻辑终点，它不可能无限地进行下去，所以我们最终必然会得到一个不可再分的简单对象或简单指号。但如果仅仅是逻辑上的设定，而无法指明对象是什么，那我们又如何具体地理解这种还原或分析的意义所在？维特根斯坦自己也曾尝试找出关于简单对象的实例（如"在我们视野内的斑块"），但最终不能令人满意。然而，他坚持认为对象是实存的，这就与把它仅仅看作一种逻辑上的设定不尽协调。无论如何，时至今日，人们对维特根斯坦的简单对象究竟意指什么依然争论不休。

由上可见，维特根斯坦在这部分的思考是相当形而上的。它广泛地涵盖了诸如世界、事实、事物、对象等基本哲学概念。有人认为《逻辑哲学论》仅仅是一本关于逻辑分析的著作，这显然是一种误解。与其说维特根斯坦在此所关注的是逻辑本身，毋宁说他是借逻辑分析的工具来表明他的形而上学思想。在后面的章节中，我们会更清楚地理解这一点。

第三节　世界的逻辑图像

根据维特根斯坦的主张，世界的基本构成是事实，一如语言的基本单位是句子；句子表达事实，而语词指称事物。这样，我们就在语言与实在之间找到一种一一对应关系。维特根斯坦因此认为语言是实在的图像，并且实在与图像具有某种共同的东西。这就是他的图像论思想。

实在的模型

维特根斯坦说："图像是实在的一种模型。"（2.12）想象一下，在某个法庭上，人们用一些模型的排列组合来展示一场交通事故的现场，那些模型按照一定的逻辑关系与实际发生的事情一一对应。那么，模型的排列组合就是这场交通事故的图像。

由此，维特根斯坦进一步说："命题是实在的图像。命题是我们所想象的实在的模型。"（4.01）同理，乐谱是音乐的图像，声音符号是我们口语的图像。显然，这里所谓"图像"不仅仅指照片、图片那样的直观图像。一个命题当然不是它所描述的那个事实的直观图像（这就像乐谱也不是音乐的直观图像那样），但它必定是有关事实（音乐）的逻辑图像。

一方面，"图像的要素以一定的方式相互关联，这表明事物也是以同样方式相互关联的"（2.15）。就是说，图像与它所对应的事实是逻辑同构的。法庭为了模拟车祸现场，会通过把各种模型摆放在相应的位置，并编排它们先后出现的顺序来反映事实内在的逻辑结构。另一方面，如果语言中各组成部分不是通过合逻辑的语法形式结合在一起,它就无法有意义地形成关于这个世界的图示,也就是说,无法形成思想。然而,"事实的逻辑图像就是思想"(3)。

命题的真假

我们如何判定某个表达了思想的命题是否就是某一事实的逻辑图像呢?显然,这也是弗雷格所关切的真值判断问题。在此,维特根斯坦比较同意弗雷格的观点,一个命题的真或假在于它与事实是否相符,并且命题是有含义的,而命题的含义正是我们能够进一步判定它在什么情况下为真或为假的真值条件。

当然,仅仅知道命题的含义并不意味着知道它的真假。我说"外面下雨了",你理解我的意思,说明这句话具有含义,但它是不是真的呢?这需要你拿这句话与事实做比对。你推门一看,外面果真下雨了,说明我说的是真的。此时,"外面下雨了"这句话就是描述事实的一个逻辑图像。如果你推门一看,发现外面没下雨,则"外面下雨了"这句话就是假的。因此,命题并不一定都与事实相符。

回顾上一节,我们说物的不同排列组合构成不同的可能事态,而事实只是那些实际存在的事态。反映在语言上,语词的不同排列组合就形成不同的命题——"孔子是儒家思想的创始人""诸葛亮是蜀国的丞相""孔子是蜀国的丞相""诸葛亮是儒家思想的创始人"。这些不同组合的命题都是有含义的,它们都合逻辑地构成了关于它们所描述的可能事态的图像。但只有那些真命题才是事实的图像。"孔子是儒家思想的创始人"和"诸葛亮是蜀国的丞相"这两个命题为真，因为它们与事实相符，所以它们是事实的图像。然而，"孔子是蜀国的丞相"和"诸葛亮是儒家思想的创始人"虽然描述了某种可能事态，但毕竟与我们所知的事实不符，因而它们就不是事实的图像。用维特根斯坦的话说就是："图像的真或假就在于它的意义与实在符合或者不符合。"（2.222）

　　一般来说，命题总是非真即假，但也有例外情况。重言式就是永真命题，矛盾式就是永假命题。"命题显示它们所说的东西，而重言式和矛盾式则显示它们什么也没有说。"（4.461）比如，我说："今天或者下雨，或者不下雨。"这一定是真的，虽然它像"王维是王维"一样是句废话。同理，我说："这东西既是圆的又不是圆的。"这一定是假的，因为它违反了最基本的矛盾律。维特根斯坦认为重言式和矛盾式是缺乏含义的，说"今天或者下雨，或者不下雨"对于我们了解真实的天气状况毫无助益，因而相当于什么也没有说。正因如此，重言式和矛盾式都不是任何事态的图像，它们也不应是自然科学的命题。

　　实际上，"逻辑命题就是重言式"（6.1）。这是显而易见的，因为逻辑命题是纯分析的。人们只需从符号上就能知道逻辑命题的真假。与之相反，"非逻辑命题的真或假不能单从命题本身看出。"（6.113）也就是说，我们必须通过与事实的比对来判断这类命题的真假，后者才属于自然科学命题。"今天或者下雨，或者不下雨。"这个命题为真，不是因为别的，只是由这个重言式自身的形式决定的。[1] "今天外面下雨了。"这个命题的真假则不由该命题

1　更一般的表达就是：无论 p 是真是假，p ∨ ~ p 永真。

自身的形式决定，而必须通过有人推门去看一眼外面才能判断。

然而，虽说重言式和矛盾式是缺乏含义的，但也并非全无含义，因为它们毕竟是语言符号体系的一部分。我们依然能够通过逻辑命题的推演来澄清一些问题。因此，总的来说命题都是有含义的。

图示形式

然而，维特根斯坦虽然同意命题是有含义的，命题的含义是判断其为真或假的真值条件，但在弗雷格那里名称也是有含义的，而在维特根斯坦看来却并非如此。这还是源于他的本体论主张：世界是事实而非事物的总和。在语言的层面更基本的是句子，而非语词。因此，命题是事态的图像，名称则不是任何图像。正如事物只是构成事实的要素，名称也只是构成图像的要素。因此，不存在"杯子"的图像，只存在"我在喝杯子中的水"的图像。"杯子"是构成这个图像的要素之一，它没有含义，但可以有指称——当然它必须在句子的整体语境中才能够指称。各个要素通过合逻辑的关联形成一个有意义的图像，这样的图像才能图示事态。

有意义的图像就是有意义的命题，而一个有意义的图像蕴涵或传递的是思想。因此，维特根斯坦说："思想是有意义的命题。"（4）这不难理解，我们正是通过命题（语言）来思想的。然而，思想本身并非由语词组成。命题是由语词组成的，而思想本质上是一种内在的心理活动，因而是由心理成分组成的。至于这种心理成分是什么，维特根斯坦说他不知道。但他强调，我们只需明白那些心理成分同实在的关系和语词同实在的关系是同一种关系。换句话说，思想和语言之间正如语言和实在之间一样，是一种同构关系。

维特根斯坦在《逻辑哲学论》中反复强调过这种同构关系，这也正是其图像论的核心思想所在。我们说一个图像或者一个命题能够图示实在，正因为在二者之间存在一种共同的结构。什么结构呢？就是组成一个图像的各个要素是以一定的组合方式关联在一起的，这表明事物之间也是以同样方式相互关联的。"图像要素的这种关联称为图像的结构，这种结构的可能性则称为图像的图示形式（Form der Abbildung）。"（2.15）

事态是由对象、简单物或说事物组合而成的，后者是构成前者的要素，这些要素不同的配置组合就形成不同事态的内部结构。图像也是由诸要素组合而成的，那么一个图像怎样才算是对事态或者事实的图示呢？自然是这个图像内部诸要素的组合方式与事态或事实的内部结构相一致。想想法庭是如何通过一些模型来模拟交通事故的。它不可能只是把这些模型随便堆在一起，而是要根据事实的发生情况来进行相应的摆放。比如说车子 A 在车子 B 的左后方位置，车子 B 前有一个倒下的人；或者车子 A 的行动在先，车子 B 撞倒了人的行动在后，等等。事实的内部结构是如此，图像的内部结构也是如此。这样我们才能说图像各要素的组合方式与事实各要素的组合方式是同构的，而这正是图示形式的可能性。

逻辑形式

更进一步来说，我们能用模型模拟一场交通事故，我们也可以通过示意图或文字报告来图示同一场交通事故。这说明即便图像可以具有不同的图示形式，但在它们之间依然具有某种共性，否则不同形式的图像如模型、图片、文字等，为什么能图示同一个事实呢？

因此，维特根斯坦说："任何图像，无论具有什么形式，为了能够一般地以某种方式正确或错误地图示实在而必须和实在共有的东西，就是逻辑形式（die logische Form），即实在的形式。"（2.18）这里注意一下：逻辑形式不是图示形式，但图示形式必然蕴涵着逻辑形式。

模型要能图示实在，就需要这些模型以特定的排列组合与实在同构，如此我们便说由这些模型所构成的图像具有与实在同构的图示形式。但我们刚才也说了，我们用一段文字也可以图示同一个事实，这说明这段文字也具有与实在同构的图示形式。只是文字的图示形式与模型的图示形式并不相同。模型是立体的，它对实在的图示更为直观，而一段文字是写在纸上的，它对实在的图示更加抽象。

既然模型与文字这两种不同的图示形式都可以图示同一个事实，说明在这两种图示形式中必然蕴涵着某种共同的形式，这就是逻辑形式，也就是实在本身所具有的形式。它们能够图示同一事实，就其本质而言，正是由于它们与实在在逻辑上是同构的。归根结底，实在正是因为如此这般的逻辑形式成为其自身，而图像也正是遵循着如此这般的逻辑形式才能够准确地图示实在。

然而，如果我们追问逻辑形式具体指什么，维特根斯坦会回答说：图像与实在所共同具有的那个形式是无法通过语言被说出的。换句话说，语言图像的逻辑形式无法被语言自身所图示——语言只能显示它。这是什么意思呢？在《逻辑哲学论》中，语言不能说出的东西涉及这本书的第二个部分，即所谓"不可言说的部分"。根据维特根斯坦，这第二个部分恰恰是更重要的部分。

第四节　可说与不可说

通过前面两节内容，我们分别介绍了维特根斯坦的本体论主张——世界是事实的总和，以及他的图像论思想——语言是世界的逻辑图像。除了这些能说的东西，在篇幅不大的整本《逻辑哲学论》中，维特根斯坦还处处提示了那些不能说从而应为之保持沉默的东西。这一节我们主要来了解一下维特根斯坦如何划定可说与不可说的界限，他所谓不可言说之事包括了哪些内容。

真值运算

到此，我们已经陆续引出了《逻辑哲学论》前四个大命题的内容：1. 世界是一切发生的事情；2. 发生的事情即事实；3. 事实的逻辑图像是思想；4. 思想是有意义的命题。可以说，通过前四个命题，维特根斯坦指明了什么是能说的。紧接着后面的两个大命题是："命题是基本命题的真值函项。"（5）"真值函项的一般形式是：$[\bar{P}, \bar{\xi}, N(\bar{\xi})]$。"（6）通过对这两个命题的展开，维特根斯坦又试图告诉我们，对于能说的我们该怎么说。

"命题是基本命题的真值函项"无非是说所有复合命题都是由基本命题组成的，而复合命题的真值由基本命题的真值决定："基本命题的真值函项是以基本命题为基础的运算的结果（我称这些运算为真值运算）。"（5.234）"苏格拉底和柏拉图都是明智的雅典人"，这就是一个复合命题。它可以拆解为"苏格拉底和柏拉图都是明智的人"以及"苏格拉底和柏拉图都是雅典人"这两个命题；后者又可以进一步拆解为"苏格拉底是一个明智的人""苏格拉底是一个雅典人"以及"柏拉图是一个明智的人""柏拉图是一个雅典人"。

显而易见，"苏格拉底和柏拉图都是明智的雅典人"的真值要由后面这四个命题的真值决定。若这四个命题是基本的，则它们的真假要通过与事实的比对来确定。最终，通过真值运算我们便可得出复合命题的真值。在这个例子中，唯有当四个基本命题的真值都为真，复合命题"苏格拉底和柏拉图都是明智的雅典人"才为真。这就是"命题是基本命题的真值函项"的意思。

既然是运算，那就要有运算的一般形式，维特根斯坦所给出的真值函项的一般形式是：$[\bar{P}, \bar{\xi}, N(\bar{\xi})]$。其中，$\bar{P}$代表所有基本命题，代表任何一个命题集合，$N(\bar{\xi})$是对命题变项 ξ 的一切值的否定。如果 ξ 只有一个值（p），那么 $N(\bar{\xi}) = \sim p$（非 p）；如果它有两个值（p、q），那么 $N(\bar{\xi}) = \sim p \cdot \sim q$（既非 p，又非 q）。显然，$N(\bar{\xi})$ 在本质上如同逻辑学家舍菲尔（H. M. Sheffer）所提出的逻辑算子——合舍（joint denial），也就是"既非……又非……"。

我们知道，在命题逻辑的真值运算中存在以下五种逻辑算子或说连接词：

1. 否定（~），表达"并非……"，如 ~p；
2. 合取（·），表达"……并且……"，如 p·q；
3. 析取（∨），表达"……或者……"，如 p∨q；
4. 蕴涵（→），表达"如果……那么……"，如 p→q；
5. 等值（↔），表达"……当且仅当……"，如 p↔q。

这意味着基本命题可以经由这五种方式连接成为复合命题，不同的逻辑算子决定了基本命题的真值如何影响复合命题的真值。我们在前面举的例子："苏格拉底和柏拉图都是明智的雅典人"这一复合命题，就可以被看作几个基本命题的合取。舍菲尔已经证明，所有真值函项的运算都可以从合舍运算（符号为↓）中得到。比如，~p 等价于 p↓p，p·q 等价于（p↓p）↓（q↓q）。也就是说，合舍算子可以替代以上五种逻辑算子，从而一劳永逸地构造所有命题。

维特根斯坦的 N($\bar{\xi}$) 具有同样的作用。当然，合舍只能运用在两个命题之间，而 N($\bar{\xi}$) 可以比合舍算子（"既非……又非……"）包含更多的运算（如"既非……又非……还非……"）；实际上，N($\bar{\xi}$) 可以运用到所有数目的命题之间。这样一来，一切复合命题都能够用一个统一的方法从基本命题中推导出来，命题的总体也由此确定下来。这就是维特根斯坦试图通过公式 [$\bar{P}$, $\bar{\xi}$, N($\bar{\xi}$)] 达成的目的。

划定界限

澄清了该怎么说以及通过什么来说，我们也就澄清了可说与不可说的界限在哪里。不可说自然是指无法通过语言来说，而"命题的总体即是语言"（4.001），因此，维特根斯坦所强调的可以言说的语言是由一个个命题组成的。

在前面的章节，为了表述的简便，我们不严格地混用了"命题"和"句子"。现在我们须知：句子不都是命题。命题由陈述句表达，它具有真值。"苏格拉底被判处死刑"是一个陈述句，它或者真或者假，因而可被看作一个命题；"立刻向他道歉"则不是陈述句，也无所谓真假，因而不能被看作一个命题。用维特根斯坦的话说，命题是事态的逻辑图像，只有那些图示事态的句子才是命题，才具有言说的意义。

这样一来，言说的界限就很清楚了：凡是图示实在的就是可说的，而凡是不图示实在的就是不可说的；可说的就是能由命题表达的东西，不可说的就是不能由命题表达，而只能被显示的东西。

明确了对可说与不可说的划界，我们就来看看究竟有哪些内容是属于不可说的部分的。

逻辑形式

这一点我们在上一节已提到过。在维特根斯坦看来，逻辑形式就是典型的不能被命题表达而只能被显示的东西。"命题能够表述全部实在，但不能表述它们为了能够表述实在而必须和实在

共有的东西,即逻辑形式。"(4.12)

逻辑形式的确是语言与实在所共有的东西,但这共有的东西是在语言之外的。我们可以通过一幅示意图或一段文字来图示某个犯罪现场,但无论你说在图示与被图示者之间有多少共同之处,这些都不是逻辑形式。逻辑形式反映的是构成命题或事态的要素,也即名称或事物的可能组合方式。说语言与实在共有某种逻辑形式,就是说构成它们的要素具有某种共同的内部结构。但这种内部结构或一切可能的组合方式自身并不对应任何实在,不是对任何事态的图示,因而也不由任何命题所表达。

然而,它虽不能被命题表达,却反映在命题中,通过命题得以显示,使我们能够理解。这就如同命题的含义也是反映在命题中,而非由命题表达出来的一样。"月球是地球的卫星。"这句话的含义不是由这句话表达出来的,它所表达的是月球是地球的卫星这一事实,而我们之所以会认为它是真的或假的,依赖于我们如何理解这句话的意思。这句话的意思,也即它的含义不在这句话的字里行间,但它反映在这句话中,通过这句话得以显示。

哲学问题

以是否图示实在为标准来衡量哪些是可说的,哪些是不可说的,那哲学问题显然属于后者。凡是有意义的命题都是表达某种事态的,因而我们才说它们是事态的逻辑图像。这样的命题属于自然科学。

重言式和矛盾式不表达任何事态,不是任何事态的图像,因而它们是缺乏意义的。但它们也并非全然没有意义,我们可以将它们看作那些一般命题的极限情况。"今天外面下雨了"是一个图示特定事态的一般命题，它可能为真也可能为假，命题的真假是偶然的。但"今天或者下雨，或者不下雨"则是一个必然为真的重言式，因为它包含了所有可能情况，也就相当于是一般命题的极限情况。这样的命题属于逻辑学。

哲学既不图示任何事态，也不必然为真。因此，哲学命题不是假的，而是无意义的。哲学家不是也提出过不少关于这世界的命题吗？比如，"实体是什么""有什么对象是存在的"。但维特根斯坦认为这些命题都是伪命题。他说诸如"实体""对象""事实""复合物""数""函项"这样的概念都是形式概念（formale Begriffe），而形式概念不能通过命题来表达，它们只能被显示。

维特根斯坦所说的形式概念都是一些抽象的哲学概念，它们相对于我们在日常语言中经常使用的那些描述事实的概念。比如说，"杯子"就是我们在日常语言中经常使用的概念，我们用它来表达某个实际存在的杯子。在哲学上，我们也可以把某个杯子视为一个客体对象。但某个杯子在事实上是一个对象吗？是可以被我们称为"对象"的某物吗？当然不是。杯子就是杯子，"杯子"才是关于这个事物的事实性表达。"对象"并不对应任何事实，它只是在形式上对事物的一种逻辑划分，因此只能通过我们对事物的表达被显示出来。比如我说："这个杯子是透明的，里面装满了水，它比另一个杯子略大一些。"此时我就是把这个杯子当作一个对象来看待。但这句话里并没有出现"对象"这个概念，它只是通过我对杯子的一系列描述被显示出来。

因此，没有哪个形式概念是意指某种实际存在的事态的。更进一步来说："问一个形式概念是否存在是无意义的，因为不可能有一个命题是对这个问题的回答。"（4.1274）如果我们只是因为在哲学上使用了这些概念，从而认为它们必定对应着某些实际的存在，那就是一种对语词的误用。总而言之，形式概念都是纯粹的哲学概念，它们不图示任何事态，我们也就无法用任何有意义的命题来表达它们。因此，哲学是不可言说的。

当然，维特根斯坦并没有全盘否定哲学的价值。他想要否定的更多是哲学的形而上学倾向，即试图对这个世界有所说。但他并不否定哲学澄清对语言的误用以及对思想划定界限的价值。"哲学的目的是从逻辑上澄清思想。哲学不是一门学说，而是一项活动。哲学著作从本质上看是由一些解释构成的。哲学的成果不是'一些哲学命题'，而是命题的澄清。可以说，没有哲学，思想就会模糊不清：哲学应该使思想清晰，并且为思想划定明确的界限。"（4.112）维特根斯坦这一看法深受逻辑实证主义者的拥护，也在很大程度上决定了后者的哲学观和基本行动路线。

综上所述，逻辑形式、命题的含义以及包含各种形式概念的哲学问题都属于不可说的部分。在维特根斯坦那里，语言－命题－句子对应的是事态。一句话说一事。事是什么？是一切发生的事情。逻辑形式、哲学问题所对应的显然不是什么实际发生的事情，它们没法与可以言说的东西相对应。

至此，我们应该已经清楚了言说界限的意义：凡是图示实在的就是可以言说的，凡是不图示实在的就是不可言说的。遵循这一界定，维特根斯坦在最后的篇幅里又一路将伦理学、美学等列入不可言说的行列中，并由此引出了在罗素看来"有些奇怪"的"唯我论"主张。

第五节 生命的意义

在上一节，我们对维特根斯坦所谓可说的和不可说的问题进行了划界。凡是图示实在的就是可以言说的，凡是不图示实在的就是不可言说的。逻辑形式和哲学问题都是不图示实在的，因此它们不能被表达，而只能被显示。那么，还有哪些事项属于不可言说的部分？维特根斯坦最终想要阐明的思想又是什么？

伦理学

既然哲学－形而上学都是无法言说的，那么伦理学也就自不必说了。"很清楚，伦理学是不可说的。伦理学是超验的。（伦理学和美学是同一个东西。）"（6.421）超验，即超越于经验。根据维特根斯坦的划界原则，伦理学当然不在经验世界的范围内，因为显然没有任何伦理问题是描述事实的。伦理问题是价值判断，不是事实判断。

然而，虽然伦理问题是不可言说的，看起来像是无意义的东西，但维特根斯坦却绝没有轻视伦理学的意思。恰恰相反，他认为伦理学是非常重要的。当初，他在向出版商朋友费克尔介绍《逻辑哲学论》的情况时甚至说："这本书的要点是一种伦理的观点。"因为它由两个部分所组成："写下的这个部分，和我未写的一切，而恰恰这第二个部分是更重要的部分。"[1] 也就是说，这第二个部分就是伦理学的部分。它虽不可言说，却是全书的要

---

[1] 蒙克：《维特根斯坦传：天才之为责任》，王宇光译，第 182 页。

旨所在。

但维特根斯坦所谓"伦理的观点"并非通常人们所关心的那类伦理问题，诸如善是什么，我们有何等责任和义务，或者具体的伦理规范应该是怎样的，等等。他认为伦理学归根结底是要探究生命的意义，或说什么是生命中的绝对价值。这里的"生命"既不是指生理上的身体活动，也不是指心理上的意识活动。在维特根斯坦那里，生命的意义就是世界的意义，"世界和生命是一回事"（5.621），因为"世界就是我的世界"（5.62）。这便是让罗素感到有些奇怪的唯我论思想。

我们需格外注意的是：维特根斯坦的唯我论绝不是那种传统的唯我论，即认为客观世界只是作为主体的我通过意识活动所创造的幻象，除了主体及主体的意识活动之外没有什么是真实存在的。维特根斯坦绝不否认客观世界的实在性，也不否认其他意识主体的实在性。那么，他所谓世界就是我的世界，生命的意义就是世界的意义，又是什么意思呢？

要理解这些，我们需首先明白在维特根斯坦那里，正如对"生命"这一概念的界定那样，"我"或"主体"并不是单纯指我的身体或者我的心灵，甚至也不是身心同一的我，而是哲学的我。无论我的身体活动还是我的思维活动都在这世界之中，都是组成这个世界的一部分，而哲学的我则在这世界之外。

形而上学主体

维特根斯坦也把"哲学的我"称为形而上学主体（das metaphysische Subjekt）。形而上学主体是相对于经验主体来说的，经验主体也就是在经验世界之中的主体。每个特定的经验主体（比如我或者你）都是由一系列绵延不断的事实形成的统一体，这些事实也就是那些与我的身体和心灵有关的身心活动。比如我昨天看了电影，我上午读了《逻辑哲学论》这本书，我晚上吃了薄比萨饼……这一系列事实构成了在经验世界中的我。每个经验主体都不过是在这世界之中的偶然的一个，由一系列偶然的事实组成；从命题表达实在的意义上来说，都是由一些偶然的、或真或假的命题所表达的。

那么，就事实或者图示事实的命题而言，如果其中存在某种价值，这种价值也只是偶然的或相对的价值。因此，由一系列偶然的事实组成的经验主体所具有或所能获得的也就不过是相对的价值，而相对的价值在维特根斯坦看来不是真正的价值。真正的价值一定是必然的和绝对的，而在世界之内只能获得相对的价值，因此绝对的价值只能在世界之外。也就是说，即便经验主体能够提出关于生命的意义这样关涉绝对价值的问题，也无法在世界中找到这一问题的答案。

生命的意义为什么是绝对价值呢？维特根斯坦探寻生命的意义是为了主体能够获得绝对的幸福，而不是相对的幸福。相对的幸福就是我们在世界之中获得的那种身心上的短暂欢愉和满足，相对的自由和安全，财富和荣誉，健康长寿，甚至肉体或灵魂的不朽，等等。然而，恰恰是经验主体对这些相对幸福的渴求才导致了无限的痛苦。相对的幸福总是偶然且短暂的，而世事是无常的，人们执着于无常之事却终不可得，毕竟是苦。因此，绝对的幸福就是那种摆脱相对的快乐与痛苦甚至生死欲念的幸福，是超然于相对的幸福之上的幸福。这样的幸福只能在世界之外找寻，而这就需要求助于形而上学主体。

那么,形而上学主体或者哲学的我究竟是什么意思呢?维特根斯坦说:"(形而上学)主体不属于世界,然而它是世界的一个界限。"(5.632)维特根斯坦举了两个例子。一个例子是:比如我写了一本书,在这本书中我描述我所发现的这个世界。我可以描述自然、社会、动物或者任何物体,当然也可以描述我自己。我可以观察和描述我的身体(生理活动),甚至我此时此刻的想法(心理活动),但其中并不包括那个作为主体的我,即便正是那个作为主体的我在观察和描述这个世界。因此,这个世界中的所有东西在我这里都是对象,但我不是对象。作为主体的我不属于世界之内,那为什么说它是世界的一个界限呢?因为我能够通过语言描述的一切都属于这个世界,唯独我不在这个世界之中,所以这个我就构成了通过语言所能描述的这个世界的界限。"世界是我的世界,这表现在语言(我所唯一理解的语言)的界限就意味我的世界的界限。"(5.62)

在另一个例子中,维特根斯坦说,作为主体的我就像我们的眼睛。我们通过眼睛看世界,但在我们的视野中却不可能看到自己的眼睛。因此,我的眼睛是整个视野的界限,正如我也是我的世界的界限。通过这个例子,我们也可以回顾一下"界限"这个概念的意思。维特根斯坦所要划定的界限不是空间的边界。视野所及就是世界,视野之外毫无意义。没有另一个世界,正如眼睛背后不会有视野一样。

"界限"这个概念显然是《逻辑哲学论》中最重要的概念之一,因为这本书主要就是讲一个可说的与不可说的划界问题。一切可以说的都在这世界之内,而在维特根斯坦看来这世界的界限本身也属于不可说的部分（正如眼睛不是视野的一部分）。通过上一节我们已知，哲学-形而上学是无法言说的，而只能被显示。哲学-形而上学在世界之外，相对于在世界之内的主体，在世界之外的主体自然也无法通过语言来表达，而只能被显示。因此，这一主体只能是形而上学主体，这一作为主体的我也就只能是哲学的我。

当然，经验主体或经验世界的我与形而上学主体或哲学的我之间是有联系的，正如命题所表达的与命题所显示的也是有联系的。所谓形而上学主体并不是另有所指，因为只有一个世界，也就只有一个主体。毋宁说不同的境界造就了不同层次的同一主体——经验的或形而上学的。它们同为一个世界所联结，只是境界不同。在经验主体升华为形而上学主体之前，它只能沉沦于经验世界相对的幸福与痛苦中。如何才能升华为形而上学主体呢？唯有当主体不再沉溺于相对的幸福，不再有恐惧和希望，不再畏惧生死，甚至不再拘泥于时空的流转而能够安住于当下（现在），质言之，唯有当主体进入一种无我的状态而与世界同一，也就是与世界保持一致时，才能获得绝对的价值，实现生命的意义。

最终，既然世界就是我的世界，要领会生命的意义就要与世界同一，那么生命的意义也就是世界的意义了。只不过，这里的意义不是由命题表达的意义。生命的意义是主体在生命历程中领会而来的："人们在长时间的怀疑之后，生命的意义变得清晰，然而却说不出这个意义在哪里。"（6.521）因而，归根结底，它们是神秘而无法言说的。

神秘主义

在《逻辑哲学论》的最后部分，维特根斯坦提到了所谓神秘的东西（das Mystische）。什么是神秘的东西呢？一方面，就广义而言，"确实有不可说的东西。它们显示自己，它们是神秘的东西"（6.522）。因此，在这个意义上，神秘的就是那些不可言说而只能显示的东西，比如形而上学主体、生命的意义等。可如果不可言说的就是神秘的，那逻辑形式、命题的含义也都是神秘的吗？这似乎与我们通常的理解不符。在此，维特根斯坦也语焉不详。

另一方面，就狭义而言，"世界是怎样的这一点并不神秘，而世界存在着，这一点是神秘的"（6.44）。世界是存在的，这是尽人皆知的事情，可是缘何如此，我们却无法说，也无意义。"事情是怎样的"这一点可由一个个特定的命题来表达，而"世界是存在的"这一点我们却无法用任何命题来表达，它不可言说。

对于所谓神秘的东西，我们无法再谈更多。不过说到这里，我们可以顺便了解一下维特根斯坦本人的神秘主义倾向。罗素曾宣布维特根斯坦就是一个"彻头彻尾的神秘主义者"。他的这一断言可能言过其实了，但从《逻辑哲学论》那些不可说的部分所显示出的神秘主义气质，的确是跃然纸上的。

这是一件非常有意思的事情。通常人们在介绍维特根斯坦时，都会说他早期的思想深受弗雷格和罗素哲学的影响，这当然在他自己的序言中也说得很明白。受他影响最大的也是所谓维也纳学派的那些成员。于是，人们总是习惯于将他归于分析哲学的阵营。可在另一方面，维特根斯坦还深受某些截然不同的思想的影响，比如叔本华，以及通过叔本华所能寻觅到的某些东方哲学的影子。实际上，关于生命意义和形而上学主体的阐述已非常接近于印度哲学、佛教哲学的某些观点。当然，维特根斯坦自身独特的性情和别样的人生经历也是造就其神秘主义气质的重要原因。可以说，维特根斯坦的伦理追求正是他对他自己的人生要求，而他正是用他的一生在实践着那个作为"哲学的我"的生命意义。

然而，说维特根斯坦或他的哲学具有神秘主义气质，绝非像罗素那样是说他的哲学就是神秘主义的。因为，维特根斯坦通过《逻辑哲学论》的绝大部分篇幅表达得很明白：凡是可以说的，都能说清楚。只不过，除此之外，"对于不可说的东西我们必须保持沉默"（7）。

第六节　如何理解

总的来说，虽然《逻辑哲学论》这本书仅有两万余字，但维特根斯坦想要表达的思想内容却是极其丰富的。当然，所有内容最终都聚焦在一个命题上，这就是语言。其中关于语言的逻辑分析，语言同思想和世界的关系的讨论，可以被看作20世纪语言哲学的一个缩影。

不被理解的思想

毋庸置疑，维特根斯坦长于语言分析，但他却不是一个典型的分析哲学家。虽然他正是通过对语言自身的分析进入问题的，但他最终的思维旨趣远不止于语言分析的层面。从那些所谓不可说的事项中，我们已然看出维特根斯坦与弗雷格、罗素们的思想差异，与将他的思想作为旗帜的逻辑实证主义者们更是相去甚远。

维特根斯坦时常抱怨他的思想被人误解。罗素感到困惑，弗雷格干脆没看懂。至于逻辑实证主义者，他们看重的也只是维特根斯坦对于逻辑分析的贡献，或者对图像论这一思想的赞许，或者对所谓什么是"无意义"的字面意义上的领会和支持。然而，维特根斯坦认为更重要的东西却被大多数人忽视了。

当然，不被理解或总被误解，除了思维旨趣的差异造成的片面解读外，维特根斯坦对其思想的表达也的确存在问题。实际上，问题还不少。

首先，《逻辑哲学论》的写作风格是格言式的，观点表达极其简练。虽然它严格地按照命题的编码顺序排列语句，但这并不能保证它的论证是清晰明朗的。有时候，某个论点会突然出现在与上下文没有关系的段落中，有些内容还会出现前后重复或含混不清的情况。尤其是维特根斯坦常喜欢用一些不同的词来表达一个看起来相同的概念，那么这种表达之间是完全一致还是略有差异呢？弗雷格就曾提出批评，既然"事实"和"发生的事情"是一回事，那为什么还要用两个不同的词？这至少不符合奥卡姆剃刀原则，表述上不够经济。

其次，我们该如何前后一致地把握维特根斯坦的某些基本观点，也是个令人头疼的问题。比如，关于"实体"这个概念，维特根斯坦在一处说："实体是独立于发生的事情而存在的。"（2.024）实体是由对象构成的，或者说实体就是对象，而对象在维特根斯坦那里也等同于简单物。这里的表述就好像是说：物是独立于事而存在的。但维特根斯坦在其他地方又一再强调世界是由事实组成的，事物只作为内部结构依存于事实。这就存在着前后不一致的情况。说到对象，在第二节我们已经指出，究竟简单对象仅仅是为了保证意义的确定性而在逻辑上的一个设定，还是确有所指的某类实存物，这一点并不明确。此外，关于认识主体、意志主体、形而上学主体之间到底是什么关系，主体是经验的、先验的还是超验的，维特根斯坦在不同地方的表述也不很一致，甚至前后矛盾。

对"不可说"的疑难

关于该如何前后一致地把握维特根斯坦的思想，争议最大的恐怕还是对"凡是不能说的我们必须保持沉默"这一著名断言的理解问题。通过前面两节我们已经看到，维特根斯坦认为这样和那样的一堆事项都是不可言说的。虽然是不可言说的，维特根斯坦却也说了不少。

他认为哲学－形而上学问题是不可说的，但却没少对一些经典形而上学问题发表自己的看法，如实体、本质、属性、因果关系等。其实，说世界是事实的总和这一基本论断，本身就是相当形而上的。由此可见，说维特根斯坦早期的思想是反形而上学的，委实是一种假象。

维特根斯坦还认为伦理学是不可说的，但他也难以压抑自己对生命的意义、形而上学主体、绝对幸福、灵魂不朽等命题的表达冲动。对此，罗素在他为《逻辑哲学论》所作的导论中就毫不客气地指出:"归根结底维特根斯坦先生还是说了一堆不能说的东西","他把关于伦理学的全部问题置于神秘不可言说的范围之内,然而他还是能传达他的伦理学观点。他会辩解说,被他称之为神秘的东西,虽然不能说,却是可以显示的。这种辩解或许是充分的,但是就我而言,我承认它还是让我产生了某种理智上的不舒服"。

"不能说的可以显示"这个说法也比较模糊。语言与实在共有的逻辑形式可以通过命题显示,那所谓神秘的东西也能通过命题显示吗?神秘的东西之所以神秘,正在于我们无法仅凭借语言或思想了解它的任何信息。如果某个命题能够显示或包含关于某种神秘之物的思想,那它还是神秘的吗?再者,说逻辑形式或命题的含义不能通过命题表达而只能显示,这也值得商榷。我说"今天外面下雨了",这个命题所表达的是这样一个可能事态:今天外面下雨了。的确,该命题没有直接表达它的含义,而你也的确明白我说这话的意思,由此可说命题的含义不是被表达而是被显示出来的。但如果较真的话,你当然可以追问我这句话是什么意思。命题的含义并非不能说,只是不必说。逻辑形式也是同样的情况。只要某个命题图示了某个事实,我们就知道该命题与事实是同构的,这一点我们不必说出,只是因为它已经在其中被显示了。被命题所显示并不一定就不能被命题所表达,只不过我们要区分是在何种层次上谈论我们要表达的东西以及我们的表达。

何种"意义"?

问题的关键还在于维特根斯坦对"意义"(Sinn)的界定过

于严苛了。在他那里，语言就是命题的总和，而命题的意义就是命题的真值条件。换句话说，只有具有真值的命题才是有意义的。命题要有真值就意味着它是对实在的图示，否则要么就是缺乏意义的（如逻辑学），要么就是无意义的（如形而上学）。如此一来，意义就完全等同于认知意义了，而语言所能表达的也就（基本上）只能是自然科学命题。

如果维特根斯坦只是想表明诸如形而上学、伦理学不是自然科学命题，因为它们不图示任何实在，那么这一点或许还可以接受。但我们至多只能像弗雷格那样认为那些表达了形而上学或伦理学的语句是没有指称的，却绝没有任何道理说它们就是无意义（含义）的。实际上，在维特根斯坦那里，意义至少有两种：一种是表达事实命题的认知意义，一种是领会生命真谛的价值意义。如果要严格遵循意义的图像论思想，则生命的意义作为无意义而不可言说的东西不仅无法表达，甚至根本就不能被提及。至于神秘的东西，更是如此。

总而言之，将意义完全等同于认知意义，或将语言完全等同于图示实在的自然科学命题是无法自圆其说的。语言作为一种符号，绝非仅仅是与实在现成对应的东西。语言不仅图示了现实世界，更创造了属于其自身的意义世界。考虑到语言符号的意义最终是被解释者解释出来的，那么在不同语境下，任何言语活动都可能获得意义。意义充满了逻辑空间，且依然在不断生长。在维特根斯坦后期的思想中，他也意识到那种与世界一一对应的理想语言是不存在的，于是他转而主张在不同的语言游戏中，语言的意义取决于在不同语境下的使用。

超越一切言说

当然，我们也可以从另一种不同的角度来理解维特根斯坦对不可言说的言说。其实，维特根斯坦也自知自己说了很多不可说的东西，于是在劝诫我们对不可说的东西保持沉默之前，他说了这样的话："我的命题应当以如下方式进行阐明：任何理解我的人，当他用这些命题为阶梯而超越了它们时，就会终于认识到它们是无意义的。（可以说，在登上高处之后他必须将梯子弃置一旁）。他必须超越这些命题，然后就能正确看待世界。"（6.54）

这段表述是相当精彩的，它不禁让人联想到佛教思想中的"筏喻"典故。筏喻是佛陀为了教化弟子理解万法皆空的思想而打的一个比方。在《中阿含经·大品阿梨咤经第九》中，佛陀讲了这样一个故事：一个人想要过一条河，于是造了一个竹筏。在此，渡河的筏子就好比佛法，乘筏渡河就好比修行。但筏子只是人们渡河的手段，人渡过河之后难道要扛着筏子一起走吗？当然不会。通常情况下人们自然是选择舍弃筏子而前行，因为抵达彼岸后筏子于我已无益处。佛法要求人们不执一切相，因此当人们了悟空性的真谛时（抵达彼岸），也应当舍弃对佛法本身的执着。于是在《金刚经》中，佛陀说："汝等比丘知我说法如筏喻者，法尚应舍，何况非法。"

据说维特根斯坦关于梯子的说法是借鉴德国哲学家毛特纳，但他想要传达的思想却更接近佛陀。梯子就是筏子，无论登高还是渡河，它们都只是工具。我们登上梯子是为了站得更高、看得更远，对不可言说之事的言说，只是为了让我们能够在一个更具超越性的层面洞悉它们的无意义性。换句话说，维特根斯坦是想表明他并非以言说那不可言说之事为真实目的，毋宁说他正是为了澄清不可言说之事的不可言说性而说了这么多。自然，当我们通过他所说的理解了这一点，他用以说明这一切的那些言说本身的无意义性便彰显出来。于是，正如在抵达彼岸后，我们应将佛法本身舍弃掉，或者登上高处便可将梯子弃置一旁，当我们理解了什么是可说的、什么是不可说的之后，我们也应当将关于此的一切言说视为无意义的而坚决舍弃掉。我们必须超越这些言说，然后才能正确地领会世界。当然，超越绝不是忽略，想要登上高处，借助梯子依然是必经之路。

第五章
逻辑实证主义的可证实原则

　　逻辑实证主义（logical positivism），或称逻辑经验主义（logical empiricism），是分析哲学最具代表性的一种思潮。[1]它发端于20世纪20年代，其思想基础包括以休谟、密尔、孔德、马赫等人为代表的经验主义与实证主义，以亥姆霍兹、黎曼、迪昂、玻尔兹曼、爱因斯坦等人为代表的经验科学，以及以莱布尼茨、皮亚诺、弗雷格、罗素、维特根斯坦为代表的逻辑学，等等。逻辑实证主义的主要人物有石里克、卡尔纳普、赖兴巴赫、艾耶尔等人。正是以石里克为核心的维也纳学派（Vienna Circle/School），宣告了逻辑实证主义运动走上历史舞台。

1　严格说来，"逻辑实证主义"与"逻辑经验主义"的内涵仍有差别，后者较前者更为宽泛，但在此我们不做更细致的区分。

第一节　维特根斯坦与维也纳学派

维也纳学派最初是由一群青年学者在咖啡馆定期聚会，讨论科学、数学、逻辑学以及哲学等而形成的一个学术小组。维也纳小组会聚了当时众多思想精英，他们有共同的宣言，有属于自己的刊物，发表了一系列著述，影响力逐渐扩展到整个欧洲乃至全世界。

科学的世界观

莫里茨·石里克（Moritz Schlick，1882.4.14—1936.6.22）是维也纳小组的灵魂人物。他本是物理学专业出身，博士论文是在著名物理学家普朗克的指导下完成的，1922年接替马赫到维也纳大学担任归纳科学哲学教授。由于他在物理学以及哲学方面的卓越成就，很快便以他为核心形成了一个由科学家、数学家和哲学家组成的学术团体，其中包括魏斯曼、哈恩、卡尔纳普、弗兰克、纽拉特、费格尔，以及哥德尔等人。他们定期组织聚会，讨论学术问题，形成了所谓维也纳小组，或称维也纳学派。

1929年，维也纳学派发表了他们的共同宣言——《科学的世界观》。总的来说，科学的世界观宣扬逻辑实证主义的主张，反对形而上学，推崇经验科学，重视逻辑分析的方法。具体来说，它包括四个部分的内容。

第一部分宣告了维也纳学派的成立，交代了该学派成立的历史背景和时代契机，声称它是一个聚集了具有启蒙精神和科学世界观的思想家而形成的团体，并进一步介绍了该学派在科学史及哲学史方面的思想来源,历数了被他们视为思想先驱的人。

第二部分亮明了维也纳学派的基本态度、立场和研究方法。"科学的世界观只承认关于各种事物的经验陈述以及逻辑和数学中的分析陈述",坚决拒斥形而上学以及任何形式的先验主义。维也纳学派认为:哲学的任务在于澄清问题和断言,而不是提出特别的"哲学"论断。他们说,澄清问题所应采用的正确方法乃是逻辑分析的方法,其目的是通过逻辑分析将更高层级的科学概念逐步还原为最低层级的概念,由此而认识到科学的一般结构,最终实现科学的统一。

第三部分具体介绍了维也纳学派为实现其最终目的所涉及的问题领域。这包括算术的基础、物理的基础、几何的基础、生物学和心理学的基础,以及社会科学的基础。其中,社会科学所要研究的对象属于最上一层,其次是心理学,以此类推。

最后一部分是回顾和展望。维也纳学派重申了他们的基本主张:不存在能够与经验科学并驾齐驱或凌驾于其上的哲学,除了经验方法外不存在其他获得真知的方法,不存在所谓超验的思想领域。科学的世界观没有形而上学的领地,哲学的唯一任务就是为经验科学的阐明服务。

说到底,科学的世界观不过是对经验主义和实证主义的重申。但在这些旧思想的基础上,维也纳学派引入了逻辑分析的新方法。所谓逻辑实证主义,我们可以理解为就是通过逻辑分析的方法对经验命题的实证研究。那么这种新方法显然主要来自与他们同时代的哲学家的贡献。石里克说:"这些方法是从逻辑出发的,莱布尼茨曾模糊地看到这些方法的端倪,在最近几十年里,弗雷格和罗素曾开拓了重要的道路,而维特根斯坦则是一直推进到这个决定性转变的第一人。"[1]

维特根斯坦的影响

在上一章，我们已在多处提到逻辑实证主义和维也纳学派，提到维特根斯坦对维也纳学派的影响。卡尔纳普说，维也纳小组的成员曾逐字逐句地研读过《逻辑哲学论》的绝大部分篇幅，由此可见维也纳小组对维特根斯坦的重视。作为《逻辑哲学论》这本书的仰慕者以及维也纳小组的创始人，石里克当然希望维特根斯坦能够参与他们的活动。但维特根斯坦始终没有正式加入维也纳小组的讨论会，只是与石里克、魏斯曼等人有过私下交谈。

在这一时期，维特根斯坦的思想已经有了一些变化，但无论哪个时期的思想，他都在很大程度上影响了石里克以及其他一些人。虽然并非所有的小组成员（如纽拉特、费格尔）都赞同维特根斯坦的观点，但维也纳学派的很多基本主张的确都来自对维特根斯坦的借鉴和解读——尽管他本人对这些解读不以为然。

这一点在维也纳学派的宣言中就有体现。如前所述，维也纳学派关于哲学的基本界定是："哲学的任务在于澄清问题和断言，而不是提出特别的'哲学'论断。"这显然来自维特根斯坦在《逻辑哲学论》中的说法："哲学的目的是从逻辑上澄清思想……哲学的成果不是'一些哲学命题'，而是命题的澄清。"（4.112）

维也纳学派当然也非常赞同维特根斯坦对形而上学命题的无

---

[1] 石里克：《哲学的转变》，见《现代西方哲学论著选辑》，上册，洪谦主编，李德齐译，北京，商务印书馆，1993年，第412页。

意义性所做的那些论述，因而他们在宣言中直接引用了《逻辑哲学论》中的那句名言："凡是能说的都能说清楚。"不过，维也纳学派对维特根斯坦所谓"无意义性"的理解，恐怕仅仅是停留在了字面意义上，他们全然忽视了那句名言的后半部分——我们须为之保持沉默的才是维特根斯坦认为更重要的部分。

过渡时期

无论维也纳小组的成员是不是误解了《逻辑哲学论》，至少他们从这本书中找到了他们所需要的那些论点和口号，而在维特根斯坦与石里克等人的私人谈话中更是如此。大约在20世纪20年代末期，维特根斯坦的思想开始发生转变，与石里克等人的接触也是在这个思想过渡阶段开始的。在这一时期，维特根斯坦对何谓命题的意义有了一些新的看法。

我们应还记得，过去维特根斯坦赞同弗雷格，认为一个命题的含义（意义）就是它的真值条件。真值条件不是命题的真，但它能帮助我们了解在怎样的前提条件下才能说一个命题为真（或为假）。现在，维特根斯坦说："一个命题的意义就是证实它的方法。这一证实的方法并不是一种工具、一种手段，而就是意义本身。"[1] 理解一个命题的意义就是知道它的真或假是如何被确定的。这意味着，唯有当一个命题能够被证实，它才是有意义的。这些说法后来被逻辑实证主义者们发展为"意义的可证实原则"。

---

1 魏斯曼：《路德维希·维特根斯坦与维也纳小组》，见《维特根斯坦全集》，第2卷，涂继亮主编，黄裕生、郭大为译，石家庄，河北教育出版社，2003年，第198页。

然而，维特根斯坦此时对命题的界定同过去是有区别的。过去，所有描述实在的句子都是命题，而现在维特根斯坦在其中区分了命题和假设。命题描述的是一个特定的观察事实，而假设则是能把一系列观察事实或直接经验联系起来并提供某种预测的法则。"我看到太阳正从东方冉冉升起"是一个命题，"太阳总是从东方升起"则是一个假设。命题与假设都是对实在的描述，但它们以不同的自由程度与实在相联系。

命题与实在直接相应，没有什么自由度可言，而假设则具有一定的自由度。也就是说，对命题的证实是直接确定的，而对假设的证实则总存在一定的或然性。当我通过当下的直接经验证实了"太阳正从东方冉冉升起"这一命题，那它也就是不可被否证的，而即便我看到一千次、一万次太阳从东方升起，也不能确定"太阳总是从东方升起"这一假设必然为真。正如维特根斯坦所说："假设的本质在于，对它的证实永远不会终结。"[1]

由此也可看出，命题的证实与假设的证实意义不同。对于前者，它的证实就意味着它的真；对于后者，则并非如此。因为假设的证实是或然的、可被否证的，所以我们只能说一个假设有可能是真的。于是，维特根斯坦说："一个假设与事实之间的关系恰恰具有一种不同于证实关系的形式。因此，'真'和'假'这些词在这里自然也是不适用于假设的，除非它们另有所指。"[2]

总而言之，在《逻辑哲学论》中，维特根斯坦认为命题是可能事态的逻辑图像，强调的是命题与事态在图示形式或逻辑形式

---

[1] 维特根斯坦：《哲学评论》，见《维特根斯坦全集》，第3卷，涂继亮主编，丁冬红等译，石家庄，河北教育出版社，2003年，第278页。
[2] 同上。

上的一致性，而现在命题与观察事实直接相应，他更加强调命题与经验观察之间的对应关系。过去，维特根斯坦认为凡是图示事态的都是命题，而现在他从中区分出了命题和假设。命题的意义在于它的被证实，而假设的意义在于它的可证实性。如果一个假设无法提供可被证实的预见，那它就是无意义的。这是维特根斯坦有关意义理论的一些主要变化。

当然，维特根斯坦的思想并非全无连续性，比如在《逻辑哲学论》中他就说过："太阳明天会升起，这是一个假设，这意味着：我们不知道它明天是否会升起。"（6.36311）可见在那个时候，他就已经有了相关的思考。只不过，彼时的维特根斯坦并没有形成所谓证实主义（verificationism）的思想。

强烈共鸣

但维特根斯坦很快就放弃了他在这个阶段的主张。一个命题通过直接经验被证实，只能说是理解命题意义的一种方法或途径，而不是唯一标准。

然而，以石里克为首的维也纳小组成员们却在维特根斯坦这一时期的主张中感受到了强烈共鸣，他们将命题的意义就是证实它的方法这一主张称为"维特根斯坦的证实原则"，而这也随即成为逻辑实证主义的基本观点。我们不能说逻辑实证主义者的核心思想完全是从维特根斯坦个人的思想中发展而来的，但后者的许多说法的确在前者构建其理论体系的过程中提供了重要参考。

然而，维特根斯坦对此却颇有怨词。他在剑桥大学道德科学俱乐部的一次聚会上说："有段时间我常说，为了弄清一个句子是如何使用的，一个很好的办法就是问自己这个问题：'我们怎样试图证实那样一个断言？'这只是弄清语词或句子使用的诸多方法中的一种……但有些人把这个寻求证实的提议变成了一个教条——仿佛我一直在发展这种意义理论。"[1]

无论怎么说，维特根斯坦在这个时期的确持有这样的想法，而逻辑实证主义者可谓与之不谋而合。他们进一步发展了证实主义的观点，使之成为一种极具影响力却也不过昙花一现的意义理论。

第二节 可证实的命题

在上一节，我们介绍了维也纳学派的基本情况，同时对维特根斯坦过渡时期的思想做了简单概括。维特根斯坦"意义就是证实它的方法"这一主张引起逻辑实证主义者的广泛共鸣，并成为后者的理论口号。在这一节，我们来具体了解一下逻辑实证主义者的可证实原则，以及他们认为哪些命题是可证实的因而是有意义的。

形式真理和事实真理

从维也纳学派的宣言中我们已能看出，逻辑实证主义者只承认存在两种真理——形式真理和事实真理。所谓形式真理就是逻

---

[1] 蒙克：《维特根斯坦传：天才之为责任》，王宇光译，第290~291页。

辑学、数学这类知识，所谓事实真理就是经验科学这类知识。

当然，这种划分原则绝非逻辑实证主义者的发明，如果只考察他们自己罗列的那些思想先驱，就至少可以追溯到休谟那里。休谟是坚决拒斥形而上学的哲学家，因为他认为形而上学既不解决关于数的抽象推论，也不解决关于事实的经验推论，因而不过是些诡辩和幻想。在休谟之后，康德试图挽救形而上学。康德把逻辑学命题看作先天分析的，把经验科学命题看作后天综合的，形而上学则属于先天综合的领域。

但逻辑实证主义者坚决反对这一点。一个命题要么是像"红花是红的"这样纯分析的，要么是像"这朵花是红的"这样纯综合的，除此之外都是伪命题。因此，逻辑实证主义者与休谟的基本理念是一致的，他们认为只有像逻辑学、数学或经验科学这样非真即假的命题才是真正有意义的，形而上学则完全没有意义。同理，伦理学也是如此。卡尔纳普认为，像形而上学、价值哲学和伦理学这样的虚构句子，都是一些无意义的句子。它们并没有什么实质内容，而仅仅能够引起听到这些句子的人们在情感和意志方面的激动。

但在真正有意义的命题中还要做区分，因为逻辑学或数学同经验科学毕竟是不同的。回忆一下维特根斯坦的说法：逻辑命题是必然真的，因为它们都是重言式；同理，矛盾式都是必然假的。逻辑命题的必然真同矛盾式的必然假都是由其形式自身可直接证明的。"所有 a 是 b，所有 b 是 c；因此，所有 a 是 c。"对于这样的逻辑推理过程，我们不需要了解 a、b、c 具体指什么，就可判定其结论必然为真，这正是由命题自身的形式决定的。

相反，对经验科学命题就不能只通过命题的形式来判定了。

一个经验科学命题的意义就在于它表达了某种确定的事态，因而对它的判定需要我们求助于经验观察。水是不是在 0 度结冰，必须通过实际的观察才能知晓。

总之，无论形式真理还是事实真理都应是被证实了的命题，而一个命题要有意义就必须能够被证实，这就是意义的可证实原则（verification principle）。

实际的和原则上的

逻辑实证主义者最关心的自然是事实陈述或科学命题的可证实性问题。石里克说："一个关于世界的命题，如果它的真或假与实际无关，那么它就对世界根本一无所说，它对于实际一无传达，它是空洞无意义的。"[1] 因此，唯有当一个事实陈述或科学命题能够通过经验被证实或证伪，可以由此被断定为真或假，它的意义才得到说明。

显然，对于有些陈述我们当下就能证实，而对于有些陈述，因为缺乏实际的证实条件，我们一时还难以证实。于是，艾耶尔把前一种情况称为实际的可证实，把后一种情况称为原则上的可证实。原则上可证实的陈述同实际可证实的陈述一样具有意义，甚至比后者更重要，因为许多理论假说都是当下无法证实的命题。因此，石里克更强调这种原则上的可证实性。他认为一个命题的意义并不依存于当时用以说明它的意义的实际情况，并不依

---

[1] 石里克：《实在论与实证论》，见《现代西方哲学论著选辑》，上册，洪谦主编并译，第 423 页。

存于在这一特定时刻能否被证实的条件。也就是说，即便我们当下未能证实某个命题，只要对它的证实在逻辑上是可能的，它就是有意义的。

比如，以下这个陈述："1000年后地球的海平面将平均上升1米左右。"虽然今天我们无法验证这一陈述，但我们非常清楚如果要验证它所需要的经验条件是什么。就算1000年后人类已经灭绝了，以至于无法实际地检验该陈述，我们也有理由相信它是具有被证实或证伪的逻辑可能性的。

与之相反，如果有人提出这样一种假设：电子（在当前的物理学中被认为是一种不可再分的基本粒子）仍有内部结构（某种内核），但却没有任何外发的作用，因而它的存在根本无法被观察或验证。那么这就是一个无意义的陈述。因为"它的存在或不存在与可以观察的东西无任何共同之处，与一切可以观察的东西没有任何联系，它与给定的世界是毫不相关的"[1]。因而这种假设是无意义的。

卡尔纳普也举例说，如果一个科学家宣布宇宙中不仅存在引力场，还存在某种浮力场，但它没有任何可观察的效果，那这位科学家的断定就只是一串空洞的字眼。它没有说出任何有意义的东西，因为"我们没有被告知如何去证实它"[2]。由此可见，可证实原则总是与经验观察密切相连的。

---

[1] 石里克：《实在论与实证论》，见《现代西方哲学论著选辑》，上册，洪谦主编并译，第424页。
[2] 卡尔纳普：《哲学和逻辑句法》，傅季重译，上海，上海人民出版社，1962年，第4页。

直接的和间接的

进一步来说，在考察证实某种陈述的具体方法时，我们还需区分直接的证实和间接的证实。卡尔纳普说，如果某一陈述是断定当下的感觉经验的，比如"现在我看见在一个蓝色底子上有一个红色方块"，只要我当下的确是看到了，那么这个陈述就被直接证实了；反之，则该陈述就被否证了。

与之相对应，"一个不能直接被证实的命题 P，只能通过直接证实那从 P 演绎出来的命题以及其他已被证实的命题来证实"[1]。例如，考虑一下我们该如何检验"这把钥匙是铁做的"这一陈述的真伪。一种办法是，我们知道磁石能吸住铁质东西，于是我们只需拿一块磁石放到这把钥匙的附近，就可观察到钥匙是否会被磁石吸住。如果被吸住，"这把钥匙是铁做的"即为真；反之，则为假。

但请注意，即便通过一次检验能够证实该陈述是真的，对它的检验也并未就此结束。我们可以在不同时间、不同地点重复这个检验或采用不同的方法进行检验，或许由此关于该陈述的确定性就逐渐增多到令人信服的程度，但在逻辑上我们却始终无法保证不会出现一个否定的实例，因此我们无法完全地证实这个陈述。

以上所讨论的都属于单个事物的例子，如果我们要考察的是一个在任何时间、任何地方，涉及任何事物的一般性陈述，即所谓自然规律，那么可检验的实例的数字更是无穷多的，而我们永远无法完全地证实它。如同我们一千次、一万次地观察到太阳从

---

[1] 卡尔纳普：《哲学和逻辑句法》，傅季重译，第 2 页。

东方升起，也无法保证太阳一定从东方升起。显然，卡尔纳普对能被直接证实的陈述与能被间接证实的陈述的区分，同维特根斯坦关于命题与假设的区分是一致的。

此外，艾耶尔还提出了"强的可证实性"和"弱的可证实性"的区别，赖兴巴赫则提出"真理的意义理论"与"概率的意义理论"的不同。但无论哪种情况，一个陈述要有意义就必须能够被证实，这一点是逻辑实证主义者所共同强调的。

与之相反，在他们看来，形而上学甚至伦理学都不符合意义的可证实原则的要求。

第三节 不可证实的命题

根据逻辑实证主义者的可证实原则，一个命题必须能够被证实才是有意义的，不能被证实的命题不是错的，而是无意义的。逻辑学、数学以及经验科学都可以被证实，因而是有意义的；与之相反，形而上学是无法被证实的，因而是无意义的。但对于伦理学命题是否有意义这一点，逻辑实证主义者说法不一。

形而上学的"世界"

卡尔纳普对形而上学命题的定义是："那些自以为是表述关于在一切经验之上或在一切经验之外的某种东西，例如关于事物的实在本质，关于自在之物、绝对以及诸如此类的知识的命题。"[1] 古希腊的本原说、柏拉图的理念论、唯心论或唯物论，以及斯宾诺莎、黑格尔、柏格森的主要学说都属于卡尔纳普所说的形而上学范畴。从可证实原则出发来检验这类命题就会很容易看出来，这类命题都是不可被证实的。

在黑格尔那里，世界的本质是绝对精神。但我们通过何种知觉或经验才能验证这一命题？"本质""绝对精神"都不是经验世界中的事物，无法与我们的经验观察相应，也就无法得到任何形式的验证。因此，"世界的本质是绝对精神"这一命题并没有断言什么，它是无意义的。再比如，实在论者断言外部世界是存在的，唯心论者则否认它；实在论者断言其他心灵是存在的，而唯我论者（一种极端的唯心论）则认为只有他自己的心灵是实在的。在卡尔纳普看来，这些也都属于形而上学命题，都是无法被证实的。

当然，一个动物学家可以断言黑天鹅的实在性。这意味着在某一时间或地点通过某种方式可以找到这一对象，因而它是可被证实的。一事物的实在性问题之所以可能，是因为它属于整个物理世界这一时空体系之内，故而是有意义的；但如果问题是针对物理世界本身的实在性来说，那我们就涉及了这个体系的全体。我们对世界中的某个事物是有经验内容的，但我们对世界全体是没有经验内容的，因而"物理世界或外部世界是否实在"这一问题无法得到证实（它不是假的，而是无意义的）。这又让我们想起维特根斯坦的观点，可以言说的都在世界之内，而"世界的意义必定在世界之外"（6.41）。对世界全体的任何断言都是无意义的。

---

[1] 卡尔纳普：《哲学和逻辑句法》，傅季重译，第5页。

石里克也对"外部世界是否实在"这一问题展开过讨论。他首先区分了经验常识的和形而上学的"外部世界"。在经验常识中,"外部世界"的意思无非是指桌子、椅子、山川、树木、人或动物所在的那个客观公共的世界;与之相对的是包括记忆、联想、梦境、感受在内的"内部世界"。要证明像桌子、椅子这样的东西独立于我们而存在是非常容易的事情,这自然需要诉诸我们的经验观察。正由于我们拥有如此这般确定无疑的经验标准,我们才能毫无疑问地将这些客观存在的东西同仅仅是主观的东西区别开来。他说这是每个小孩子都知道的事情。

当然,科学研究的对象并不是桌子、椅子这样稀松平常的东西,但石里克认为桌子、椅子同质子、电磁波的客观性是完全一样的。归根结底,科学研究的对象在原则上都可以清楚无误地被经验观察证实,因为"他们所谓的外部世界不是别的,只是围绕我们日常生活的自然"[1]。无论山川、树木还是电子都属于自然,而不属于形而上学的世界。

形而上学所谓的外部世界是某种超越于经验的世界,是无法像经验世界那样被知性认识的世界。但如果不能被认识或经验,我们通过什么来断定它的真假呢?因此,彻底的经验主义者既不会肯定也不会否定形而上学所谓"超验的外部世界"的存在。这样的命题是无意义的,"因为没有一个可能的命题可以把一种不可证实的存在的意义表达出来"。如果有人坚持认为有所谓独立于经验知觉的"超验存在",那只不过是一种情感或信仰。"谁信

---

[1] 石里克:《实在论与实证论》,见《现代西方哲学论著选辑》,上册,洪谦主编并译,第432页。

仰这种世界，谁为信仰而信仰，则谁只能沉默地信仰。论证只能对于能够说出的事物才能发生作用。"[1]

"无"存在吗？

关于逻辑实证主义者如何看待形而上学命题的无意义性，卡尔纳普对海德格尔的批判也很具有典型性。

卡尔纳普首先指出构成一个无意义陈述的两种情况：1. 一种是我们错把一个无意义的词看成是有意义的；2. 另一种是组成句子的词虽然是有意义的，但整个句子是以一种错误的方式拼凑在一起，因而并不构成一个有意义的陈述。形而上学正是由这些无意义的陈述构成的。

第一种情况我们略过，重点来看第二种情况。考虑下面两个例子：（1）"恺撒是和。"（2）"恺撒是一个质数。"无论"恺撒是和"还是"恺撒是一个质数"，构成它们的每个词都是有意义的，但它们本身是没有意义的。"恺撒是和"不符合基本的语法规则，自不必说；"恺撒是一个质数"虽然符合一般的语法规则，但由于"质数"是数的性质，它不能说明人，因而"恺撒是一个质数"也不是任何有意义的陈述。

由此可见，一个陈述符合一般的语法规则不是它有意义的充分前提。"自然语言容许构成无意义的词列而不违反语法规则这一事实，说明了从逻辑观点看来，语法句法是不适当的。如果

---

[1] 石里克：《实在论与实证论》，见《现代西方哲学论著选辑》，上册，洪谦主编并译，第 436~437 页。

语法句法准确地符合逻辑句法，假（无意义的）陈述就不会产生了。"[1]这里卡尔纳普所谓"语法句法"就是通常所说的语法规则（表层语法），而"逻辑句法"则是语言的深层语法，它规定了语词合逻辑的用法，如什么词和什么词能够搭配在一起，形成一个有意义的句子。很多所谓形而上学命题正是类似"恺撒是一个质数"这样的例子，它们看起来符合表层的语法规则，却实际上不符合深层的逻辑句法。海德格尔对"无"的讨论就属于这种情况。

卡尔纳普引用了海德格尔在其论文《什么是形而上学？》中的一些段落："要研究的只是有（being）——再无别的了；只是有，再就——无了；唯独有，有以外——无了。这个'无'怎么样呢？……我们断言：'无'先于'否定'和'不'而存在……我们到哪儿寻找'无'呢？……担忧揭示了'无'……实际上，'无'本身——就这样——出现了。这个'无'怎么样呢？——这个'无'本身无着。"[2]

卡尔纳普认为海德格尔对"无"这个词的使用无论如何都是一种逻辑的混乱。首先，"无"并不是某个特殊的名称，不是某种可以认识的对象，我们没法像问"这雨（下得）怎么样"一样去问"这无怎么样"。其次，"无着"这个说法也莫名其妙。从一般的语法规则来看，"雨在下着"同"无在无着"似乎具有相同的语法形式。但前者符合逻辑句法，因而是一种有意义的表达；后者不符合逻辑句法，因而是无意义的。再次，"无之存在"也

---

1 卡尔纳普：《通过语言的逻辑分析清除形而上学》，见《逻辑经验主义》，上卷，洪谦主编，北京，商务印书馆，1982年，第22页。
2 同上书，第23页。

是个自相矛盾的说法，既然"无"所表明的无非是对其自身存在的否定，那又何谈它的存在呢？对此，纽拉特曾讽刺说："爱因斯坦的理论或许可以用班图语来表达，却不能用海德格尔的语言来表达，除非德语中那种对语言的滥用也带入了班图语。"[1]

总之，卡尔纳普通过对海德格尔的"无"的批判，很好地展示了某些形而上学概念的无意义性。在他看来，这样的概念还包括"本原""神""理念""无限""物自体""绝对""绝对精神""本质""自我""非我"等等。它们统统都是无意义的，因为我们无法找到任何经验事实能与这些概念相对应。

伦理学

最后，我们来简单了解逻辑实证主义者对伦理学的态度。如果说他们对形而上学的态度是一致否定的，那么对伦理学，逻辑实证主义者内部的声音就不那么统一了。

自现代以降的一种流行的看法是：伦理学问题不是关于事实的陈述。事实陈述是*实然*的，即事情实际上怎样，或我们事实上是如何做的；伦理学陈述是*应然*的，即事情应该怎样，或我们应该如何去做。石里克却认为伦理学是一门关于事实的科学，伦理学命题是有意义的。

当然，他所理解的伦理学不是要提供某种道德行为的必然法则或最高根据，就好像它试图通过回答"什么是善"这样的问题

---

[1] 纽拉特：《记录语句》，见《现代西方哲学论著选辑》，上册，洪谦主编，岳长龄译，第558页。

来告诉我们善应当是怎样的。石里克认为伦理学要告诉我们的是善实际上是怎样的，也就是说，伦理学要解决的是为什么我们要将某种道德判断当作行为的准则。这就需要对道德行为提供某种解释。怎么解释呢？通过追溯道德行为的动机或它在情感和意志方面的起源。显然这属于心理学的范畴，而石里克认为伦理学就是心理学的一个分支。

然而，卡尔纳普并不赞同石里克的主张。我们的确可以从心理学或社会学的意义上去研究道德行为的成因，但这属于经验科学的范畴，而不是哲学。伦理学或道德哲学恰恰是要宣扬某种道德价值或道德规范，是要为人的道德行为设立某种自以为是的准则——"什么是善""什么是恶""什么是正确的""什么是错误的"。

当一些表达价值判断的语句的确具有一定的迷惑性。比如，表面上看"杀人是罪恶的"这句话具有陈述句的形式（一如"雪是白色的"），于是一些人就认为它是在断定某种非真即假的事实，因而就说价值判断是有理论意义的。但其实仔细一分析就会发现，"杀人是罪恶的"不过是"不要杀人"这一命令句的另一种形式。本质上前者和后者一样，只是在表明某种试图影响到他人的情感态度，因而并不断定任何经验事实，也就无法被证实或否证。无论道德愿望是否影响到人们的实际行为，由于它既不真也不假，归根结底都是没有理论意义的。

第四节　可证实原则的疑难

通过前面几节内容可以看出，可证实原则是一个很强的原则，它力图彻底澄清我们对有意义命题的界定，从而将那些无意义的话语统统驱逐出真理的殿堂。但自从这一原则被确立伊始，就面临着来自各方面的质疑。逻辑实证主义阵营内部也出现不少反思的声音，这使得可证实原则被不断修正并最终遭到放弃。

直接经验

可证实原则以经验主义和实证主义为基石，强调一个事实陈述的意义在于它能够被直接经验所证实。当然，所谓直接经验总是以某个陈述的形式来表达的。这样的陈述被逻辑实证主义者称为记录句子或观察句子，也就是记录或观察直接经验的句子。这样的句子只涉及单一的经验内容，比如"我看到那张蓝色的桌子上放着一本红色的书"。

然而，这可能还不算是真正的记录句子，因为这里面出现了"桌子""书"这样指称个体事物的语词概念。回想一下罗素的观点，我们真正亲知的并非个体事物，而是感觉材料，比如红色的、硬的、方的。于是，"现在我看见在一个蓝色底子上有一个红色方块"可能更符合记录句子的要求。但我们还可以继续追问：对"蓝色"和"方块"的认识是纯粹经验的吗？纽拉特认为，只要有任何名词出现，解释就已经发生了，因而根本不存在原始的记录句子。

更重要的是，逻辑实证主义者将直接经验看作判定一个科学理论正确与否的前提条件，这也绝不符合现代科学的实际情况。当然，科学理论是需要通过观察实验来检验的，但现代科学中的实验远比直接的感觉经验复杂得多，科学实验与科学理论的关系比直接经验与记录句子之间的关系复杂得多。

纽拉特说："把决然确立的纯粹记录语句作为科学的出发点是办不到的。"[1] 科学理论并不以任何记录句为起始，好像它是从直接经验中推导出来的一样。甚至，我们都不能说科学理论可以合逻辑地从任何经验事实中推导出来，即便我们放宽对这里所谓"事实"的界定，因为任何理论都无法得到完全的证实。

归纳主义困境

科学理论无法从经验事实中推导出来，这源于可证实原则要面对的更大问题——归纳主义困境。

一般而言，论证分为两种：演绎论证和归纳论证。比如一个逻辑三段论：

> 大前提 A：所有行星都围绕恒星运动；
> 小前提 B：地球是一颗行星；
> 结论 C：地球围绕恒星运动。

这是一个演绎论证，这样的论证是必然真的。然而，一个关

---

[1] 纽拉特：《记录语句》，见《现代西方哲学论著选辑》，上册，洪谦主编，岳长龄译，第 559 页。

于科学理论的论证可以是如下形式：

前提：
实验观察 1 证明 A；
实验观察 2 证明 A；
实验观察 3 证明 A；
……
结论：所有实验观察都证明 A。

显然，这是一个归纳论证，而这样的论证不具有必然性。无论我们做过多少次实验，观察到多少次金属在某一时刻受热会膨胀的事实，也无法完全证实"所有金属受热都会膨胀"这一陈述，因为它是一个归纳论证。仔细分析就会发现，"所有金属受热都会膨胀"是一个全称陈述，它意在对属于金属这个类的所有成员下一个断言——"它们受热都会膨胀"。显然，对有限数目的经验事实的归纳无法使我们证实这一全称陈述，因为我们永远无法在逻辑上保证如下情况不会发生：某一金属在某时刻受热没有膨胀。

实际上，卡尔纳普早就意识到这个问题（回顾第二节内容），现在他和纽拉特等人都更加清楚地认识到这一点。他们承认科学理论（甚至一切关于事实的陈述）在本质上都是一些假设，只能被不断确证（confirmation），而无法被最终证实（verification）。这被称为"弱的可证实原则"。卡尔纳普说："如果证实的意思是决定性地、最后地确定为真，那么我们将会看到，从来没有任何（综合）语句是可证实的"，因为这种"强的可证实原则"过于简单了,"导致科学语言受到太狭隘的限制,以致不仅排除了形而上学语句,而且也排除了某些有事实意义的科学语句"[1]。

对于一个全称陈述,例如"所有金属受热都会膨胀",我们无法做到完全的证实,但我们可以检验它的一个个单独的例子,如"金属1在t_1时刻受热膨胀""金属2在t_2时刻受热膨胀""金属3在t_3时刻受热膨胀"等等。如果在这一系列检验过程中没有发现一个否定的例子,而肯定的例子却逐渐增多,那我们对"所有金属受热都会膨胀"这一陈述的信心也就逐渐增强;换句话说,对它的确证程度也就变得越来越强。总之,"不可能有绝对的证实,只可能有逐渐的确证"[2]。

然而,我们如何能够确定对一个陈述的检验达到何种程度时,它就可以被接受下来?比如上面的例子,当我们获得十组观察实验的结果,则"所有金属受热都会膨胀"就得到一定程度的确证。那么这个确证度足够高,因而我们可以接受这一陈述了吗?还是不够高,仍需更多检验?还是介于二者之间?卡尔纳普坦言,并没有某种一般的规则来帮助我们做出决断,对一个综合陈述的接受或拒绝永远含有"约定的成分"。这也就意味着,一个陈述是否有意义并不完全取决于经验检验。

可证伪原则

波普尔也看出了归纳主义的逻辑困境,于是针锋相对地提出

---

1 卡尔纳普:《可检验性和意义》,见《现代西方哲学论著选辑》,上册,洪谦主编,江天骥译,第494~495页。
2 同上书,第500页。

可证伪原则，作为辨别科学命题的判断依据。他说，既然科学规律都声称某种严格的普遍性，也就是都属于全称陈述，那么可证实原则在逻辑上就无法满足对这类陈述的论证。对于"所有天鹅都是白色的"这一陈述来说，我们无法通过有限的经验观察完全证实它，但如果我们能找到一个反例，比如发现有一只天鹅是黑色的，我们就能证伪这个陈述。证实一个全称陈述需要无限多的实例，但证伪一个全称陈述只需要一个（相反）实例就够了。证实是归纳论证，而证伪是演绎论证。这就是可证伪原则的中心思想。

当然，可证伪原则强调的同样是一种逻辑上的可证伪性。一个陈述不一定当下被证伪，但必须在理论上存在被证伪的可能。因而，对于"每年的11月27日从来不下雨"或"在宇宙的各个角落都存在引力"这类陈述来说，即便我们当下无法证伪，但它们显然有被证伪的可能。

此外，波普尔也不像逻辑实证主义者那样把经验观察看作科学理论成立的前提。他认为在经验观察与理论假设之间，后者总是先于前者。现代科学并非从经验观察中归纳而来的知识，而是建基于科学家们理性思维的产物。

科学理论要接受经验的检验。只不过，一方面来说，我们总是先得到某种理论公式，然后才通过相应的观察实验小心求证，证实则暂时保留，证伪则淘汰。另一方面来说，纯粹的经验观察是不存在的，任何观察都需要以某一理论知识为前提。那种认为我们仅从直接的经验观察出发就能够得到或判定一个科学命题的信念虽然由来已久，但根本上是荒谬的。总之，逻辑实证主义者认为一个科学命题的意义就在于它能被证实，这并不符合现代科学运作的原理。

然而，可证伪原则也并非如波普尔所设想的那样无懈可击。当一个观察事实与理论假设相矛盾时，为什么出错的就一定是理论假设而非观察事实呢？正如我们在本节一开始就指出的，对科学理论的检验是一个复杂的过程，它绝不是证实或证伪主义者所设想的那些简单情况能够说明的。此外，认为一种理论一旦被观察事实证伪就即刻遭到淘汰这一想法也不符合科学发展的实际情况。证伪主义在原则上同证实主义是一脉相承的，因而在很多方面它们都面临着同样的困难。

自我反驳的主张

可证实原则所要面对的另一项重大疑难是关于其自身合法性的问题。

逻辑实证主义者说，凡是不能被证实的都是无意义的陈述，因而只有逻辑学、数学和经验科学才是有意义的。但我们要问："凡是不能被证实的都是无意义的"这句话本身属于哪一类陈述呢？显然它不属于逻辑学，可它也不是一个仅由直接经验就能得出的陈述；换句话说，它既不是一个分析判断，也不是一个综合判断。到头来，可证实原则自身就不符合它对有意义陈述的要求。连卡尔纳普也不得不承认，这个非难确实击中了要害。

面对种种批评，逻辑实证主义者们不得不重新评估可证实原则的逻辑地位，以及他们对形而上学的态度。卡尔纳普说，我们可以把哲学看作科学的逻辑，即对科学概念、命题、证明、理论的逻辑分析，从而避免像维特根斯坦那样认为任何哲学话语都是无意义的结论。当然，他在这里所指的哲学仍是实证主义的，而绝不包括形而上学。但他也承认每个人都可以按照自己的意愿建立自己的逻辑、自己的语言形式。

艾耶尔则进一步主张可证实原则只是一种约定，而我们没有理由一定要遵守这种约定。即便形而上学命题不属于逻辑法则、科学假设或任何对自然界所做的常识描述的范畴，我们也不至于就此认为那些形而上学命题既不真也不假，甚至是没有意义的；我们应当承认形而上学命题的价值。

最后，虽然亨普尔依然相信经验主义关于何谓有意义陈述的基本观念大致是合理的，但把可证实原则看作划定有意义与无意义陈述的严格标准却是不现实的。他说："我不大相信，这个笼统的观念有可能改述成一条准确、普遍的判据，（a）在有纯逻辑意义的陈述与有经验意义的陈述之间，（b）在确有认知意义的句子与确无此种意义的句子之间，划定截然分明的界限。"[1]

逻辑实证主义最活跃的时期是 1926—1936 年这十年间。应当说，它是 20 世纪语言哲学影响最大的流派之一。当然，维也纳学派成立伊始就不断面临着来自内部与外部的种种批判。除了对可证实原则的质疑外，很多人还坚决地拒斥他们唯科学主义的世界观和方法论。那种认为唯有自然科学才是获得真理的唯一标准的主张不仅是过于极端的，也是根本行不通的。然而，逻辑实证主义者所强调的通过对语言的逻辑分析澄清问题的基本思想和

---

[1] 亨普尔：《关于认知意义的经验主义标准：问题与变化》，见《语言哲学》，马蒂尼奇编，牟博等译，第 17 页。

方法，还是被广泛地继承下来了。

  1936 年 6 月 22 日，石里克被一名精神失常的学生枪击身亡。这虽是一个偶然事件，但对维也纳学派的组织性和凝聚力可谓一个沉重的打击。此后，随着法西斯主义日渐猖狂，战争的阴云逐渐在欧洲上空密布，卡尔纳普、赖兴巴赫、亨普尔、哥德尔等人也相继流亡美国。随着维特根斯坦后期哲学的出现以及牛津日常语言学派的兴起，语言哲学内部出现了一个重要转向。逻辑实证主义便不再是一个具有领导力和持续性的哲学流派了。

第六章
维特根斯坦的语言游戏说

在上一章，我们已对维特根斯坦过渡时期的思想有了一个大致了解。所谓"过渡时期"，意味着在这个阶段他的思想尚未定型，正在发生转变。直到他开始写作《哲学研究》，新思想才终于变得清晰明朗。维特根斯坦一生最重要的两部著作是《逻辑哲学论》和《哲学研究》，二者分别代表了他的早期和后期思想。在"维特根斯坦的逻辑哲学论"一章我们重点介绍了他的早期思想，而在本章我们将主要围绕《哲学研究》这本书来介绍他的后期思想。

第一节 日常语言转向

人们常说，维特根斯坦在前后两个不同阶段的思想分别代表了语言哲学的两个不同方向。《逻辑哲学论》代表的是语言哲学的逻辑语言方向，而《哲学研究》则代表了语言哲学向日常语言的转向。二者之间有什么区别？维特根斯坦又为什么会产生这样的思想转向呢？

逻辑语言与日常语言

1928 年 3 月 10 日晚上，维特根斯坦同费格尔和魏斯曼一道去听了著名数学家布劳维尔的一场演讲。自此以后，维特根斯坦对哲学的热情似乎被再次唤醒了。

我们还记得，对维特根斯坦的思想产生过重要影响的弗雷格和罗素对待数学的态度都是逻辑主义的，他们都曾致力于将数学归于逻辑。与之相应，他们都提倡一种严格遵从逻辑的理想语言。在这种语言系统中，语词符号的意义是唯一确定的，符号之间的联结和推导是严丝合缝的。这种语言之所以是理想的，因为它将不再像日常语言那样充满歧义，不再因不同人对语词意义的理解不同而产生不同结论。意义始终是精确的，论证始终是逻辑融贯的。为了实现对日常语言的"提纯"，弗雷格、罗素和卡尔纳普等人都曾尝试创立或完善这样一套严格遵从逻辑的人工语言符号系统，尽管最终的结果并不能说是理想的。

与弗雷格和罗素等人的主张不同，布劳维尔认为不仅数学不能归于逻辑，而且逻辑还要依赖于数学。他更强调主体的构造能力，认为数学的基础来自主体直觉的建构，这就是他的直觉主义主张。与之相应，布劳维尔认为语词概念的产生，只是人为了认识事物而做的某种偶然的约定。语言同样来自主体的建构，不同主体的概念体系不尽相同，语言不具有永恒不变的本质。这就意味着并不存在某种独一无二的理想语言。

在《逻辑哲学论》中，维特根斯坦的基本观念显然是逻辑主义的。命题（语言）是世界的逻辑图像，命题反映了实在的逻辑结构，命题是基本命题的真值函项。但在《哲学研究》中，他的思想发生了很大改变，其中最重要的一点就是不再认为语言（命题）与实在一一相应。并不是因为实在具有某种逻辑形式，而是因为语言是对实在的图示，所以它就与实在具有共同的形式。相反，就像布劳维尔所说，语言是人构造出来的，语言所遵循的规则是一种约定，而非对实在的反映，因此语言不具有什么不变的本质或必然的结构。这样的语言生根于日常生活，而哲学所应考察的理应是日常语言。

逻辑的语言的确更清晰明确，它的意义是唯一确定的，它的推理是逻辑融贯的，但为了达到这种精确性需要对自然语言或日常语言进行高度"提纯"，用统一的符号系统去指代那些不尽相同的语词或句子。在这个过程中，日常语言的那种丰富性（语境、情感内容、语词的微妙差异）被蒸发殆尽了。由此可见，逻辑的语言虽然精确，代价却是意义的丢失。哲学则恰恰是对意义的探寻。

哲学并不是要解决纯粹的逻辑问题或数学问题，哲学活动也不（只）是对科学语言的逻辑澄清，哲学所针对的世界并非空洞的逻辑空间，而本应是我们所在的生活世界。维特根斯坦说："我们谈论的是处于空间和时间之中的语言现象，而不是某种非空间、非时间的幻象。"（108）[1]

---

[1] 维特根斯坦：《哲学研究》，见《维特根斯坦全集》，第 8 卷，涂纪亮主编并译，石家庄，河北教育出版社，2003 年，第 66 页。此后引文只给出相应序号。

日常语言生根于生活世界而非逻辑空间,生活世界是不断流变的,因而日常语言是不断演化的。日常语言与生活世界紧密交织,它承载了关于这个世界的丰富意义。逻辑的语言或人工语言则恰恰要脱离变化和丰富性,追求不变和唯一性,它更少关注意义,而更多关注命题(语言)内在的逻辑结构和命题之间形式上的联结。当然,日常语言也要遵循逻辑,遵循语法规则。但这些规则很大程度上是在不同的语言游戏中不断生成的,而非像逻辑语言那样是规定好了的。我们永远不可能达到逻辑语言所追寻的那种严格秩序,但"即使在最含混的句子里也必定有完美的秩序"(98)。只不过这秩序是鲜活的,而不是死的。

回到粗糙的地面

自1929年重返剑桥,16年来,除了从布劳维尔那里获得的启发,维特根斯坦在他的好友拉姆塞以及其他一些人的批评和刺激下,不断反思自己在《逻辑哲学论》中"所犯的严重错误"。我们真实面对的语言,绝不是过去的维特根斯坦所赞同的那种理想语言;我们对语言的运用,绝不像逻辑学家那样是在进行某种遵循着固定规则的计算。《哲学研究》中这段话是对这种反思的高度概括:"拉姆塞有一次跟我谈话时强调指出,逻辑是一门'规范性科学'。我虽然不知道他当时的确切想法,可是,毫无疑问,它与我后来逐渐悟出的道理密切相关,这就是在哲学中我们常常把词的用法与有固定规则的游戏或计算相比较,但不能说使用语言的人必须玩这样一种游戏。然而,如果你说我们的语言仅仅近似于这种计算,你就因而立即站到了错误的边缘。因为这样一来，似乎我们谈的是一种理想语言。似乎我们的逻辑是一种适用于真空的逻辑。然而，逻辑并不是像自然科学处理自然现象那样处理语言或者思想的，至多只能说，我们在构造一种理想的语言。不过，这里'理想'一词很容易引起误解。因为听来似乎这种语言比我们日常语言更好、更完善；似乎最终只有依靠逻辑学家才能告诉人们正确的句子是什么样子。"（81）

理想语言只是一种幻象，我们在现实中不可能找到与之对应的东西。但人们仍可能坚持说，当我们把日常语言视为考察的对象，就会发现它与我们对确定性的要求相去甚远。为此，我们当然可以不断地对日常语言进行"提纯"，最终获得如水晶般纯粹的逻辑语言。但此时"我们就站立在光滑的冰面上，那里没有摩擦，因此在某种意义上说条件是理想的，但也正因如此，我们无法行走。我们想行走，就需要摩擦。让我们回到粗糙的地面上吧！"（107）

一本好书

关于这一系列的反思，维特根斯坦都记述在《哲学研究》中。但这本书断断续续写了很久，对于书中的内容他不断斟酌修改、更新扩展。直到他去世后，这本书才由他的学生整理成册完成出版。在序言的最后段落，维特根斯坦说道："我本想写一本好书。这个愿望没有实现，而能够用于改进它的时光已经流逝。"

他这样说并不是自谦，而是源自一种焦虑。因为在那个时代，对逻辑主义和科学主义的热忱依然是主旋律，维特根斯坦的思想转向令过去的那些追随者们难以理解和支持，就连他的伯乐罗素都直言:"在维特根斯坦的《哲学研究》里,我没有见到任何我觉得有趣味的东西。我不明白为什么一整个学派在这本书里找得到有重要性的智慧。"[1]

维特根斯坦认为他的新思想不断遭到误解和歪曲,这深深刺痛了他的虚荣心,久久难以平复。这也使他犹豫再三,最终未能在生前出版此书。然而,他还是过分低估了自己。从某种意义上来说,《哲学研究》所取得的成就超过了同时代绝大多数的哲学著述。维特根斯坦在这本书中所提出的很多重要思想,如语言游戏说、家族相似性、意义即使用、私有语言问题,等等,至今仍是人们热议的话题。

《哲学研究》的风格虽不像《逻辑哲学论》那样独特,但也别具一格。它的每个小节以序号标记,依次排列下去。所述内容有时围绕同一话题形成一个很长的链条,有时又忽然转向另一话题。用维特根斯坦自己的话说,就像是"在这个漫长而曲折的旅途中所作的一系列风景速写"。他希望这一幅幅风景速写能够为困在黑暗时代的人们带去些许启发与光明。

第二节 意义即使用

与早期强调语言是实在的图像,命题与实在一一相对应不同,后期维特根斯坦转而主张"语言游戏说"。语言游戏说强调我们应在实际的言语活动中理解语词的不同用法,这被概括为

---

[1] 罗素:《我的哲学的发展》,温锡增译,北京,商务印书馆,1985年,第199页。

"意义即使用"的原则。在这一节，我们首先来了解一下语言游戏说以及意义即使用的基本思想。

不同的语言现象

在《哲学研究》正文一开篇，维特根斯坦引用了奥古斯丁的一段话，这段话描述了人们是如何指一个对象并在这个过程里学习语词的："当他们（我的长辈）称呼某个对象时，他们同时转向那个对象。我注意到这一点，并且理解到当他们想指那个对象时，他们就用发出的那个声音来表示那个对象。我是从他们的姿势中推出这一点的，可以说人的姿势是一切种族的自然语言，这种语言通过面部表情、眼神、手足的动作以及声音的语调来表达心灵在寻求、拥有、拒绝或逃避某个东西时的感受。因此，当我反复听到语词在各种不同的语句中不同位置上的用法后，便逐渐学会懂得它们所指的是什么；当我的嘴习惯于发出这些符号时，我便用它们来表达我自己的意愿了。"（奥古斯丁：《忏悔录》，第一章第八节）

显然，奥古斯丁描述的是一种学习语言的过程：我们发出一个声音并指着某个对象，就意味着通过一个词来指称一物；这个过程不断重复，我们便逐渐掌握了这个词的用法。这种情况是相当常见甚至原始的。它就像我们小时候学习母语的场景：母亲举着一张卡片，说出一个单词，我们跟着咿呀学语。维特根斯坦还举了一个看起来很相似的例子。他说我们可以设想在一个建筑工地上，建筑工需要用到石块、石柱、石板等建筑材料，在施工时他会跟他的助手沟通他所需要的东西。不难想象，在那种场合，这一沟通方式是相当简洁的——每次建筑工都会喊出"石块"或"石板"这些词，而他的助手则在听到某个词后迅速地递上相应的石料。总之，用一个词来指一物，或者通过指一物来认识一个词，是一种非常原始的语言现象。

乍一看，这种语言现象似乎表明词与物是一一对应的；然后，不同的词组成不同的句子，而不同的句子，也就是命题，图示了不同的可能事态。因此，语言的本质就是：语词表示对象，句子图示事态。但仔细一推敲就会发现，这种理解仅仅适用于"桌子""红色""王维"这类语词。"疼""好的""滚开"表示哪些对象呢？这些也都是我们在现实生活中普遍使用到的词。

我们的长辈们指着一物说出一个词，这一过程可称之为"指物定义"或"实指定义"（hinweisende Definition）。当然，维特根斯坦更愿意称其为"指物识字"或"实指教词"（hinweisendes Lehren der Wörter）。在这一语言现象中，一边是语词，一边是对象，我们就通过这种方法在词与物之间建立起对应关系。但这是语言现象的全部吗？肯定不是。维特根斯坦打比方说："这就好比某人这样解释：'游戏就是按照某些规则在一个平面上移动某些东西……'我们向他回答说：你好像谈的是棋类游戏，然而并非一切游戏都是如此。"（3）语言现象也是这样，它绝不仅限于实指教词的情况。

看看下面这些例子。

"命令以及按照命令行事"，比如："撤退！"

"描述一个物体的外观，或者给出它的度量"，比如："这张桌子长 120 厘米，高 75 厘米。"

"按照一种描述（一幅图画）构造一个物体"，比如："她长着一张娃娃脸，眼睛很大。"

"报道一个事件"，比如："地震震源深度 5 千米。"

"猜测一个事件"，比如："预计未来数日还会有余震。"

除这些外，我们还可以在形成一个假说、用图表来说明某个实验、讲故事、演戏、唱歌、猜谜、编笑话、解算术题、翻译语言、提问、感谢、咒骂、问候、祈祷中接触到各式各样的语言现象。

由此可见，在语言中不仅有实指教词，还有无数种言说方式。维特根斯坦强调说，所有这些不同的言说方式都突出了一个事实：语言的言说是活动的一部分。想想我们在玩桌游时一边出牌一边说出的那些话吧。因此，维特根斯坦就把"语言和那些与语言交织在一起的活动所组成的整体称为'语言游戏'（Sprachspiel）"（7）。

语言的使用

当然，语言游戏并非一成不变，正如游戏的种类也并非永远固定。有些游戏是最近才开始流行起来的，有一些则早被淘汰了。语言游戏同样如此。随着生活的日新月异，人们使用语言的方式也在不断变化。既然语言游戏指的是在进行一种与语言相关的活动，那么在这里紧要的就不是语言同实在的现成对应，而是语言交织在不同活动中的使用。

维特根斯坦把人们对语言的使用比作对工具的使用。在一个工具箱里可能有锤子、钳子、锯子、斧子等不同工具，语词的功能就像这些工具的功能一样不同。并且同一种工具也可以有不同用处,正如同一个语词也可以有不同的用法。工具的意义(功能)在于对它的使用,一把螺丝刀只有在被用来拧螺丝时才实现了其功能(意义)。既然语言是一种工具,这就意味着语言的意义也在于对它的使用。用维特根斯坦的话说:"在大多数——尽管不是全部——使用'意义'一词的情况下,我们可以这样解释'意义'这个词:一个词的意义就是它在语言中的用法。"(43)这就是所谓"意义即使用"的原则。

意义的使用论与意义的图像论或指称论有着明显不同,维特根斯坦现在明确地反对后者。在前面我们已经看到,日常语言中存在各种各样不同于实指教词的情况,语词并不都是意指现实存在的那类事物的名词。指称论者可能更喜欢用实指教词来说明他们的观点,然而即便是这种情况,也并非他们设想的那样真的是在语词和对象之间建立起了某种清楚无误的对应关系。

我指着一头大象对你说:"这就是'大象'。"我同样可以指着一张印有大象图案的卡片对你说:"这就是'大象'。"但那张卡片是大象吗?我指着一个红色的方块对你说:"这就是'红色的'。"我也同样可以指着它说:"这就是'方形的'。"在此我所指的是某个客体对象吗?我指着篮子里的两个鸡蛋对你说:"这就是'2'。"但这是对数字"2"的定义吗?或者,你会认为篮子里的鸡蛋就是"2"吗?我指着莱昂纳多·迪卡普里奥年轻时的照片对你说:"这就是'帅哥'。"但难道"帅哥"是专指莱昂纳多·迪卡普里奥,或者那张照片吗?甚至,我激动地指着钢铁侠对你说:"这就是'担当'。"你真的会认为"担当"的意义就是钢铁侠本人吗?诸如以上,绝不是典型的意义指称论能够一概解释的。

毋宁说，我所指的那个具体对象并不是这个词的意义（含义），而只是一个样品。那头大象是"大象"这个词的样品，莱昂纳多·迪卡普里奥是"帅哥"这个词的样品。样品恰恰是用于确定语词用法的一种工具。"在这种语言游戏中，它不是被表述的对象，而是表述的手段。"（50）

再者，如果说我们学习语言的过程是通过指一物认识一个词，那么维特根斯坦所举建筑工和他的助手的例子，就与典型的实指教词情况不同了。想想看，当建筑工喊"石板"的时候，他的助手如果不是已经理解了"石板"的意思，又怎么会准确地递送相应的东西呢？可见，这与奥古斯丁所描述的那种指着一物学习一个词的过程并不一样，至少已经不在一个阶段了。

在这里，与其说助手对"石板"一词的理解是它与某个对象的现成对应，毋宁说是它与其他语词之间的联系和区别：他知道"石板"是什么，"石柱"是什么，而他不会把"石板"这个词当成"石柱"那个词。于是，听到什么词就递送什么石料，这已不是在学习语词，而是在使用语词。同时，对相关语词的使用是与找寻和递送石料的活动紧密交织在一起的——这是一个语言游戏的过程。

基于语境的理解

此外，当某人说"这是方形的"时，我们如何断定"这"意指的是哪个对象？如果不是在一个特定语境中，我们无法确定这一点。这意味着意义的使用论与语境主义紧密相连——我们必须在一个特定的语境中才知道某些词的具体所指。

更进一步来说，当某人说"这是方形的"时，不仅"这"的指称需要参考语境，整句话的真实用意也需要结合语境来判断。在不同的语境中，它可能意味着通过实指教词的方式来给出"方形"的一个样品，也可以是某人正在读某篇文章里的句子，或者在翻译一个文本，甚至是两个孩子在游戏中说出的暗语。凡此种种，都是不同的语言游戏。我们只有在具体的语境中才能理解一个词、一个表达式的特定意思，这正是因为它被特定地使用了。

总之，意义在于使用，而使用总是具体地、特定地使用，因此语境对于我们理解语言的意义就起到了至关重要的作用。当一个女生对你说："你走开！"你是应该沮丧还是偷乐？如果不了解说出这句话的上下文，那你可能要倒大霉了！

第三节 家族相似性

在上一节，我们初步了解了维特根斯坦的语言游戏说和意义即使用的基本原则。为了更进一步说明自己的观点，维特根斯坦又提出"家族相似性"（Familienähnlichkeiten）这一概念，由此彻底地批判和拒斥了以他早期思想为代表的那种语言哲学，以及隐含其中的本质主义传统。

相似而非相同

在意义的图像论阶段，维特根斯坦认为命题（语言）是实在的逻辑图像，由此而给出语言的本质。那么在意义的使用论阶段，什么是语言游戏的本质呢？维特根斯坦回答说："我没有指出所有被我们称为语言的那种东西的共同点,我要说的是:这些现象没有一个共同点使我们能把一个同样的词使用于一切现象,不过,它们以许多种不同的方式互相联系着。正是因为这种或这些联系,我们才把它们都称为'语言'。"(65)维特根斯坦通过这段话是想表明语言游戏是没有本质的,而仅仅具有家族相似性。

那什么是家族相似性呢?维特根斯坦解释说,我们都应赞同在一个家族内的各成员之间有着许多相似之处,例如相似的身材、相似的相貌,甚至相似的性情。维特根斯坦强调说,家族成员之间仅仅是相似而并不相同。你和你的父亲有着一样的眼睛和鼻子,但嘴却不像;你和你的妹妹有着一样的眼睛和嘴,但鼻子却不同;你和你的兄长有着一样的鼻子和嘴,但眼睛却不大一样。所有这些相似处彼此重叠交叉,但没有哪一点是所有人都具有的。因此,在所有家族成员之间有什么共同之处吗?没有。仅仅是相似,而非相同。

同理,在所有我们称之为"游戏"的活动中也只有相似性,而没有什么共同之处。比如说,在各种棋类游戏之间可能有着某些相似性,但这些相似性在纸牌游戏那里就不一定都存在了,而纸牌游戏之间又多了一些新的相似性;再到球类游戏那里,又会发现仍有一些相似性还存在着,但也有一些消失了。游戏中有什么普遍的共性吗?有人可能会说,游戏总是充满竞争性的。维特根斯坦反驳说:"在球类游戏中往往有输赢,但当小孩子对着墙扔球再接住玩时,这个特点又消失了。"(66)

不仅游戏这样的客观活动是没有共性的,像数这样的抽象事物也是没有共性的。毋宁说,我们不过是把基数、实数、有理数这些具有相似性的概念,都看作属于一个被称为"数"的家族罢了。然而，既然都被称为"数"，我们能不能就此把"数"定义为"相互关联的一组子概念的逻辑总和"呢？这样，什么是数、什么不是数就得到了严格的界定。我们还可以用同样的办法来定义"游戏"这一概念，而给出定义也就给出了它的本质。但维特根斯坦坚称这些概念的外延也可以完全不受边界的限制，而"我们正是这样使用'游戏'一词的"(68)。毕竟，游戏的种类并非一成不变的，总是不断有新的游戏出现。"什么东西仍能算作游戏，什么东西不能算作游戏？是否能划出一条边界呢？不能。"(68)

但这样一来，对概念的理解会不会变得模糊？没有精确的定义我们又如何准确地使用一个语词呢？实际上，许多概念的边界就是模糊的，而我们使用一个语词并不一定需要在先地明确它的定义。如果你让我教孩子做个游戏，而我教他们用骰子赌博，你可能会立刻制止我说："不是这种游戏！"但你是否在先地明确将这种游戏排除在"游戏"的概念之外了呢？这个例子正反映了我们在日常语言中使用语词的实际情况。

维特根斯坦批评说，以往的哲学家们总是怀着一种对普遍性的渴望："我们处于这样一种幻觉之中，即以为我们的研究中那种特殊的、深奥的、实质性的东西就在于它力图要抓住语言的无与伦比的本质。"(97)然而，这并非真实的语言所必然具有的东西。真实的语言就是我们在生活世界中所使用的语言，而这样的语言又总是同这些或那些与之相关的活动交织在一起所构成的语言游戏。

语言游戏强烈地提示我们需遵循特定语境来理解一个词的特定用法，因而我们决不能孤立地、仿佛在某种理想状态下去理解语词的意义。一个词并没有一种不以我们为转移的力量所赋予它的意义，以致人们可以对它进行科学的研究，从而理解它真正意指什么。毋宁说，语言生根于生活世界，而非承载我们思想的科学世界，既然语词的意义要看它在具体的语言游戏中是如何使用的，维特根斯坦便大声提醒我们——"不要去想，而要去看！"（66）

只是相似吗？

在《逻辑哲学论》中，维特根斯坦说："一般的命题形式是命题的本质。"（5.471）"给出命题的本质，意味着给出一切描述的本质，也即给出世界的本质。"（5.4711）但在《哲学研究》中，他却说："我们认识到，我们称之为'句子''语言'的那种东西，并没有我们原先设想的那种形式上的统一性，而是由一些或多或少相互联系着的结构组成的家族。"（108）这无疑是一个思想上的180度转向。维特根斯坦这一时期的观点常被看作反本质主义的重要理论来源（即便他本人恐怕决不会同意某些反本质主义者的基本观点），然而说家族、游戏甚至语言没有本质而仅仅具有相似性，这一主张是值得商榷的。

我们先说家族这一概念。维特根斯坦说家族成员之间有着相似的眉毛、相似的鼻子，或相似的步态，他大概指的是那些具有共同血缘关系的成员，比如父子之间、兄弟之间。这恰恰意味着在这些成员之间不仅具有这样或那样一些相似性，而且有着共性——共同的血缘关系。正因如此，维特根斯坦才会认为他们构成了一个家族。但维特根斯坦会争辩说："不要去想，而要去看！"我们应关注的是那些客观存在的相似或不同，如鼻子、眼睛或者嘴巴等等，而不是抽象的血缘关系。问题是"家族"这个概念本身所反映的纯粹就是一种或一类客观现象的集合吗？

实际上，在更多的家族成员之间根本不相似，甚至没有血缘关系，比如夫妻之间，继母与继子之间。我们之所以仍将他们归于一个家族是因为我们所遵循的那些伦理规范，也就是说，"家族"是对符合那个特定社会伦理关系的集合的指谓。有些陌生人之间可能具有比家族成员更大的相似性，比如说具有相似的外表，可是我们并不把这些彼此相似的陌生人视作一个家族，就像我们不会把居住在相近从而相似环境中的邻居看作一个家族一样（虽然我们的确有"远亲不如近邻"的说法）。因此，一个家族之所以能够成为一个家族，绝不仅仅是由于在它的成员之间具有这样或那样一些相似的特征，那么说游戏或语言就像家族成员那样只是具有相似性就不恰当了。

再说游戏这个概念。游戏是一类活动，如果只"看"（而不要去"想"）构成一类类游戏的那些所谓客观活动本身，如在下象棋、下围棋与下跳棋之间，那它们的确也只是相似而已。但如同家族概念那样，游戏之为游戏却不尽然是由那些客观活动本身决定的，游戏的概念构成中不能缺少主体对这些客观活动的理解和感受，由此赋予这一概念那些含义，其中原本就含有"想"的成分。游戏的本质就在这超越于指称的含义中。[1]

---

1 这就好比说，只看一块蛋糕和一个苹果，它们能有什么共性呢？但当人们想到它们都是可口的食物时，它们便有了共性。这种共性显然不是从一块蛋糕或一个苹果自身所得到的，"食物"的意义并不直接等于有时我们使用这一语词所指的那类事物，"游戏"也遵从同样的道理。

游戏是能够令人愉悦的活动，无论滑滑梯、单人纸牌、足球比赛还是表演节目。虽然游戏与游戏之间的具体规则、参与者、物理条件不尽相同，但它们具有能够给予主体愉悦的感受这一共性。小孩子无目的地拍打着皮球就能获得纯真的快乐，而运动员则通过在赛场上达成目标收获喜悦。

维特根斯坦可能会反驳说游戏不总是给人带来愉悦，有时也会令人烦恼，例如输掉了比赛，或者认为某类游戏很无聊。但我们对食物也有厌倦的时候，比如吃饱了或没胃口，却不能因此说食物不都是用来满足我们的口食之欲的。游戏带来的烦恼如同厌食一样只是偶性而非本质，或许游戏的过程不尽愉悦，但我们依然期待着能够从中获得愉悦，这正源于我们对游戏的界定。

一个极端的例子是，我们在有些影视作品中经常能看到"杀人游戏"这样的词。杀人这么残忍的事情怎么会变成游戏呢？这是由于对游戏操控者来说，他能够在其中获得某种变态的快感。当然，被迫参与这个"游戏"的人绝不会认为这是一次愉悦的体验，而毋宁说是一场梦魇。由此可见，游戏这一概念的成立，绝不仅是由那些客观活动本身决定的。

此外，游戏还必须是遵从规则的活动。能够使人愉悦的活动很多，未必都是游戏。喝下一杯美酒就可能使我们身心愉悦，可这不是游戏。但假如在酒桌上通过划拳的方式喝酒，它就变成了一种游戏。无论下棋、打网球还是过家家，没有哪种游戏是不遵从规则行事的。即便小孩子在草地上看似漫无目的地追逐嬉戏，在追与被追的孩子之间也有一种默契，从而也就形成一种规则——即便这规则是相当简易和模糊的。

语言的本质

维特根斯坦说，语言中的诸多概念都是没有本质而只具有家族相似性的，但这还须仔细甄别。即便我们对游戏是不是都具有"遵从规则而令人愉悦的"共性，以及这是否符合维特根斯坦"不要想，而要看"的衡量标准仍存有疑虑，我们恐怕都无法对棋类游戏或纸牌游戏存在某些共性产生丝毫的怀疑——棋类游戏必然都是在棋盘上进行的游戏，而纸牌游戏也必然都具有以纸牌为道具这一共同特征。

同样，或许我们可以因某些相似的特征而将"猫"和"狗"都归于"宠物"这一"家族"内。我们甚至可以说，因为在个别的猫与个别的猫之间有着诸多相似的特征，所以我们才称猫是"猫"；同理，我们才称狗是"狗"。但问题是，猫与狗之间的相似与猫与猫或狗与狗之间的相似是一种性质的相似吗？

某种狗再如何像猫也不是猫，但一只狗与另一只狗即便存在再多差异，我们仍会说它们都是狗。可见我们不能将猫与狗之间的差异与狗与狗之间的差异相提并论，因此，即便我们说在所有我们归之于宠物的那些事物之间可能仅仅存在某种相似性，但对于所有被称为"狗"（或"猫"）的那些个别的狗（或猫）之间却不仅仅是相似了。换句话说，在所有被称为"狗"（或"猫"）的个体中，必定存在着使其成为自身而有别于其他事物类的共性。

同样的道理也适用于像"颜色"这类似乎并不具有严格指称的概念词。考虑有一排色块，它们从左到右由蓝向绿渐变。显而易见，临近色块的颜色存在着微小的差异和高度的相似性；以此类推，在所有颜色之间都存在某种程度的相似。但无论它们如何相似，我们也不会把蓝色称作"绿色"，绿色称作"蓝色"。可见，在所有蓝色中必定存在着某种共性是使其有别于绿色的，否则我们何以称它们是两种颜色呢？因此，无论是"狗"还是"蓝色"，归之于这些概念的那些成员不仅具有相似的偶性，也具有能够使其成为其自身的那个规定性，即它们的本质。

维特根斯坦认为语言是交流的工具，因此一个词的意义就在于对它的使用，从而意图取消我们对本质的追问。但工具之为工具，正因为它首先具有某种基本的功能（使其成为其自身），否则我们何以知道该如何使用它？语言能够成为交流的工具，也正因为某种基本的意义已在先地隐含于其中，即便我们在使用时并不需要明示它，正如我们在使用工具时无须提示其功能一样。因此，与其说语词的意义在于它的使用，毋宁说语词能被使用正在于它有意义。无论维特根斯坦如何强调我们应在具体的语境中去关切语词的日常用法，也不意味着其所具有的那种共同的意义基础是不存在的，也不意味着某种基本的语法结构是不存在的。

正因如此，当我们审视"语言"这一概念自身时，就会发现它并非仅是一个具有家族相似性的概念。至少，一切我们称之为语言的东西都具备一个共同的特征——传递意义。

我们知道，符号的本质就是意义。一个图画、一个声响或一个行动之所以能成为一个符号，正因为它具有某种意义。当这个符号在主体间进行传递时，它就成了一种语言。换句话说，语言是在主体间传递意义的活动。无论父母指着纸片教孩子识字的过程，还是我们在玩游戏时一边行动一边说出的那些话，甚至命令别人、表达爱意时吐出的那些字词，都具有这一共性。这一点，相信维特根斯坦也不得不赞同，因为这与他明确反对存在私有语言的论证直接相连。

再者,维特根斯坦时常将语言比作游戏,当然,语言游戏并不像游戏那样具有令人愉悦的共性。"把一种语言翻译成另一种语言""报告一个事件""用图表说明某个实验的结果",这些与语言相关的活动有什么愉悦性可言呢?但像游戏一样,语言游戏也必须遵从特定的规则;换句话说,不遵从特定规则的活动不是语言游戏,比如完全不合规则的胡言乱语。语言所遵从的特定规则就是语法规则。在这一前提下,维特根斯坦自己也说:"本质表现在语法之中"(371),"语法告诉我们某一个东西属于哪一类对象"(373)。

综上所述,我们现在可以给"语言"下一个定义了:语言是遵从特定的语法规则而在主体间传递意义的活动。由此,能够使语言成为其自身的本质也便一目了然。

第四节 语法规则

在上一节,我们介绍了维特根斯坦的家族相似性概念,并对语言是否具有本质这一问题做了一些探讨。虽然维特根斯坦认为语言并无本质,但他也说语言游戏要遵从语法规则行事。当然,维特根斯坦所谓的语法不是语言学意义上的语法,而是哲学语法。

哲学语法

通常一说到语法,我们最先想到的可能是语言教学中关于语法的那类规范性要求，例如英语中的那些时态变化。老师教授语法强调的就是这种规范性，只有掌握语法规范才能正确地学习一门语言。但语言学家的目的并不在此，他们对语言的词法（如词形变化）、句法（如组合方式）和语义规定等问题的研究，是为了通过语法分析来解释人们是如何使用语言的。

维特根斯坦的哲学语法接近于语言学家，它指的也是一种对语言如何运作的解释。但维特根斯坦并不关心诸如语词是按照何种规则排列组合的，或者语言表达式具有怎样的句法结构，而是要从哲学的意义上、在语言使用的层面澄清语言游戏所遵从的语法规则是什么，或不是什么。他说："我们的研究是一种语法研究。这种研究通过排除误解来阐明我们的问题。这些关于词的用法的误解，除了其他原因，是由不同语言领域的表达形式之间的某些类似引起的。"（90）

维特根斯坦曾以奥古斯丁对"什么是时间"这个问题的困惑为例，来说明他的观点。奥古斯丁说："怎么可能测量时间？人们不能测量过去，因为过去已经消逝。人们不能测量未来，因为未来还没有到来。人们也不能测量现在，因为现在没有广延。"[1]

通常一说到"测量"，我们指的是对某个空间距离的量度，比如说测量一张桌子的长度。桌子是物理空间中的物体，而时间显然不是。那我们如何能在这种意义上把"测量"一词应用到时间这个概念上呢？通过语法分析，维特根斯坦指出奥古斯丁的问题正在于他混淆了"测量"这个词的具体用法。也就是说，把

---

[1] 维特根斯坦：《蓝皮书》，见《维特根斯坦全集》，第6卷，涂纪亮主编并译，石家庄，河北教育出版社，2003年，第36页。

"测量"应用于桌子不同于把它应用于时间。虽然表面上"测量桌子的长度"与"测量时间的长度"具有相似的表达形式,但前者是符合"测量"一词在这一具体使用中的深层语法的,而后者则不是。

表层语法与深层语法

维特根斯坦强调我们应注意区分表层语法与深层语法的不同。关于一个词该如何使用,最直观的参照当然是它被用于构造句子时的基本方式,也就是我们通常要遵从的那些语法规则,但语言所遵从的却不尽是表层的语法规则。

一句符合表层语法规则的话未必有意义,如"没有颜色的绿色想法愤怒地沉睡";与之相反,存在语法错误的句子也未必不可理解,如"屈原自杀的""去吃饭我"。前面的例句对"绿色""想法"以及"沉睡"等词的使用不符合它们的深层语法,因而虽然表面上看起来是一个符合语法的句子,却难说是有意义的;后面的例句对"屈原""自杀"或"我""吃饭"等词的使用是符合它们的深层语法的,因而虽然它们表面上不合语法规则,但我们仍能理解它们的意思。

然而,维特根斯坦所强调的深层语法并不像语言学家所关注的表层语法那样,是可以被提炼为某种统一的语法规则的东西。毋宁说,深层语法是对语言在特定语境中究竟该如何使用所进行的具体而微的规定。通过对表层语法和深层语法的区分,维特根斯坦认为我们可以有效地消除哲学中的各种混乱。

很多哲学问题的产生,如奥古斯丁关于如何测量时间的困惑，正是源于哲学家们仅仅将语言的表层语法看作语言使用的唯一准则，而忽视了语言游戏的复杂性和变化性。就像"时间"虽然是个名词，根据表层语法规则，名词都是可以作主词的，因此我们似乎理所当然地可以去问"时间是什么"，而这样一问就好像确实存在时间这样一种实体了。显然，这与维特根斯坦反对语言有其本质的思想紧密相连。由此也可看出，从早期到后期，维特根斯坦反对传统哲学也即形而上学的态度是一以贯之的。

然而，正如我们对他的早期思想所做过的评价（逻辑形式的形而上学蕴意），他的后期思想也并不能完全脱离形而上学的影子。这一点正体现在他对语法的强调中。维特根斯坦一方面说语言没有本质，另一方面又特别看重语法在具体的语言游戏中起到的支配性作用。语法规定了我们将如何使用语言，关于这一点，他比任何语言学家都走得更远。因为维特根斯坦的哲学语法不仅是更深层次的，也是更广泛意义上的。

语法陈述

回想一下在前面我们曾介绍过的实指定义或实指教词的情况。比如，你的父母指着一张红色的卡片对你说："这是红色。"我们说这是一种原始的语言活动，但在维特根斯坦关于语法的考虑中，实指定义还不能算是对语言的实际应用，不是真正用语言在说些什么。它只是在教我们怎样使用某个语词，怎样去表达。看着一张红色卡片并说"这是红色"，就是告诉我们该如何使用"红"这个词。因此，实指定义只是作为一种语法规则而为我们具体展开语言游戏所做的准备工作。

同样，像"每根杆子都有一个长度"这样的句子，乍一看好像是一个有关事实的全称陈述，但维特根斯坦认为我们更应当把它看作一个关于语法规则的陈述。事实陈述是像"这根杆子与那根杆子有相同的长度"这样的句子，因为它或者真或者假。"每根杆子都有一个长度"则不是这样，它只是对我们具体使用"一根杆子的长度"这个表达式所做的语法规定，也就是说，"杆子"与"长度"这两个词总是可以放在一起使用的，而"这根杆子与那根杆子有相同的长度"就是对"杆子的长度"这一表达式的实际应用。相应地，我们就不能使用"一个球的长度"这种表达式，这是不合语法的。

不仅如此，维特根斯坦甚至认为，就连数学公理或定理也都可以被看作某种关于语法规则的陈述。通常我们不会说一个几何公理是某种语法规则，这样说有些奇怪。但是根据维特根斯坦，例如在欧氏几何中，"三角形内角和等于180度"这样的命题就是一个语法陈述，而非一个事实陈述。难道三角形内角和等于180度不是一个事实或真理吗？维特根斯坦说不是。一个事实陈述是能够被检验的，但假如我们对一个三角形进行测量后得出结果是190度，我们会说什么呢？我们只会说，我们犯了一个错误，而绝不会怀疑三角形内角和不是180度。因此"三角形内角和是180度"就是一个在欧氏几何中的语法规定，它规定了我们在这一特定语言游戏中该如何使用三角形这个词的意义。因此，它的唯一价值就是区分测量角度的正确方法和错误方法，而绝不会告诉我们关于事实的任何东西。

由此可见，维特根斯坦对语法规则在语言游戏中所起的作用是相当看重的。可以说，无论何种类型的语言游戏都要遵从语法规则行事。正是语法,而不是别的,使我们能将语词归于这一类或那一类。因此,如果语言是有本质的,那么它就表现在语法中;换句话说,本质通过语法来表达。

第五节　遵守规则的悖论

虽然维特根斯坦十分看重语法在语言游戏中的作用,但他同时强调,这并不是说语法规则就总是现成的、清晰的或确定的,好像我们的语言活动是严格地按照某种精确的规则所进行的演算。在绝大多数情况下,语法是不明确的,因为归根结底,我们要遵守的那些规则只是任意的约定。

任意的约定

日常语言的语法规则往往是模糊的、不确定的,甚至是不断变化的。这就好像在游戏中,游戏规则也不尽是确定不变的那样。"不是也有我们一边玩、一边制定规则这种情况吗?而且也有我们一边玩、一边修改规则这样的情况。"(83)因此,没有一成不变的语言游戏,自然也就没有一成不变的语法规则。即便如此,规则还是有的。这样我们就总可以进一步追问:这样的规则是如何产生的?

在上一节我们曾举例说,"一根杆子的长度"这个表达式是符合语法的,而"球的长度"则不合语法。但我就是要说"这个球的长度如何如何",又能怎样?不能怎样。甚至很可能别人也能理解我的意思，只不过大家会觉得我这么说很奇怪。这说明什么呢？这说明语法是一种约定，并且这约定是任意的。中国传统的长度单位是"市尺"，英国人的长度单位是"英尺"，而现在的国际单位是"米"。难道后者就更精确，更符合事物的本真面貌吗？没有这种说法。采用哪种度量规则只是一种约定。

维特根斯坦这一观点显然又与他早期的思想针锋相对。如果说《逻辑哲学论》强调了某种规则，那就是逻辑的规则，而只有符合这一规则的理想语言才与实在一一相应。现在，既然语法规则只是一种约定，那就没有哪种语言是居于优先地位的。我们究竟是该用"英尺"还是"米"来丈量这个世界呢？都行。因此，能够描述实在的语言就可以有无数种，而不是只有一种。

盲目地遵守规则

这又引出一个新的问题。既然规则是任意的、不断变化的，我们又如何能说自己是在按照规则行事呢？或者，我们依据什么说自己是遵守规则的？维特根斯坦的回答是："当我遵守规则时，我不做选择。我盲目地遵守规则。"（219）

假设我们让某个学生做一道简单的算术题，比如从 0 开始给每个数加 1，即按照公式 n+1 进行计数，这样可得到数列 1、2、3、4、5……学生就按照这个要求一直算下去。然而到了 100 这个数之后，学生写出的数列变成了 102、104、106……也就是说他突然改成按每次加 2 的规则进行计数。我们指出他的错误说："你应该继续加 1，而不是加 2。"可学生却反驳道："我的理解是，n+1 这个规则只适用于 100 以内的数；对于 100 以上的数，规则就必须修改为 n+2 才是合适的!"显然,我们绝大多数人都会认为学生是错的,说 100 之后的计数规则要从 n+1 修改为 n+2 是没有道理的。可我们又是如何能够断言这一点的呢?

在我们看来,学生是知道运算规则的,但问题是他没有一贯地执行这一规则,而是修改了规则。既然规则本就是任意的和可变的,当数字大于 100 之后,规则为什么不能改变呢?我们可能会说:"所有步骤都是由公式 n+1 决定的,这一规则完全适用于每一个数。100 之前的数如此,100 之后的数也应如此。"可学生会进一步反驳说:"你们认为规则对于 100 以后,1000 以后甚至 10000 以后的数都是一致的,就好像这是被预先决定了一样,但在我看来,这只是你们对规则的一种解释。我认为数大于 100 之后规则需要改变,这也是一种解释。那既然都是解释,凭什么说你们对规则的解释就是正确的,我就是错的呢?"

有的人可能会回答说:"因为我们绝大多数人都是这样理解规则的。"克里普克就持相似的观点,他认为我们可以引入共同体的一致意见作为判定的标准。但问题是,多数人所持的意见就一定是正确的吗?再者,如果共同体不能就某一解释达成一致意见,我们又该如何是好呢?就算某种解释在共同体内部达成了一致意见,但在不同的共同体之间依然可能存在不同的解释,那么哪个共同体对规则的解释才是正确的?实际上,学生还可以进一步追问:"为什么对'什么是规则'的解释就是你们所说的那样,而非我所理解的那样呢?"显然,这将会导致必须不断解释下去的无穷倒退难题。

因此,我们不能说学生没有遵守规则,只能说他是按照自己的理解在遵守规则。可如果每个人对规则的理解都不一样,每个人都有自己的一套解释，那每个人都可以像学生那样把自己的行为解释为遵守规则的，最终也就没有规则了。用维特根斯坦自己的话说："没有什么行为方式可以被规则决定，因为每个行为方式都可以被弄得符合规则。答案是：如果一切都可以被弄得符合规则，那么一切也可以被弄得与规则相冲突。因此，这里就既没有符合也没有冲突的问题了。"（201）这就是维特根斯坦所谓遵守规则的悖论。仔细想来，这一悖论将进一步引发如下追问：语言是否具有确定的意义？

我们先把这个疑问放在一边，更紧要的是：出现遵守规则的悖论的原因是什么？维特根斯坦解释说，这是因为我们将对规则的解释和对规则的遵守混为一谈了。遵守规则是一种实践活动，而非思想活动。"我们在思想活动中提出一个接一个的解释，仅从这个事实就可以看出我们这里有误解，似乎每一个解释至少可以使我们暂时满意，接着我们就想到在它之后的另一个解释。我们以此表明，有一种把握规则的方式，它不是解释，毋宁说，它从一个应用事例到另一个应用事例展示在我们称之为'遵守规则'和'违反规则'的那些活动之中。"（201）

显然，这与他的语言游戏说是一脉相承的。语言游戏是一种实践活动，而对游戏规则的遵从自然也是一种实践活动。规则不是我们解释出来的，更不是被预先决定了的，"在'让我们玩下棋游戏'这句话的意思和游戏的所有规则之间的联系是在哪里实现的？是在游戏的规则目录中，在教人下棋的活动中，在日常的游戏实践中"（197）。

因此，只有在思想活动中，我们才会考虑可能存在这样或那样一些对规则的不同解释，但在实践活动中我们根本不假思索，而是直接地、盲目地遵守规则。正因如此，遵守规则并不取决于共同体的一致意见（虽然它体现为一致的意见），而是取决于共同体的一致行动。也就是说，我们以同一种方式做出反应、付诸行动，我们便是在遵守同一种规则。

生活形式

但为什么我们的行动是一致的？甚至是不假思索的一致？维特根斯坦会说：因为我们具有一致的生活形式（Lebensform）。这同样是维特根斯坦后期哲学中的一个重要概念。

什么是生活形式？维特根斯坦说："想象一种语言就意味着想象一种生活形式。"（19）他有时就将语言游戏等同于生活形式。我们的语言是生活中的语言，它与我们的生活实践紧密交织在一起，成为我们生活的一种共同形式。当然，在更广义的层面，生活形式指的是在特定时空下，某一社会共同体所共同拥有且普遍通行的文化传统或风俗习惯的总和。

显然，我们的一切思想乃至行动无不深受生活形式的影响，它也是任何语言游戏得以开展的背景资料。或者说，我们的语言生根于生活形式之中，因为它就是一种社会活动、一种生活现象。既然生活形式是一种约定俗成、一种习惯，我们就能理解为什么我们在语言游戏中的行动是如此不假思索的一致了。在共同的生活形式下，我们从小就受着同样的思维范式、文化风俗的熏陶和影响，按照维特根斯坦的话说——我们从小就被训练成这样。于是我们便以一种统一的、特定的、习惯的方式对规则做出反应，而最终表现为盲目地遵守规则。

简单评价

从语法是任意的约定到我们盲目地遵守规则，这似乎是顺理成章的事情，但在其中也并非没有问题可言。

首先，维特根斯坦说语法规则是任意的，正如游戏规则是任意的。国际象棋规定白棋先行，而中国象棋规定红棋先走，有什么道理吗？没什么道理，这的确只是任意的约定。但为什么在国际象棋的规则中，最重要的棋子被称为"王"，而不是"马"或"卒"呢？因为在现实的文化背景中，我们会一般地认为国王一定比士兵更重要，因此在制定规则时会有意地将最重要的棋子命名为"王"，而非别的什么。这显然是有理可循的。同理，在某些纸牌游戏中，我们规定 2 最大，3 最小，这可能是任意的；但 4 比 3 大，5 比 4 大，6 又比 5 大，以此类推，这恐怕就不是任意的了。还有，连牌最多能连到 K 还是 A，这可能只是一种约定，但 J、Q、K 就能管得住 7、8、9，这同样不只是约定了。

实际上，在更多的社会活动中，规则的制定总是有理可循的，比如比赛规则、谈判规则、交通规则、考试规则，等等。既然维特根斯坦认为语言也是一种社会活动、一种生活实践，那么语法规则也就应当是有理可循的。我们为什么说"杆子"，而不说"球子"，这可能没什么道理；但我们会说"撑杆跳"，而不说"撑球跳"，其中自有道理可言。无论加汽油还是充电的车子都叫"汽车"，这只是一种约定俗成，但追根溯源，"汽车"这个名词的由来仍是有理据的。英语中不同时态下的动词如何变化，只是任意的约定，但英语区分不同的时态变化肯定是有理可循的。总之，语法规则绝不像维特根斯坦说的那样，仅仅是纯粹的约定。

其次，维特根斯坦说我们盲目地遵守规则。的确，既然规则是约定的，那么我们对规则的遵从也就不假思索了。问题是，如前所述，规则并非全然约定的，而我们对规则的遵从也不是完全盲目的。在很多时候，我们的确会停下来商讨规则是不是合理，需不需要修改，甚至拒斥某些规则。维特根斯坦自己也说，我们有时一边行动一边修改规则，而我们对规则的修改所依凭的绝不仅是约定，还有道理。

　　维特根斯坦强调遵守规则是一种实践活动。我们是如何学会遵守规则的？在日复一日的实践中。但我们的确是先去学了交规，才能开车上路。当然，你没学过交规，也可以开车。但如果你说我要通过日复一日的摸索实践来体会交通规则的边界，那这个代价就太大了。我们的确可以在不断的实践中学会如何遵守规则，但我们也完全可以仅仅从理论的层面就了解到该怎样遵守规则。在绝大多数情况下，我们不可能两眼一抹黑就去行动了，对于如何遵守规则，我们在行动前多多少少都会有所准备。如果不懂狼人杀的规则，那根本没法开始这个游戏；同理，如果一点儿语法知识都不具备，我们又何谈在具体的语言实践中去领会并遵从语法规则呢？

　　最后，维特根斯坦说我们对规则的一致遵从是因为我们拥有一致的生活形式，在共同的文化传统、风俗习惯中，我们从小就被训练成这样做。这恰恰可以用来回应我们在前面留下的疑问：语言是否具有确定的意义？当然是的。

　　根据维特根斯坦，语言要遵从深层语法。深层语法源于语言在现实活动中的自然用法，源于其所植根的生活形式。的确没有这样一种规则，它对语词的每一种使用都做出了严格精确的界定，或者存在着某种理想语言，只有依此说出的句子才是正确的。然而，无论语境如何变化，语句的意义也绝非全然相对、无规可循的。

"他是个坏人"，这句话在不同语境中的意思可能不尽相同，但再怎么不同我们也不会把它理解为"他是个哲学家"，甚至"他这会儿在睡觉吗"。因此，对语言在任何一种语境下的理解，都基于某种共同的意义基础或语法结构。这就像，维特根斯坦常把语言比作工具，而工具总有个基本功能。

不同语言共同体所遵循的具体规则可能不同，但交流依然是可能的。因为居于不同生活形式却在同一世界中的人们毕竟拥有共同的基本生存模式、行为方式和思想背景，而这就为不同语言共同体的相互理解搭建了共通的语境，也就进一步在不同语言之间构筑了共同的意义基础。

一个非洲原住民向我递来一杯水并发出一个声音，我怎么能理解他说的就是"水"（或"喝水"），而不是"杯子"或"透明"呢？我自然地就能理解！同样，当德国人用 Spiel 意指一些活动时，我们也能明白它指的是"游戏"。无论 Spiel 一词的外延是否比"游戏"更宽泛，二者必然存在共同的部分（对应着共同的世界），也就拥有共同的意义基础。用维特根斯坦自己的话来做个总结："人类共同的行为方式，是我们借以解释陌生语言的一个参照系。"（206）

第六节 私有语言问题

维特根斯坦认为语法规则建基于我们共有的生活形式，这意味着语言游戏必然表现为一种主体间的活动。因此，我们"不可能'私下地'遵守规则；否则，自以为在遵守规则就会与遵守规则成为一回事了。(202)"与此有关的讨论进一步引出了他对私有语言问题的论证。维特根斯坦的观点是：私有语言是不可能的。

基本概念

什么是私有语言呢？简单说就是只有某个人自己知道这种语言意谓什么，而别人无法理解的那类语言。

一个人的自言自语算不算私有语言呢？不算。比如某个流落荒岛的人，他虽然只能跟自己说话，但他所使用的并非只有他自己才能理解的语言，只不过他一时找不到一个合适的交流对象罢了。同理，某个人出于私人目的而精心设计的密码或暗语也不能被看作私有语言。虽然它可能是私密的，只有设计者自己知道，但任何一种密码都对应着某种转译规则，这意味着它仍然具有被公共理解的可能性。因此，并非我一个人在说、一个人使用的就是私有语言。

那怎么样才算是私有语言呢？维特根斯坦说："这种语言的词应当指只有说话者才能知道的东西，指他直接的私有感觉。因此，其他人不能理解这种语言。"(243)他在另一处补充道："可以把那种无人理解而只有我'好像理解'的声音，称为一种'私有语言'。"(269)

维特根斯坦并不反对存在私有的精神活动。我心里在想着某件事却不说，你自然不可能知道。在这种情况下，可以说我内在的精神或心灵活动是私有的。但问题是，一旦这种内在经验通过语言活动被表达出来，它还是私有的吗？你问我为什么发呆？我说："我刚才在回味《冰与火之歌》这部小说的情节。"你就知道了我的心思。在此，我所表达的无非一些可被公共理解的内容，因而这种语言本身并不是私有的。

但私有语言的支持者们会说，谈论《冰与火之歌》这部小说或许是我们大家都可以理解的，因为它是客观的、公共的对象，正如桌子上的花瓶、路上的车、太阳系中的行星。但如果我们谈论的是只有说话者自己私有的东西呢？比如，疼痛的感觉。一本书是公共的对象，但疼痛的感觉是私有对象。我的疼不是别人的疼，它是我自己的感受。你凭什么知道我在疼呢？就因为我说了我疼？但我可能是骗你的，我根本哪儿也不疼。我也可以真的很疼却表现得云淡风轻，你肯定也察觉不到。因此，只有我知道我的疼，而别人只能推测这一点。

这些话听起来似乎挺有道理，但维特根斯坦的回答却是：这种观点要么是假的，要么是无意义的。

"我知道我疼"

我们判断一个人是否疼痛，这是有理据可循的。比如，我捂着肚子，身体缩成一团，紧皱眉头，并喃喃自语道："胃好疼啊。"由此，你会判断我确实是胃疼。如果我四肢舒展，又蹦又跳，兴高采烈地喊着："胃好疼啊！"你多半就会怀疑我说的话了。

但我可不可以假装疼痛的样子呢？当然可以。我甚至装得很像，"疼得"汗都滴下来了，于是你被我彻底骗了。但如果疼痛是完全没有什么标准可循的，我又如何能通过一些行为举止伪装成疼痛的样子呢？不可能所有人都装胃疼，而之所以人们会认为"捂着肚子、身体缩成一团、紧皱眉头"的行为举止更像是胃疼的样子，说明胃疼本就该是那个样子。因此，当一个人如此这般地表现时，人们就会自然而然地说：他胃疼。可见，疼痛这种感受是可以被公共理解的。

私有语言的支持者说"只有我知道我疼"，但维特根斯坦却认为像"我知道我疼"这种话其实是无意义的。"我知道你疼""我觉得你疼""我怀疑你疼"这些句子都是有意义的，因为它们是关于某个事实的判断，这种判断有可能是错的，但至少是能够被验证的。"我知道我疼"则不是什么判断或描述事实的句子。

因为，当我说"我知道我现在胃很疼"时，其实就是想说"我现在胃很疼"。这并不是要表达我知道这件事，而只是表达了我的某种感受罢了。它同我捂着肚子、身体缩成一团、紧皱眉头的作用是一样的，都是一种表达感受的方式。表达感受何谈对错呢？你说："我感到很难过。"我说："你说得不对，你不难过。"这有意思吗？

我们可以通过参考一些标准征兆（如"捂着肚子""身体缩成一团""紧皱眉头"）来判断"我知道他现在胃很疼"这句话的真假，但我们有任何标准可以用来质疑"我知道我现在胃很疼"的真假吗？没有。通常当我们说我们知道些什么的时候，意味着我们至少可以怀疑我们知道些什么，但既然"我现在胃很疼"只是表达了我的某种主观感受，那对于说"我知道我现在胃很疼"，就无所谓怀疑不怀疑了，或者说这里缺乏可供怀疑的基础。既然如此，那么说"我知道我现在胃很疼"这句话就是无意义的。

我们还可以通过维特根斯坦关于语法规则的讨论来理解这句话的无意义性。虽然"他现在胃很疼"和"我现在胃很疼"具有极其相似的表达形式，但二者要遵从的语法规则却不尽相同。正如我们前面所说，前一句话是陈述一个事实，后一句话只是表达一种感受。因此，虽然它们看似都具有"X现在胃很疼"这一共同形式，但其实是两个完全不同的句子类型。当我们使用"知道"一词时，就要格外留意这一点。

这意味着，"我知道我现在胃很疼"这句话不符合"知道"这个词的语法规则。换句话说，我们不能这样使用"知道"这个词。既然不能这样使用，那么说"我知道我现在胃很疼"就是无意义的（意义在于使用）。同理，"我不知道我是否胃很疼"也是无意义的，而"我不知道他是否胃很疼"是有意义的。

私有对象

私有语言的支持者们之所以强调"只有我知道我疼"，因为他们认为这种语言指向某种只有说话者自己才知道的东西。也就是说，他们把疼痛这种感觉看作某种私有对象，那么指称私有对象的语言自然是私有语言。

假设某人每天都会写日记记录自己的某种特定感觉，为此，他用符号E来表示这种私有的感觉对象。每当这种感觉出现的时候，他就在日记中写下这个符号。这样看起来，只有他自己能够理解符号E指的是什么，别人却无法理解。以此类推，他可以用不同的符号来指称不同的私有对象,从而建立起一套私有语言的词汇表。

然而,这个人凭什么说昨天出现的感觉同今天出现的感觉就是同一种感觉,因而都可以用符号 E 来指称呢?有人可能会说,他凭借记忆啊!当他出现某个感觉时,他就去回想之前的感觉来确认两种感觉是相同的还是不同的。但我们又拿什么为记忆做担保呢?

维特根斯坦举了个例子,假设我不确定是否记住了火车开车的时间,于是我在头脑中回忆一张列车时刻表来核对它。但这里有一个前提:我必须有对列车时刻表的正确记忆。问题是,假如我无法确认我对列车时刻表的记忆是正确的,我又如何由此来担保我对火车开车时间的记忆是正确的呢?维特根斯坦说:"如果我们仅仅在想象中查阅这张图表,我们是否能称之为确证?……确证在于诉诸某种独立的东西。……在想象中查阅图表并不是在查阅图表,正如对想象中的实验结果的想象并不是实验结果一样。"(265)

请注意,维特根斯坦的意思并不是说某种前后一致的感觉(或记忆)是不存在的,也不是说我们不能用某个语词符号来表达这种感觉。他是说我们如何证明,用某个符号指称的不同时间的感觉就是同一种感觉,或说在私有语言和私有对象之间建立起的那种稳定的联系就是正确的。仅仅依靠主观的经验、记忆或想象就能证明吗?

我的记忆可能是对的,但也可能出错。那么我们如何为我的记忆做担保呢?推到最后,就非得找到某个独立的东西来做参照。这就是说,我们最终依凭的标准必须是客观的。我必须真的手里拿着一张列车时刻表,才能为火车出发时刻的记忆做担保。

相反,如果我的主观经验就能成为标准的话,那么只要在我看来是正确的东西就都是正确的,而这只能意味着我们无法再谈论"正确"这个词了。其中的道理与前面对"知道"一词的分析是一致的。因此,衡量一个语词符号与其指称对象之间的联系是否正确的标准必须是客观、公共的。一旦需要依凭公共的标准,那么这就意味着私下地遵守某种标准或规则是不可能的,同样也就意味着私有语言是不可能的。

更进一步来说,不仅用以指称私有对象的私有语言是不可能的,私有对象本身恐怕也是不能成立的。认为存在某种私有对象,其实也是一种语法错误。这种语法错误就在于,我们把名称-对象——相应的模式错误地套用到表达感觉的语言游戏中去了。我们用"疼"来指称疼,就好像用"树"来指称树、用"马"来指称马一样。然而,疼痛是像树那样能被用在实指定义中的对象吗?不是。

语言游戏的类型是多种多样的,那些用来表达感觉的语词并不指称什么。我可以指着一棵树,但我不能指着我的疼。我顶多指着我的胃,喊疼。疼痛不是某个对象,并不独立于我的感觉,它就是我的感觉。因此,"我感觉到疼"与"我看见一棵树"所遵循的语法规则是不一样的。

Käfer

归根结底,如果说一种语言只有说话者自己才能理解而别人都无法理解,那它还是一种语言吗?语言是在主体间传递意义的活动，这意味着语言必须是公共的。如果你说："我就要用符号 E 来指称某种你们谁都不可能知道的东西。"这可不可以呢？可以。但问题是，如果这种语词符号永远不会有一种公共的使用，为什么还叫它"语言"呢？

即便私有语言的支持者一再强调"只有我知道我的疼""我的疼不是别人的疼"，似乎这种"语言"指称了某种私有对象，但实际上在真正的语言游戏中，我们根本无须考虑这种虚假的指称关系。为此，维特根斯坦再次举例来说明这一点。

假设我们每个人手里都有一个盒子，里面装着某个东西，我们把装在盒子里的东西称为 Käfer[1]。谁也不知道别人的盒子里为何物，因此每个人只能通过看自己的盒子才知道 Käfer 指的是什么。当然，每个人盒子里的东西可能都不一样，或者也可能盒子里的东西一直在变化，甚至盒子就是空的。

无论哪种情况，如果 Käfer 这个词能够在我们之间有一种共同的使用（因为毕竟每个人盒子里的东西都被称为 Käfer），那么是不是只有我知道我的盒子里装着什么东西或有没有东西都根本不重要。换句话说，盒子里的东西在这一语言游戏中没有位置可言，它是什么丝毫不影响我们在某一语言共同体中对 Käfer 一词的理解，因为语词的意义就在于对它的使用！

在这个例子里，Käfer 这个词就像"疼"这个词。只有我们自己知道自己盒子里的 Käfer 指的是什么，就像只有我们自己知道自己的疼。但无论你的疼和我的疼一样还是不一样，我们对

---

1 Käfer 是德语"甲虫"的意思，但实际上我们不必将它翻译过来。因为它的字面意思是什么无关紧要，我们知道它指的是盒子里的东西就够了。当然，盒子里的东西是什么更是无关紧要的。

"疼"这个词的理解和使用还是一样的。否则,当你喊疼的时候,医生们应当表现得十分困惑才对。

由此可见,即便私有语言的支持者坚持指称论的主张,非要说像"疼"或Käfer这样的词指称了某种私有对象,但在真正的语言游戏中,这种对象作为不相干的东西却没必要考虑了。正如维特根斯坦所说,无论它们是什么,它们被"取消"了。(293)

从语言游戏说到遵守规则的悖论,再到私有语言的论证,维特根斯坦始终在强调我们必须在日常语言的实践中去理解"意义即使用"的思想。日常语言才是我们在现实活动中真正使用的语言,脱离日常语言的哲学思考是一种"疾病"。

无论我们应如何评价维特根斯坦后期的思想主张,如同他早期及过渡时期的思想深刻地影响了逻辑实证主义者那样,他在这一时期的思想也广泛地影响了后来的哲学家。从剑桥到牛津,维特根斯坦的日常语言哲学与后来逐渐形成的日常语言学派紧密相连,后者在某种程度上是对前者致力于日常语言分析这一基本理念的发扬光大。

第七章

牛津学派的日常语言哲学

牛津学派（Oxford School）通常是指20世纪40年代以来，以牛津大学为中心形成的哲学气候，主要代表人物有赖尔、奥斯汀和斯特劳森等。牛津哲学家推崇日常语言哲学（ordinary language philosophy），他们普遍赞同通过对日常语言的细致分析来澄清哲学问题。他们反对维也纳学派的逻辑主义观点，反对像后者那样轻视日常语言的意义和价值。但与维也纳学派不同，牛津学派不是一个具有统一的哲学纲领和共同宣言的学术团体，不同的牛津哲学家所关切的问题意识也大不相同。然而，正如石里克在维也纳学派中具有核心地位，赖尔也是牛津学派的领军人物。

第一节　心的概念

在上一章，我们已详细介绍了维特根斯坦的日常语言哲学，而与他同在剑桥大学的师友摩尔则是日常语言哲学的先驱。[1] 在摩尔和维特根斯坦等人的影响下，剑桥的日常语言哲学逐渐形成一股风气。这股春风也渐入牛津，很快便与牛津大学固有的哲学传统起了化学反应，日常语言哲学自此进入鼎盛时期。

牛津哲学家

吉尔伯特·赖尔（Gilbert Ryle，1900.8.19—1976.10.6）出生于英国的布莱顿。1925 年，他刚一毕业就留在母校牛津任教，二战期间在英军部队服役，战后又回到牛津任形而上学哲学教授。1947 年，他接替摩尔担任《心灵》杂志主编，这本杂志是英国数一数二的哲学期刊。自此以后，赖尔以及日常语言哲学在牛津的影响力越来越大。然而有意思的是，赖尔矢口否认他受到过维特根斯坦哲学的影响。据说，这多半是因为维特根斯坦对牛津哲学家嗤之以鼻，认为后者更像是语言学家，而非哲学家，甚至称牛津大学是"哲学的沙漠"[2]。这的确是太伤害牛津哲学家的感情了。

赖尔的确并不完全赞同维特根斯坦后期的所有观点，比如对形而上学的彻底否定。但无论怎么说，维特根斯坦对牛津日常语

---

1 摩尔强调常识在我们认识世界的过程中所起的关键作用，而对常识的理解自然是建立在对日常语言的理解上，因此在他的著述中就已十分重视通过对日常语言的分析来澄清哲学问题。
2 蒙克：《维特根斯坦传：天才之为责任》，王宇光译，第 500 页。

言哲学的影响是不容抹杀的事实。至少起初，赖尔也承认自己曾是维特根斯坦"迷迷糊糊的崇拜者"[1]，他从维特根斯坦那里还是学到不少东西的。此外，他也受到罗素和摩尔等人的影响。

赖尔的主要著述有:《心的概念》(*The Concept of Mind*)、《两难论法》(*Dilemmas*)、《柏拉图的进展》(*Plato's Progress*)、《论思想》(*On Thinking*)等。其中《心的概念》是其最重要的代表作，一经出版就获得英国哲学界的广泛赞誉。它被认为是"近20年来在英国发表的最主要、最有独创性的两三本著作之一"，甚至是"用英语写成的最著名的哲学著作之一"。

身心二元论

在《心的概念》中，赖尔旗帜鲜明地反对笛卡尔的身心二元论，反对把心灵看作"机器中的幽灵"。

赖尔说，自笛卡尔以来人们大都相信这样一种"神话"：每个人都有一个身体和一个心灵，并且当他的身体死后，他的心灵还可能继续存在。人的身体存在于空间中，并受物理法则支配；人的心灵不在空间中，因而也不受物理法则支配。这样一来，人的身体活动就像机器那样是能够被客观、公共地观察的，但人的心灵活动却是私密的，无法被客观、公共地观察的，就像是"机器中的幽灵"。

于是就有了这样一种二元论：存在着两种实体——身体（广延）和心灵（思维）；人的身体生活在物理世界，而人的心灵则

---

1 蒙克：《维特根斯坦传：天才之为责任》，王宇光译，第278页。

生活在心理或精神世界。理论家们普遍认同这种身心二元论的说法，因此赖尔也称其为"官方"学说。然而，赖尔认为这一"官方"学说是大错特错的，是完全荒谬的。

首先，如果身体和心灵是两种实体，一个在空间中而一个不在空间中，一个存在于物理世界而一个存在于精神世界，那它们是如何相互作用的？婴儿觉得饿了，张口要吃奶；小孩子摔了一跤，感到很委屈。如果身体和心灵是彼此独立的，那我们该如何解释在心理活动和身体活动之间这种显而易见的互动关系呢？再者，如果身体和心灵的不同表现之一是，前者要受到时空中的物理法则支配，而后者则不服从这一法则，那心灵又如何因果地影响与它不处于同一法则支配下的身体呢？

其次，"官方"学说的支持者虽然承认心灵不服从物理法则，但仍把它视为某种没有大小、看不见摸不着的机器：心灵不仅是隐藏在机器中的幽灵，它自身就是一台幽灵机器。于是，它仍然要服从某种与身体活动相对应的非物理的法则。也就是说，它像身体被物理法则严格决定那样，是被某种非物理的法则严格决定的。倘若果真如此，那么谈论责任、选择、功绩、过失这些概念就变得没有意义了，因为心灵中的一切活动都是在先地被某个外部原因决定的，就像身体或机器那样。我们没有选择的自由，也就难说有意志的自由。"躯体无法避免它们所经历的变化，所以心灵也只能度过它们命定的生涯。"[1]

然而在我们的直观认识里，人类心智的高级活动，比如思维活动或情感活动，显然不同于机器。因而把考察机器或身体活动

---

[1] 赖尔：《心的概念》，徐大建译，北京，商务印书馆，2005年，第15页。

的那些概念范畴套用到心灵活动中就不合适了。到头来，我们只能用一些否定的语词来描述心灵，比如："它们不存在于空间之中，它们不是运动，它们不是物质的变化，它们无法被大家观察到。心灵不是一些钟表机构，它们只是一些非钟表机构。"[1]这显然不能解决问题。

范畴错误

那问题出在哪呢？赖尔说，问题出在身心二元论对心灵的描述是一种范畴错误。什么是"范畴错误"呢？简言之，就是把不同范畴的语词混同在一起所导致的错误。比如，我们可以说"苏格拉底是一位哲学家"，但我们不能说"人是一位哲学家"，在此"苏格拉底"和"人"就是两个不同范畴的语词。如果在这个句子中我们用"人"去替换"苏格拉底"，就会造成范畴错误。

赖尔举例说，出现范畴错误的人就像如下情形中的人：一个外国友人第一次访问牛津大学，当他参观完了教室、图书馆、实验室、行政楼、运动场之后，却说："我只看到了学生学习的地方，看到了科学家做实验的地方，看到了行政人员办公的地方，但就是没看到你们工作和生活的那个大学。所以大学究竟在哪儿啊？"显然，这位外国友人的错误在于他将大学同教室、图书馆、实验室相提并论了。好像"大学"是与"教室""图书馆"同属一类的语词概念。

同理，张三可以是李四的亲戚、朋友或敌人，但不可能是普

---

[1] 赖尔：《心的概念》，徐大建译，第15页。

通公民的亲戚、朋友或敌人。张三固然知道在一般情况下该如何有意义地使用"普通公民"这一语词概念,但如果他依然困惑于为什么不能像在街上碰到李四那样碰到普通公民,那他就同样陷入了范畴错误中。

赖尔提请我们注意:只要那个外国友人仍然把大学看作与教室、图书馆同属一类的东西,只要张三仍然把普通公民设想为像李四那样的个体对象,那么他们就会倾向于将大学或普通公民描述成神秘的、难以把握的东西,因为他们无论如何也找不到大学或普通公民究竟在何处,却又总觉得它们应当就在某处,就好像这些东西是"无处不在但又处处不在的幽灵"[1]。

当然,在现实生活中,一般人大都不会犯这样的错误。人们知道"教室"和"大学"、"李四"和"普通公民"是不同范畴的语词。但当他们谈到身心关系时,就往往会像外国友人或张三那样,将"身体"和"心灵"看作同一类型的范畴,并且由于心灵的神秘和难以把握,而将其视为"机器中的幽灵"。比如笛卡尔就是这样。

为什么笛卡尔会犯这样的错误呢?在他那个时代,由于自然科学的兴起,盛行着一种机械唯物主义的世界观。霍布斯就是机械唯物主义的典型代表,他认为在这个世界上只有物体存在。物体的运动就像机器中的齿轮那样是一种机械运动,因而需要严格服从空间中的物理法则,也即机械因果律的支配。

笛卡尔一方面同意人的身体就像机器,另一方面又认为人除了身体的部分,还有心灵的部分,即所谓身心二元论。然而,笛

---

1 赖尔:《心的概念》,徐大建译,第13页。

卡尔虽然主张有不同于物质实体的心灵实体存在，却仍然没有摆脱机械论的概念体系。认为心灵也要受某种非机械的因果律支配，实际上就是把心灵看成某种与物质（身体）对等的存在物了。把心灵看成某种存在物，但它又不同于看得见、摸得着的物质，因而它就从与物质的对比中分离出来，成为一个好像与物质同属一类范畴的独立实体。这正是笛卡尔所犯的错误。

进一步来说，唯心论和唯物论都是基于同样的错误所做出的断言。因为无论把物理过程"归约"为心理活动，还是把心理活动"归约"为物理过程，都预设了"或者存在心灵或者存在物质"这一前提。当然，我们可以在一种意义上说"存在心灵"，而在另一种意义上说"存在物质"，但这两个表达式中的"存在"不是一个意思。

就像在"潮水在上升""希望在上升"和"平均死亡年龄在上升"这三个表达式中，我们不会认为希望或平均死亡年龄是同潮水一样的存在物，因而自然不会认为在这些表达式中的"上升"含义相同。由此可见，赖尔的论证与维特根斯坦对语法的分析有相似之处。"潮水在上升"与"希望在上升"有相近的表层语法结构，但深层语法却不同。表层语法一再引导我们将"希望"看作和"潮水"同属一类的概念，正如笛卡尔把"身体"和"心灵"看作属于同一类型的范畴那样。

公开言行

最终，与身心二元论恰恰相反，赖尔主张：不应把对心理活动的描述同对身体活动的描述区别开来。人们通常认为，我们有意图地做某件事情这个过程必定包含了两个部分：一个是我们的意图，另一个是实际行动。赖尔说这是错的，这里不存在两个过程，而只有一个过程。描述心理活动的语词就是描述那些与之相应的身体活动的语词。

想想看，我们如何判断一个人的内心是怎样的？通过他的公开言行来判断。我们为什么会称赞某个喜剧演员幽默、机灵、狡黠呢？不正是因为他在舞台上的精彩表现吗？这就像我们也正是通过你捂着肚子、蜷缩着身体来判断你感到疼一样。然而，与其说这些公开言行是心智活动的某种线索，毋宁说它们就是我们的心智活动本身。

因此，"幽默""机灵""狡黠"这些语词不是在描述某种隐藏于公开言行背后的东西。正是基于这样的观点，赖尔希望通过进一步的分析来彻底澄清与心理描述相关的那些语词的用法和意义。比如，我们应该废除类似"在心里"这样的表达式，因为它总在暗示我们好像存在某种隐秘的"场所"，就像我们说"在桌子上""在信封里"时自然联想到的那样。

在《心的概念》这本书最后，赖尔特别强调了他的观点与行为主义心理学的不同。从一方面看，他坚决反对存在某种隐秘的身体之内的幽灵，心理活动不是不同于身体活动的另一过程，它们本就是一个过程。这看起来与行为主义的主张很相似。但赖尔的意思不是说，我们否定机器中的幽灵就是要把人贬低为机器。好像关于人的心理研究就应该像其他成熟科学（比如物理学）那样，通过观察和实验的方法把它归因于某种因果律。这同样是一个范畴错误。

实际上，这里的区别在于行为主义所指的行为是人面对条件刺激做出的反应，即纯粹的生理行为；赖尔所关注的行为是人的公开言行，即描述了心智活动的语言行为。因此，他认为我们必须从与人的公开言行相关的那些语词入手才能正确地理解心的概念。

赖尔关于身心关系问题的思想主张对当代心灵哲学的研究很有启发，而他在这一过程中采用的日常语言分析方法也自然影响到牛津学派的其他成员。在下一节我们将看到，日常语言哲学的另一位重要人物奥斯汀正是沿着这一道路提出了他的言语行为理论。

第二节　言语行为理论

如果说赖尔是牛津学派的领军人物，那么奥斯汀就是这一学派的中流砥柱。同维特根斯坦一样，奥斯汀也认识到语词的意义就在于对它的使用，并由此提出著名的言语行为理论。虽然奥斯汀英年早逝，但他的思想还是被传承下来，并对日常语言哲学以及日后的心灵哲学产生了深远影响。

天妒英才

约翰·兰肖·奥斯汀（John Langshaw Austin，1911.3.26—1960.2.8）生于英国兰开斯特。据说，他在少年时代就显露出非同一般的天才智识，特别是在古典学方面的造诣远超同龄人。

1933 年，22 岁的奥斯汀被选入牛津大学万灵学院，成为一名研究员。万灵学院是牛津唯一一个没有教学任务的学院，研究员们只需一门心思专注学术研究。正是在此期间，奥斯汀通过对希腊古典文献（如柏拉图、亚里士多德）的钻研逐渐进入哲学。

二战结束后，奥斯汀从军队回到牛津，很快便组织起一个有点儿类似维也纳小组的聚会，被称为"周六晨会"。这里聚集了许多年轻有为的学者，他们定期研读亚里士多德、弗雷格、维特根斯坦等人的著作，或者集中讨论一些具体的语词概念问题。正是通过这个讨论会，奥斯汀的主要思想得到传播，甚至使得整个牛津学派得以发扬光大。可惜天妒英才，49 岁的奥斯汀因患癌症怅然离世。

他生前未能出版任何著作，只发表过 7 篇论文。这些文章以及他的一系列演讲稿后来被编辑成册，陆续出版。这包括《哲学论文集》(*Philosophical Papers*)、《如何以言行事》(*How to do Things with Words*)、《感觉和可感物》(*Sense and Sensibilia*) 等。

语言现象学

奥斯汀是通过古典学进入哲学的，因而在他对日常语言所进行的那种精细探究中，总能体现出古典学的扎实功底。也正是由于这样的学术背景，奥斯汀并不认为自己的工作属于"语言分析"或"分析哲学"，他宁肯把自己对语言的探究称为语言现象学 (linguistic phenomenology)。也就是说，他把语言当作一种现象来考察。考察什么呢？笼统地说就是：在什么情况下我们会说什么话，在什么情况下我们该用什么词。显然，这与传统哲学关心的问题关联不大。

实际上，对于传统哲学问题，奥斯汀也兴趣不大。从他的文章或演讲如《他人的心》("Other Minds")、《"如果"和"能够"》("'Ifs' and 'Cans'")、《为辩解一辩》("A Plea for Excuse")中可以看出，他更乐于在具体的语言现象中去辨析语词用法的细微差异，而他的最终目的是要建立一种成熟的语言科学。在《"如果"和"能够"》一文的最后部分，他提出这样一种畅想：正如数学、物理学等学科是从哲学中分离出来的那样，今后通过哲学家、语言学家的努力，我们难道不能从哲学中分离并产生一门真正的、全面的语言科学吗？

由于以上这些情况，人们对究竟该如何评价奥斯汀的工作产生了不小分歧。很多人认为，奥斯汀的语言现象学实际上是一种语言学方法，而非哲学方法。奥斯汀的思维旨趣也与赖尔、维特根斯坦等典型的语言哲学家不同。他当然也希望通过对语言的精细探究来清理那些传统哲学中的混乱和错误，但他的志向并不止于消除"哲学疾病"，或者提出关于某类哲学问题的主张，而是为了我们能更好地使用语言去做一些系统性的建设工作，以便最终将对语言的探究从哲学中分离出去。

然而，从另一方面来说，虽然奥斯汀关注的是具体的语言现象，但他同时强调我们正是通过对语言现象的敏锐觉察来知觉经验现象的，对日常语言的精细区分正反映了实在世界的细微差异。换句话说，对语言现象的探究同时也是对我们使用语言所谈论的这个世界的探究。其中的哲学蕴意不言自明。因此，我们也不应将奥斯汀的工作看作纯粹的语言学研究。

语言与世界的种种联系是从我们使用语言去谈论世界开始

的。奥斯汀意识到，当我们用语言去谈论世界时，我们便从抽象的语言表达式转向了具体的言语活动。言语活动是在特定情境中对语言的使用，它包括所说的话以及说话这个行为本身。由此，奥斯汀提出了著名的言语行为理论（Speech Act Theory）。

二分法

无论维特根斯坦的"语言游戏"还是赖尔的"公开言行"，都不是指单纯的语言，而是那种语言和与之相关的活动或身体行动相互交织的整体。在这个基础上，奥斯汀进一步指出：说话就是做事，言语就是行动。

过去，哲学家更关注的是那些描述事实的句子，比如"这朵花是红的""苏格拉底是一位哲学家""托尔金是《指环王》的作者"，即那些具有真值的陈述句。由此发展出这样一种意义理论，认为一个句子的意义仅仅在于它的真或假。奥斯汀反对这一点，他认为很多句子既不真也不假，但同样具有意义。正如维特根斯坦已经提到的，像"下命令""编笑话""提问题"这样的句子就不是在描述任何事实。

但奥斯汀认为维特根斯坦仅仅停留在"语言有许多不同用法"这一判断上，而没有进一步讨论语言用法的理论框架（当然，维特根斯坦后期的思维旨趣也不在任何理论建设上）。既然语言是在使用中才体现出它的意义，而不同的话语在不同情境中起着不同的作用，那么我们就可以从这里出发把对语言的使用方式分门别类，就像昆虫学家列出昆虫的种类数目那样。奥斯汀想要完成的就是这项工作。

他最初认为，我们可以把语言的用法分为两个类型：一类是记述句（constatives），另一类是完成行为句（performatives）。所谓记述句就是像"苏格拉底是一位哲学家"这样的句子，也就是那种要么真、要么假的陈述句。那什么是"完成行为句"呢？顾名思义，就是在说话的同时完成一个行为，或者做一件事。

比如，你一边举着香槟一边说："我把这条船命名为伊丽莎白女王号。"这样的句子看起来很像陈述句，我们甚至可以认为它在语法上就属于陈述句，但实际上它并不是在描述任何事实。然而，这样的句子是有意义的。它的意义是通过说这句话来做一件事而实现的。"当我说'我把这条船命名为伊丽莎白女王号'时，我不是在描述这个命名仪式，我实际上是在完成这次命名。当我说'我愿意'（娶这个女子为我的合法妻子）时，我不是在报道这场婚礼，而是正亲身经历这场婚礼。"[1] 同样，"我向你道歉"，就是通过说这句话来完成道歉的行为；"我答应你明天就去自首"，也是通过说这句话来完成一个许诺。类似地，诸如下命令、打赌、表示感谢、表达同情等都属于完成行为句这个类型。

奥斯汀说，虽然我们不能用真假来判定一个完成行为句，但我们可以用恰当、不恰当来衡量它。任何一个完成行为句都不是孤立的话语，而必须是在某个特定情境中才能完成的言语活动。因此，如果情境不合适，说出的话就不会奏效，或说所使用的语句就是不恰当的。"我把这条船命名为伊丽莎白女王号"——如果你是船主，那你说这话就是恰当的；如果你不是，就是不恰当

---

[1] 奥斯汀：《完成行为式表述》，见《语言哲学》，马蒂尼奇编，牟博等译，第211页。

的。同理，如果你是一个公司老板，你说"我任命你为财务总监"，这话是恰当的，也是能够奏效的，你通过说这句话完成了任命这件事。但如果你说"我任命你为英国首相"，这话就不恰当了，也不会奏效，因为缺乏这句话能够行事的特定情境。

但是后来，奥斯汀又觉得记述句也有恰当不恰当之分，而完成行为句也有真假之别。这是怎么回事呢？比如，"康德的老婆是个舞蹈演员"，这句话应当是一个记述句。但问题是康德实际上没有老婆，因此这句话说出来就无所谓真假，而是不恰当或说无效的（回顾"现在的法国国王是秃头"的例子）。再比如，我在明知道不可能的情况下张口就说："你们家有50口人。"这种话与其说是断言某个事实，不如说是任意的胡诌。这就像我根本没有这个权力却敢说"我任命你为英国首相"一样，既不真诚也没有效力。

完成行为句也可能有真假。比如，有人对你说："我警告你，那只狗会咬人！"结果那只狗很温顺，根本不咬人。请注意，这个人说这句话并非出于不真诚，并非说得不恰当，而且通过说这句话他也的确完成了警告的行为。只是他的警告能够成立需要隐含这样一个前提，就是事实上那只狗的确会咬人。换句话说，这个警告本身虽然是一个完成行为句，但却隐含了一个要么真、要么假的陈述。而在目前的情况下，由于这个隐含的陈述并不真，我们就只能认为这个警告也是假的。

这样一来，我们想用有没有真假、恰当不恰当来区分记述句和完成行为句就是不可能的了。

三分法

在《如何以言行事》中，奥斯汀对上面这种二分法进行了深刻反思。他意识到，将语言的用法分为记述和完成行为，就是把"说些什么"和"做些什么"区别开来。但实际上二者并不对立，也不存在严格的界限。去说些什么，就是去做些什么。广义地说，我们说任何话都是在以言行事，陈述或描述也是在做事。

奥斯汀进一步指出，我们在使用语言去做事的时候也会有层次之分，可据此将言语行为划分为三个方面，这就是：以言表意行为（locutionary act）、以言行事行为（illocutionary act）和以言取效行为（perlocutionary act）。

1. 以言表意行为就是通过说出一个句子来表达意义，也就是在最一般的层面完成"说些什么"的行为，相当于过去说的记述式话语。

2. 以言行事行为就是通过说出一个句子来实施一个行为，也就是通过说一句话来做一件事或实现某个意图，相当于过去说的完成行为式话语。

3. 以言取效行为就是通过说出某个带有某种意图的句子对说者、听者或其他人在情感、思想或行为上产生了某种影响的行为，也就是说出的话产生了某些后效，例如阻止了某人、安抚了某人、说服了某人。

虽然奥斯汀把言语行为划分为以上三种类型，但显然它们之间是彼此关联的。以言行事行为是在以言表意行为的基础上进一步实现某一意图或目的的行为，而以言取效行为可以被看作以言行事行为的必然结果，当我们完成了某个言语行为，就总会对他人产生或多或少的影响。

我们可以用下面的例子来说明这三种言语行为之间的区别和联系。

> 1. 以言表意行为：
> 他对我说："这只狗会咬人！"（陈述某种事实）
> 2. 以言行事行为：
> 他警告我这只狗会咬人。（完成某种意图）
> 3. 以言取效行为：
> 他使我相信这只狗会咬人。（达到某种效果）

由此可见，以言表意、以言行事和以言取效分属三个不同的层次，而归根结底，它们都是同一个言语行为在不同方面的表现。奥斯汀承认，他的主要关注点是在以言行事行为上。因为他认为过去的哲学家大都忽视了通过说话去做事这种情况的普遍性和重要性，从而陷入各种形式的谬误中。例如，认为语言的唯一功用就是描述事实。

奥斯汀的言语行为理论直接影响了他的学生塞尔，后者进一步发展了这一思想，并把它应用到对意向性理论的研究中去，我们会在塞尔一章详述。言语行为理论不仅对英美分析哲学、心灵哲学产生了重要影响，甚至对一些欧陆哲学家的思想也产生了不小触动，如哈贝马斯、德里达、利科等。这对于在20世纪"老死不相往来"的英美与欧陆哲学来说，可谓一个极其不易的成就。

第三节　描述的形而上学

虽然奥斯汀对传统哲学兴趣不大，但与他同为牛津学派的另一位重要哲学家斯特劳森却对传统哲学，尤其是形而上学情有独钟。在很大程度上，正是由于斯特劳森的工作，才使得英美分析哲学拒斥形而上学的态度发生了转变。形而上学日益重回哲学研究的主流视听。

一个批判者

彼得·弗雷德里克·斯特劳森（Peter Frederick Strawson，1919.11.23—2006.2.13）出生于英国伦敦，就读于牛津大学圣约翰学院，专业是哲学、政治学和经济学。1946 年，他从军队退役，先后在北威尔士大学和牛津大学任教。1968 年，他接替赖尔担任形而上学哲学教授。他的主要著述包括：《逻辑理论导论》(Introduction to Logical Theory)、《个体：论描述的形而上学》(Individuals, An Essay in Descriptive Metaphysics)、《怀疑主义和自然主义》(Skepticism and Naturalism)、《分析与形而上学》(Analysis and Metaphysics) 等。其中，《个体：论描述的形而上学》被认为是 20 世纪中叶以来最重要的哲学著作之一。

我们在罗素一章提到过斯特劳森，他反对罗素的意义指称论。要知道，罗素的观点是在他的《论指称》这篇文章中提出的，而斯特劳森为了反驳罗素也以《论指称》为名发表了一篇文章。有趣的是，他还用同样的方式反驳了奥斯汀。奥斯汀在他的一篇名为《真理》的文章中提出这样一个观点：真理就是符合事实，事实是真正地处于世界之中的东西。结果，斯特劳森同样以《真理》为名发表文章，反对事实是处于世界之中的观点，由此批判奥斯汀的约定符合论。在这里，斯特劳森还顺便对维特根斯坦那句著名断言"世界是事实的总和，而非事物的总和"进行了回应，他针锋相对地说："世界是事物的总和，而非事实的总和。"不仅如此，在《个体：论描述的形而上学》这本书中，他还重点批评了蒯因的单称词项多余论。凡此种种，足见斯特劳森是一个充满批判精神的哲人。

两种形而上学

在《个体：论描述的形而上学》这本著作中，斯特劳森充分展示了他对形而上学问题的兴趣。

我们知道，自从语言哲学或分析哲学创立以来，拒斥形而上学的声音就一浪高过一浪，并在逻辑实证主义者那里达到顶峰。很多人都认为形而上学问题是伪问题，是没有意义的。即便斯特劳森所属的牛津学派，虽然对形而上学的态度没有那么激烈，但我们从赖尔和奥斯汀那里便可看出，他们或者试图对传统问题进行澄清和消解，或者专注于对语词用法的具体辨析，要说建构某种形而上学理论是绝不可能的。

斯特劳森却不以为然。他充分肯定了形而上学在哲学中的地位，认为其中有许多内容都是值得称赞的。但他所拥护的形而上学与传统中占主导地位的形而上学不同，他把前者称为描述的形而上学（descriptive metaphysics），把后者称为修正的形而上学（revisionary metaphysics）。

传统形而上学大都属于修正的形而上学，其典型代表如笛卡尔、莱布尼茨、贝克莱、黑格尔等。为什么说是"修正的"呢？因为他们用来解释世界的那些概念框架或思想结构通常都不属于日常语言的范畴，换句话说，我们在日常语言中找不到这些概念的对应物，比如"太一""单子""绝对"。因此，它们是对我们实际思想结构的一种修正。

与此相对，描述的形而上学之所以是"描述的"，因为它仅仅满足于将我们关于世界的实际思想结构描述出来，它所使用的是我们日常思维中已有的概念框架，而不会超出我们的日常经验。因此，它也更忠实于我们对世界的自然理解，或说在常识中的理解。斯特劳森举例说，像亚里士多德、康德的哲学就属于描述的形而上学。亚里士多德通过对日常语言中各类语词的分类，划分出存在者的不同样式（范畴），这的确满足于斯特劳森对描述的形而上学的界定。然而，亚里士多德还提出过"不动的动者""作为存在的存在""潜能和实现"等思想，这些恐怕就不属于我们日常经验中的概念了。同样，康德的"物自体"是不是纯粹的描述性概念也值得怀疑。但无论怎么说，斯特劳森所谓描述的形而上学就是要在无须构造新的概念结构的前提下，去描述、澄清我们对世界的既有认识。它的好处就在于仅仅依凭我们的日常经验，就能够对它的合理性进行审查或提供辩护。

那么，这与语言分析之间的关系又是怎样的呢？斯特劳森认为二者在根本意图上是一致的，本质上都是对语言的澄清。当然，对语词实际用法的细致考察虽然是最好的方法，却毕竟是局部的、有限的零敲碎打，不具有一般性。描述的形而上学恰恰要揭示概念结构的最一般特征，找寻那些深藏于我们日常思维中永恒不变的范畴。正因如此,描述的形而上学不是要发现任何新的真理,而是要重焕那些已经被以往的哲学家们揭示的古老真理。只不过我们要用属于这个时代的思维方式和术语去重新思考前人的思想,唯有如此,才能适应于这个时代的思想特征。

基本殊相

那什么才是存在于我们日常语言或日常思维中最一般的或永恒不变的概念呢?斯特劳森说是基本殊相(basic particulars),也即个体。换句话说,我们的概念框架必须从基本殊相出发才能够得到确立。

殊相是相对于共相来说的,二者是传统形而上学中的经典概念。殊相就是个别,共相就是一般。比如,任何个别的猫都属于猫这个类,那么个别的猫就是殊相,猫这个类就是共相。斯特劳森认为具体的人、事、物都属于殊相,而在其中,只有物质体和人才是基本殊相。

基本殊相具有本体论的优先性,也就是说,其他殊相需要依赖于基本殊相才能够得到确认,而基本殊相的确认却不需要依赖其他殊相。显然,这是继承了亚里士多德的基本观点。亚里士多德说,个别事物,也即第一实体是不依赖于他物而他物却要依赖于它的存在。

对"殊相的确认"又是指什么呢?就是比如在我们谈话的过程中,当我提及某个殊相,你能够确认我们正在谈论的这个殊相是什么。显然,这与我使用什么样的表达式直接相关。我们通常是通过专名、某些代词、确定的描述语等表达式来进行指称的。

因此，当我说："太阳是颗恒星"或"那位柏拉图的老师死于服用毒药"时，你应该能理解我指的是哪些殊相。斯特劳森说："当说话者用这种表达式去指称某个殊相，我就说，他确认地指称了一个殊相……而且在某种程度上，当听话者也确认了所指称的这个殊相，我会说，说话者不仅确认地指称了而且也确认了这个殊相。"[1]

个体事物的确认是我们在经验世界中通过语言活动完成的。由此可见，一方面，斯特劳森虽然关注的是形而上学问题，但他依然是通过语言的进路去考察我们是如何使用语词指称对象的。另一方面，我们所使用的语言仍然是自然语言或日常语言，而非任何被构造出来的理想语言。因此，使用这样的语言去谈及或指称的自然是符合我们日常经验的对象。认为个体是基本殊相，这并没有超出我们的一般常识。

当然，斯特劳森还提出了更多的理由来说明为什么我们要将个体看作基本殊相。比如，他认为物质体是时空框架的组成部分。在斯特劳森看来，时间和空间是唯一的，也是统一的。也就是说，时空只有一个，这一点与康德的观点基本一致。我们认识世界的概念图式就建基于这个唯一且统一的时空框架之上，而这一框架的形成依赖的正是物质体在时空中的持续存在。这一点也并不超出我们的经验常识。通常来说，我们正是通过物质体之间的关系来建立空间和时间观念的，但这就与康德的观点不同了。在康德那里，时空是感性直观的纯形式，它不依赖于任何经验世

---

[1] 斯特劳森：《个体：论描述的形而上学》，江怡译，北京，中国人民大学出版社，2004年，第8页。

界的存在物。

那为什么斯特劳森又要把人看作另一个基本殊相呢？难道人不属于物质体吗？这是因为人毕竟有意识活动的一面。斯特劳森发现，对意识活动这一"私人殊相"的确认需要通过把人看作基本殊相来解决。

我们脑子里生成的某个想法、我们内心的某种感触，这些都是作为个体的人所具有的。可为什么这些独一无二的私人经验不是基本殊相呢？因为斯特劳森坚信人的意识活动要依附于人的物理身体。为此，他通过拒斥笛卡尔式的心物二元论来说明他的观点。我们还记得，赖尔认为心物二元论者犯了范畴错误，把身体和心灵看成两种相互独立的实体。斯特劳森也认为不存在两种实体，意识或心灵只能作为一种属性归属于人这一实体，而人的身体是意识活动的根据。

主词与谓词

斯特劳森还将殊相与共相的区别同主词与谓词的区别联系起来，由此进一步考察殊相在各种指称对象中占据的特殊位置。

他基本赞同一种可以追溯到亚里士多德的传统观点：殊相只能充当主词，而不能充当谓词；共相既可以充当主词，也可以充当谓词。比如，对"苏格拉底是哲学家"这个句子来说，作为殊相的"苏格拉底"充当了主词，而作为共相的"哲学家"充当了谓词。但我们也有这样的句子："哲学家是智慧的。"在这里，"哲学家"这一共相充当了主词。总之，不像共相那样，单纯的殊相不能充当谓词。因此，在斯特劳森看来，殊相-共相与主词-谓词之间是一种不对称的关系,而这种不对称关系也表明了殊相的特殊性。

与弗雷格相似,斯特劳森认为关于殊相的思想是完全的,而关于共相的思想是不完全的。主词与谓词区分的基础应当建立在"完全性"和"不完全性"这样的基本对立上,由此来解释主词-谓词区分与殊相-共相区分的传统联系。斯特劳森进一步指出,在语言活动中区分殊相与共相的关键在于:当我们将殊相引入某个命题时,意味着我们必须要知道某种足以确认该殊相的事实,而把共相引入某个命题时,则不需要依赖这种事实,这里仅仅蕴涵对语言的使用。因此,斯特劳森说:"殊相依赖于或展现于事实。正是在这种意义上,关于确认殊相的思想是一个完整的思想。"[1]

举个例子,要理解"苏格拉底"这个词所指称的殊相,就需要我们知道某种能够唯一确认这一殊相的经验事实,而这往往是通过某个确定的描述语表达的。比如他是柏拉图的老师,或是被雅典法庭判处死刑的哲学家。但要理解"哲学家"这个词所意谓的共相就不需要知道什么事实了,而只需知道这个词的意义。用一句话总结就是:殊相是由事实构成的,而共相则是来自事实的抽象。由此可以看出殊相在本体论中的优先地位。

在这里,我们只是极其简略地介绍了斯特劳森关于形而上学问题的基本看法。他从日常语言分析的进路对这一问题的诸多思考,给当代形而上学研究提供了不少线索。在他以及其他一些人

---

[1] 斯特劳森:《个体:论描述的形而上学》,江怡译,第 150 页。

的影响下,最近几十年来,越来越多的哲学家参与到跟形而上学有关的各类问题的讨论中。由此,作为哲学的核心部门,形而上学得以再次复兴。

第八章

蒯因的逻辑实用主义

威拉德·范·奥曼·蒯因（Willard Van Orman Quine，1908.6.25—2000.12.25）是美国当代最重要的哲学家，他是引领逻辑实证主义转向逻辑实用主义的关键人物。蒯因一生共出版了20多本专著，发表了100多篇文章。其中非常著名的两篇论文是《论何物存在》（"On What There Is"）和《经验主义的两个教条》（"Two Dogmas of Empiricism"）。这两篇论文也收录在他随后出版的第一本论文集《从逻辑的观点看》（*A Logical Point of View*）中。1960年，蒯因最重要的哲学著作《语词和对象》（*Word and Object*）出版。据说这本书是他用了9年时间才写成的，可以说是他思想体系的一个较为完整的呈现。此后，蒯因仍陆续发表各类专著和论文，非常高产。甚至在1995年，87岁高龄的他还出版了《从刺激到科学》（*From Stimulus to Science*）一书。可以说，他的一生都是在研究和写作中度过的。

第一节 实用主义传统

逻辑实用主义是逻辑实证主义（或逻辑经验主义）与美国本土的实用主义传统相融合的产物。之所以能够产生这样的融合，一个重要原因是它们都建立在经验主义的基本理念上，并深受现代科学的思维与方法的影响。在蒯因的哲学中，我们可以很清楚地看到这一点。

继承者

蒯因出生在美国俄亥俄州阿克隆市，父亲是一位商人，母亲是一位中学教师。1926 年他进入奥柏林学院学习数学，四年后进入哈佛大学哲学系，受教于怀特海和刘易斯等人。一年后便获硕士学位，再过一年又拿到博士学位。此后，他以访问学者身份游学欧洲，遍访维也纳、布拉格、华沙等地，结识了维也纳学派的许多重要成员，也参与了维也纳小组的讨论会。其中，卡尔纳普对他的影响最大。蒯因回到美国后，一直在哈佛任教，直至退休。

蒯因高产且高寿，这与罗素极为相似。实际上，蒯因年轻时曾大量阅读罗素的著作，而他的导师之一正是与罗素合著《数学原理》的怀特海。并且，蒯因也是从数学和逻辑的研究进入哲学的，显然这又与弗雷格、罗素等早期分析哲学家的路径非常相似。

蒯因曾试图沿着罗素和怀特海在《数学原理》中的思路构造一种更为简单、方便的逻辑系统。从罗素、卡尔纳普等人那里，蒯因也自然继承了分析哲学的传统，接受了逻辑主义的基本理念。这为他后半生更多专注于对本体论、语言哲学、科学哲学等问题的思考提供了理论基础。当然，构成蒯因思想的另一个重要基石是美国本土的实用主义。

实用主义是英美哲学体系中除分析哲学外的另一重要思潮，也是美国本土最主要的哲学传统。蒯因是美国哲学家，自然深受这一传统影响。因此，为了更好地理解蒯因，我们有必要先了解一下美国实用主义传统的基本情况。

古典实用主义

1. 查尔斯·桑德斯·皮尔士（Charles Sanders Peirce）

人们普遍认为，皮尔士是实用主义的奠基者。他率先提出了一种实用主义的准则，其目的是为了澄清概念的意义，确定信念的真假。皮尔士说一个概念、命题或思想的意义在于它所产生的某种效果。什么意思呢？比如，我们说一个东西硬，就是说这个东西不会被划破；正如我们说一个东西重，就是说如果它不受其他外力，就会向下跌落。

无论"硬"还是"重"，它们的意义仅仅在于可以被检验的实际效果。显然，这一概念界定原则以可操作、可观察、可实证等条件为前提，就像物理学中通过实验来检验理论那样，具有一种外在的、公共性的特征。然而，是不是所有概念都可以通过观其后效来确定其意义呢？这是一个疑问。当然，皮尔士自己也承认这种方法并不适用于一切概念。

2. 威廉·詹姆斯（William James）

如果说皮尔士是实用主义的奠基者，那么真正扛起实用主义大旗的则是詹姆斯。詹姆斯与皮尔士的关系有点类似于罗素与弗雷格。正像罗素发现了弗雷格的创新思想那样，皮尔士的实用主义理念也是通过詹姆斯被发扬光大的。然而，实用主义这个概念的蕴意在詹姆斯那里要比在皮尔士那里宽泛得多。

詹姆斯认为实用主义不仅是一种意义理论或科学探究方法，更是一种有关真理的"发生学理论"。他同意真理是对实在的符合这一传统主张，问题是怎样就算符合呢？根据实用主义准则，詹姆斯说真理必须是能够被证实并且有效的。显然，证实是一个过程，它引导着我们不断接近实在，这就是与实在相符合的意思。同时，被证实和被认为有效还意味着真理所具有的某些实际后果或说实际价值；换句话说，真理是对我们的现实生活有用的。当然，真理的这种价值或有用性未必当下就能兑现，很多真理是被我们"储藏"起来的，只有在需要时才会发挥作用。总之，用詹姆斯自己的话说："它是有用的，因为它是真的；它是真的，因为它是有用的。"[1]

此外，詹姆斯的实用主义非常强调行动，强调实践，他认为实用的意思就是实践。当然，皮尔士也说要实践，但他主要是指科学探究中的实践，也即实验行为意义上的实践。詹姆斯的实践则不仅涉及科学领域，也包括全部生活领域。由于以上这些原因，皮尔士对詹姆斯关于实用主义的解读颇为不满，他也越来越

---

[1] 詹姆斯:《实用主义》，陈羽纶、孙瑞禾译，北京，商务印书馆，1979年，第104页。

意识到"实用主义"（Pragmatism）一词有被肆意滥用的趋势。因此，皮尔士干脆发明了一个新词"实效主义"（Pragmaticism）来重新命名自己的主张，以强调他与詹姆斯等人的不同。

3. 约翰·杜威（John Dewey）

杜威是实用主义传统的第三位重要人物。人们这样评价他：虽然杜威比皮尔士和詹姆斯更年轻，但却更具有大家长的气魄。杜威对实用主义的阐述更为系统和深入，可以说，古典实用主义在他这里达到了顶峰。

总体来说，杜威崇尚一种自然主义的经验论，但他对经验的理解与传统哲学不同。在古典理性主义者或经验主义者那里，经验是一种认识活动，是属于主观心理的东西，是对已经发生的事情的记录，它与思想截然不同。在这种观念下，主体与客体是二元对立的，由此人与自然被隔绝开来。但在杜威看来，经验不是一种纯粹主观的、被动的认识活动，而是在与自然事物反复地交互作用中展现的那些行为和经历。

比如，我们对一只猫的经验，绝不只是停留在脑海中的那些感性观念（如毛茸茸、四肢、有尾巴），而是通过反复的互动过程熟悉一只猫，了解它的行为习性，以及学会如何与它交流，等等。也就是说，杜威所强调的经验是一种切身的体验、一种生命现象。在经验行为中，我们与对象紧密交织在一起，而并非只是作为认识主体的旁观者。正因如此，经验绝不是与思想彼此对立的东西。毋宁说，经验总是充满思想的经验，而思想也唯有在经验的基础上才是可能的。

杜威坚决拒斥传统哲学中的二元论倾向。无论主体与客体、经验与思想，还是事实与价值，它们之间并非真的泾渭分明。蒯因十分赞同杜威的观点，并将它行之有效地运用到自己的理论建设中去。

自然化认识论

据说蒯因并不承认自己是一个实用主义者，但在他的思想中却处处可见实用主义的方法和原则。比如，他对本体论承诺的论述、对经验主义两个教条的批判，以及关于翻译的不确定性等主张，都体现了他实用主义的一面。此外，蒯因还十分明确地继承了杜威的自然主义理念，并把它发展为一种"自然化的认识论"。

在蒯因看来，传统的认识论把自己标榜为"第一哲学"，认为对人的认识活动的思考是一个凌驾于科学之上的命题，但这是完全错误的。杜威已经在强调，人并不隔绝于自然之外，而是在自然之中。蒯因进一步指出，人的认识活动也是一种自然现象，我们对这一现象的研究可以像对其他自然现象那样，归于自然科学的研究范畴。显然，这样一种主张具有浓厚的科学主义气息——认识论问题不在自然科学之外，而在自然科学之内。因此，对这一问题的考察应当采用自然科学的方法，并可以享用自然科学的研究成果。

正因如此，这种自然主义的认识论必然导向一种整体主义的知识观。哲学和科学不是相互独立的，它们在同一条船上。实际上，从地理、历史到物理、化学，再到本体论、认识论，最后到数学和逻辑学，整个知识体系就是一个彼此相连、层层递进的连续体。知识与知识之间不是种类的不同，而是程度的不同。

当然，从经验主义的立场出发，处于知识体系最外围的是描述直接经验的那些陈述。或者说，经验是知识的边界条件。但接受经验检验的不只是那些处于边界处的陈述，而是整个知识体系。因为不同知识在逻辑上是互相联系的，如果一类陈述与经验相冲突，则对其他陈述的怀疑和修正也是必要的。如此一来，就没有任何陈述是免于修正的，逻辑学和数学也不例外。[1]

两种主义的融合

蒯因继承了实用主义传统，但逻辑主义才是蒯因哲学的底色。我们说过，蒯因深受早期分析哲学的影响。在他看来，逻辑是一切科学的出发点，更是经验主义的可靠基础。然而，蒯因并不赞同逻辑实证主义的全部主张，这就需要通过引入实用主义对其加以彻底改造。

当然，蒯因并不是第一个想到要将这两种哲学传统联系起来的人。他极为敬重的老师卡尔纳普就曾指出，我们用什么样的语言描述世界，这本质上是一个实用主义的问题。也就是说，它只与是否好用相连，只有好坏之分，而不是非真即假。

蒯因的另一位老师 C. I. 刘易斯也曾做过这样的比较。他认为实用主义与逻辑实证主义都以经验主义为基石，也都强调经验证实的重要性，并且都十分重视现代科学的成果；当然，实用主义更强调行动和效果，对科学的理解和对形而上学的态度也同逻

---

[1] 蒯因的整体主义思想是从法国哲学家迪昂那里继承来的，因此它也常被称为"迪昂-蒯因论点"（Duhem-Quine Thesis）。

辑实证主义有很大差别。正因为这种相似性，才使得二者的融合成为可能；也正因为这种差异性，才使得二者之间能够形成有效互补。

第二节　经验主义的两个教条

"经验主义的两个教条"是1951年蒯因发表的一篇著名论文的名称。蒯因认为它们是现代经验主义最根深蒂固的教条，连他的两位老师卡尔纳普和刘易斯都无法超越。破除对这两个教条的迷信，是推动逻辑实证主义向逻辑实用主义转变的重要一环。

分析与综合之分

所谓经验主义的两个教条指的是：1.相信在分析陈述与综合陈述之间存在根本的区别；2.还原论。我们先来看第一个教条。

对分析与综合的区分最早可以追溯到莱布尼茨和休谟，也就是理性真理和事实真理之分。理性真理就是通过理性推理而来的知识，事实真理就是通过经验而来的知识。后来，康德把它们明确区分为分析判断和综合判断：凡是谓词包含在主词中的，就是分析判断；凡是谓词不包含在主词中的，就是综合判断。比如，"红花是红的"这个陈述就是一个分析判断。其中"红花"是主词，"是红的"是谓词，"红花"自然包含了"红"的意思，因此"红花是红的"就是一个分析判断，并且必然为真。相反，"这朵花是红的"就是一个综合判断。因为谓词"是红的"并不必然包含在"这朵花"这一概念中，而是超出了这一概念，所以"这朵花是红的"是一个综合判断，并且是偶然为真的。[1]

在很长一段时间里，分析与综合之分都被认为是不可置疑的真理，逻辑实证主义者更是继承并强化了这一基本理念。他们认为一切有意义的陈述可以分为两类：一类是像数学和逻辑学这样的陈述，它们都是分析的；另一类是像自然科学这样的陈述，它们都是综合的。分析陈述的真只需根据其意义便可断定，而综合陈述的真则要求助于经验证实。蒯因不同意这种区分，他认为分析陈述与综合陈述之间的界限根本就是模糊不清的，因为人们从来就没有对分析陈述中"分析"一词的意义做出过清晰的解释。

根据定义

蒯因说，在哲学上所谓的分析陈述可以分为两类：一类是属于逻辑真理的陈述，也就是类似于 a=a 这样遵循逻辑同一律的陈述。比如，"单身汉是单身汉"，或者"没有一个未婚男子是已婚的"。对这类陈述，我们仅仅依凭逻辑就可断定其为真。还有一类陈述是可以通过同义词的替换来把它变成一个逻辑真理的陈述。比如："没有一个单身汉是已婚的。"这个陈述之所以是分析的，因为我们可以用同义词"未婚男子"来替换"单身汉"，从而把上面这个陈述变成一个逻辑真理："没有一个未婚男子是已婚的。"蒯因重点要指出的是第二类陈述的问题。在他看来，我

---

[1] 当然，蒯因认为康德的定义并不是很好。一方面是因为这个定义仅仅局限于主谓形式的陈述，另一方面"包含"这个概念本身也是有些模糊不清的，最多是一种隐喻的说法。

们之所以认为这类陈述是分析的,依靠的是预先假定的同义性这一概念,问题是我们又该怎么解释同义性呢?

有人认为,可以根据定义来解释。"单身汉"和"未婚男子"是同义词,因为我们就是把"单身汉"定义为"未婚男子"的。但我们是怎样、由谁、在什么时候做出这个定义的?回答是:定义是从字典中来的。问题是字典编纂者也不过是个经验科学家,他之所以把"单身汉"定义为"未婚男子",只不过是因为他相信在语词的实际使用中已经存在这种同义性关系。也就是说,定义是字典编纂者对他观察到的这一同义性的经验总结。因此,定义自身就恰恰依赖于同义性,而无法作为同义性的根据。

互相替换性

还有人认为,我们可以通过两个语言形式在一切语境中互相替换,而真值并不改变的方式来确认它们之间的同义性。蒯因说这种方法可称为保全真值的互相替换性。什么意思呢?在"没有一个单身汉是已婚的"这个例子中,我们可以用"未婚男子"来替换"单身汉",而整个陈述的真值并不改变,因此就说它们是同义的。

但如果说"单身汉"和"未婚男子"在一切场合都必然可以保全真值地互相替换,这恐怕是不正确的。蒯因举例说,在"bachelor(单身汉)是少于十个字母的"这个陈述中,我们就没办法用"unmarried man"(未婚男子)来替换而不导致真值改变。

再者,说"单身汉"和"未婚男子"的互相替换在一切语境中必然保全真值,这实际上是在其中预设了分析性的概念。根据分析与综合之分的教条，只有分析陈述才是必然为真的陈述；也就是说，我们恰恰是在用"分析性"来解释"必然性"。这样一来，就算保全真值的互相替换性是确保同义性的充分条件，而我们通过同义性又可以解释分析性，但保全真值的这种必然性却是在预先假定了分析性的基础上才成立的。到头来，这就和通过定义来解释同义性的问题一样，变成一种循环论证了。

其实，保全真值的互相替换性也并不能保证两个语词的同义性。有些外延相同但内涵（意义）不同的语词也可以保全真值的互相替换，而蒯因要追问的同义性并非这种外延的一致。例如"有心脏的动物"和"有肾脏的动物"有着一致的外延，那么对于"有心脏的动物是有肾脏的动物"这一陈述来说，我们就可以用"有心脏的动物"来替换"有肾脏的动物"，从而把这个陈述变成一个逻辑真理。这种替换保证了真值是不变的，但显然"有心脏的动物"和"有肾脏的动物"并不是同义词。可见，外延一致最多只能保证某一陈述的真理性（不改变真值），却并不能达到要解释分析性所需要的那种同义性。

非经验的教条

看来，通过同义性来解释分析性这条路是走不通了。此后，蒯因又考察了那种试图求助于人工语言的语义规则来理解分析性的办法，结果同样陷入循环论证。归根结底，无论诉诸定义、保全真值的可替换性，抑或语义规则，都不可能解释清楚"分析性"这一概念，也就无法真正划清分析陈述与综合陈述之间的界限。于是，蒯因总结说："认为有这样一条分界线可画，这是经验论者的一个非经验的教条，一个形而上学的信条。"[1]

为什么会产生这样一种教条呢？蒯因认为，这是由于人们总是假定每一个陈述都可以分析为一个语言成分和一个事实成分。所谓"语言成分"就是这个陈述的意义部分，所谓"事实成分"就是它是否记录了某些事实。比方说，对于"诸葛亮挥泪斩马谡"这个陈述来说，如果事实情况并不是这样，那么这个陈述就是假的；如果"斩"这个语词碰巧具有"嘉奖"的意思，这个陈述也可能是假的。因此，我们要判断一个陈述的真假，就既要搞清楚该陈述要表达的意思，又要考虑它是否与事实相符。有了这个假定，人们就可以顺理成章地进一步推论，那些事实成分等于零的陈述就是分析陈述。于是，对于"单身汉是未婚男子"这样的陈述来说，就无所谓事实成分了，而只需通过考察该陈述中语词的意义去判断它的真假。

显然，认为每一个陈述都可以分析为一个语言成分和一个事实成分，这与还原论的思想紧密相连。实际上，蒯因认为第二个教条（还原论）与第一个教条（分析与综合的二分）在根本上就是同一的。

还原论

还原论的思想可以追溯到洛克和休谟。他们认为，每一个观念都要么直接来源于感觉经验，要么是由这样起源的观念组合而

---

[1] 蒯因：《从逻辑的观点看》，陈启伟等译，北京，中国人民大学出版社，2007年，第38页。

成的。显然，逻辑实证主义者继承了这一思想，并把它发展为意义的证实说。一个陈述的意义取决于它能够在经验上被证实，这意味着每一个有意义的陈述都可以还原为一个记录直接经验的陈述，而"一个分析陈述就是不管什么情况都得到验证的那个极限情形"[1]。

由此可见，还原论和证实说总是假定知识可以被不断分解下去，直至一个个孤立的陈述，而任何陈述又可以分解为一个语言成分和一个事实成分。事实成分需要面对直接经验的确证，而当语言成分是唯一相关的内容时，这个陈述就是分析的。这样一来，分析陈述与综合陈述便被区分开来。

但蒯因认为这种思想是完全错误的。的确，科学双重地依赖于语言和经验，这并不意味着我们能有意义地追问一个个孤立的陈述。蒯因强调，具有经验意义的单位不是句子，更不是语词，而是整个科学。由此，蒯因提出了他的整体主义知识观。

没有教条的经验论

关于蒯因的整体主义，我们在上一节已经介绍过一些。总的来说，他强调每一个科学陈述都是作为科学体系的一部分而成立的。知识与知识之间不是彼此孤立的，而是紧密相连的。因此，我们关于世界的陈述就不是个别地，而是作为一个整体来面对感觉经验的法庭。如此一来，要在其有效性视经验而定的综合陈述和不管发生什么情况都有效的分析陈述之间划出一条清晰的界

---

[1] 蒯因：《从逻辑的观点看》，陈启伟等译，第39页。

限，就是不可能的。

基于以上理由，蒯因主张我们应拥抱没有教条的经验论，而这样做的一个后果就是倒向实用主义。既然知识与知识之间没有种类的差异（知识是一个整体），而只有程度的不同，我们选择怎样一套概念系统就完全只是从方便实用的角度来考虑了。比如，就其本质而言，物理对象和神话世界中的诸神一样都是一种"文化假定物"，二者的认识论地位是相同的，但我们之所以选择相信物理对象而不相信诸神，只是因为前者比后者对经验世界的描述更有效。

简单评价

蒯因对经验主义两个教条的批判掷地有声，同时也引起了广泛争论。

问题在于，说分析陈述和综合陈述难以区分是一回事，而说它们无法区分则是另一回事。蒯因似乎认为它们是无法区分的，但我们可能更倾向于认为，在有些陈述，比如"红花是红的"和"这朵花是红的"之间，这种区分还是很明显的（即那种纯粹的逻辑真理和事实真理之间的区别）。对此，格赖斯和斯特劳森在他们共同发表的论文《捍卫一个教条》中评价道，哲学上的分析与综合之分是一种或多或少已经确立的用法，因而说根本不存在这种区分是没有意义的。

再者，即便字典编纂者最初可能是基于某种实际经验将"单身汉"定义为"未婚男子"，一旦这一定义被固定下来，"单身汉是未婚男子"这一陈述的真假就不再需要求助于任何经验事实，而只需要根据它的意义来做判断了。换句话说，一个陈述的真以意义为根据而不依赖于事实，它便是分析的；反之，它就是综合的。或许，我们的确很难像蒯因所希望的那样严格界定"分析性"这一概念，但这其实并不妨碍我们去判断哪些是分析陈述，哪些是综合陈述。

最后，蒯因认为任何一个陈述都可以追溯到某种经验基础，从这一点可以看出，他所反对的"分析性"概念其实是"先天性"这一概念。所谓"先天性"是指不依赖于经验的意思，那么先天陈述就是那些不依赖于经验的陈述，而后天陈述就是依赖于经验的陈述。在此之前，人们的确经常将分析陈述等同于先天陈述，而将综合陈述等同于后天陈述。那么，假如认为分析陈述都是不依赖于经验、没有经验基础的，我们自然可以说分析陈述就是先天陈述。根据蒯因的整体主义知识观，任何陈述最终都能找到某种经验基础，因此可以说并不存在纯粹的先天（不依赖于经验的）陈述，那么自然就无法区分先天与后天了。在这个意义上，蒯因的观点也是自洽的。

第三节　本体论承诺

通过对经验主义两个教条的批判，蒯因引出了他的整体主义和实用主义的基本理念。在这些理念下，形而上学或本体论问题就和自然科学问题一样具有同等地位了。这一点也体现在他的本体论承诺等思想中。

区分两种问题

蒯因说，本体论问题就是有关"何物存在"（What is there）的问题。

我们都知道，逻辑实证主义者是坚决拒斥这类形而上学命题的。他们认为哲学的唯一任务就是对科学语言进行逻辑分析。在对语言的这种分析中，并不蕴涵所谈对象的存在性问题。蒯因接受逻辑分析的基本方法，但他同时认为任何理论都隐含着要么承认、要么拒斥某物存在的本体论前提。既然如此，揭示这种本体论前提就理应是哲学家的基本任务。

然而，我们在谈论本体论时，要注意区分两个不同的问题：一个是实际上有什么东西存在的问题，一个是我们认为有什么东西存在的问题。传统本体论混淆了二者，而蒯因认为本体论所能谈论的只有后者，也即本体论承诺问题。他说："一个理论的本体论承诺问题，就是按照那个理论有何物存在的问题。"[1]

一种特定的理论，或说一种特定的语言架构就隐含了一种特定的本体论承诺。这样一来，本体论问题就与实际上有什么东西存在无关，而只与我们承诺或声言什么东西存在有关。当我们声言什么东西存在时，就要依赖我们对语言的使用；也就是说，它只跟语言有关，而与事实无关了。

既然本体论问题只跟语言有关，那么我们对这一问题的研究就应该退回到语义学层面。换句话说，我们并不是要直接考察外在对象，而是要通过考察声言或描述这些对象的语言来澄清本体

---

[1] 蒯因：《悖论的方式及其他论文》，兰登书屋，1966年，第203~204页。

论承诺问题。这就是蒯因所谓"语义上行"策略。

非存在之谜

我们是如何做出本体论承诺的？或者说，在语言中什么是本体论承诺的承担者呢？有人说是名称。通常，当我们使用某个名称时，似乎就意味着有这一名称所指称的对象存在。比如我们用"苏格拉底"指称苏格拉底，那么自然，苏格拉底这个人是存在的。

甚至，即使像"飞马"这样的词并不指称真实存在的对象，但如果我们就此说"飞马不存在"，也会陷入某种窘境——说一种不存在的东西不存在，岂不是无意义的废话？[1] 我们既然能够对"飞马"这个词有所说，就意味着它在某种意义上存在。蒯因说这就是柏拉图的"非存在之谜"，它就像柏拉图的胡须，常常把奥卡姆的剃刀都弄钝了。

当然，那些支持飞马存在的人也不会说在这个世界上真的存在一匹有血有肉的飞马。那说它存在又是什么意思呢？他们可能会说，"飞马"只存在于人的观念中。但仔细一想，存在于观念中其实是一种混乱的说法。一个真实存在的东西和它在我们心中的观念完全是两回事。当我们说飞马不存在时，我们当然不是说它不可以是一个观念，而是说它不是一个真实的存在物。问题并没有得到解决。

---

[1] 注意：这里的"飞马"，也即"帕伽索斯"（Pegasus），指的是希腊神话中在美杜莎的血泊中降生的那匹会飞的马，所以它是一个专名。虽然在汉语中"飞马"也可以是一个通名。

还有人会说，飞马是作为可能事物而存在的。当我们说"飞马不存在"时，只不过是说它不具有现实性这个特殊的属性。即便飞马并非实存（existence），也至少是某种虚存（subsistence）。但这同样是一种概念的混淆。当我们说一个东西不存在时，意思无非是说根本就没有这个东西，那虚存到底算是有还是没有呢？

再者，如果把可能事物看作某种意义上的存在，那这个"可能事物的贫民窟"就显得有些过分拥挤了。例如，在那个门口有一个可能的胖子，还有一个可能的秃子，他们究竟是同一个可能的人，还是两个可能的人？如果说飞马是某种可能的存在，那么这座楼上的又圆又方的屋顶是某种可能的存在吗？如果除非飞马存在，否则说它不存在便是胡说，那么同理可得，除非这座楼上的又圆又方的屋顶存在，否则说它不存在也是胡说。但问题是，又圆又方的屋顶即便作为可能事物也是不被允许的，因为它在逻辑上就是根本不可能的。难道我们还要继续接受一种不可现实化的、不可能事物的领域存在吗？显然这是荒谬的。

改进版的描述语理论

为什么人们总会陷入所谓非存在之谜的困境呢？蒯因说，这是由于人们混淆了名称的意义和命名（指称），把意义看作名称所命名的那个对象了。换句话说，一个名称要有意义，就意味着必然存在这个名称所命名的对象。我们的确能够有意义地使用"飞马"这样的词，正如我们可以有意义地使用"苏格拉底"这样的词。既然后者所命名的对象是存在的，前者是不是也应该存在呢？并非如此，一个名称不必给对象命名才有意义。

回顾一下弗雷格当初所举的例子就明白了。"启明星"和"长庚星"指的都是金星，也就是说，它们是同一个事物的名称，但显然这两个词的意义（含义）不同。由此可见，意义与命名，与其所命名的对象并不是一回事。那怎么解决非存在之谜这一问题呢？蒯因说可以借鉴罗素的描述语理论。

我们在罗素一章就已经介绍过非存在物的存在问题了，罗素试图通过他的描述语理论来解决这类问题。比如，对于"这座金山不存在"这个陈述，我们可以将其改写为："没有一个 x，使得 x 既是金的又是山。"通过改写，"这座金山"不再是句子的主词，而被移到谓词的位置上，因此也就不需要它来承担指称某个对象的任务了，无论这个对象实际上存在不存在。

然而，罗素的描述语理论主要针对的是确定的描述语作为主词的情况，如"这座金山"或"这座楼上的又圆又方的屋顶"，那像"飞马"这样的单独名词或专名怎么办呢？蒯因认为道理是一样的。我们也可以把这类名称改写成某种描述语，然后再用罗素的描述语理论把它消解掉就好了。[1] 比如，"飞马"可以改写为"那个被科林斯勇士柏勒洛丰捕获的长翅膀的马"。这样，我们就可以进一步通过罗素的描述语理论将"飞马不存在"这个陈述改写为"没有一个 x，使得 x 是科林斯勇士柏勒洛丰捕获的，且 x 是长翅膀的，并且是匹马"。如此一来，"飞马"这个名称就通过这一系列的改写而被消解掉了，那么它也就无需在本体论上承担有任何对象存在的责任。

---

[1] 按罗素在有些时候的说法，普通专名不过是伪装的描述语，因此对它们进行改写也是符合他的描述语理论的。

共相问题

　　既然名称不是本体论承诺的承担者，那么谓词是否具有这样的资格呢？我们知道，比如在"苏格拉底是高个子"这句话中，"苏格拉底"这样的名称充当的是主词，而"是高个子"充当的是谓词。在此，我们可以说苏格拉底具有"高个子"这样一种属性。

　　谈到属性，柏拉图主义者会说，像"红房子""红花""红苹果"这些事物都具有某种共同的东西，而这就是我们使用"红"这一属性或说共相所表示的全部意义。在他们看来，既然我们能有意义地使用"红"这个语词，也就说明有"红"这一共相的存在。但蒯因认为，这里的错误在于他们将谓词当成了名称。既然是名称，那么根据"一个名称要有意义，就意味着必然存在这个名称所命名的对象"这一逻辑，共相也就自然承诺了其所相应的对象的存在。

　　且不论这里是否再次出现了对名称的意义和命名的混淆，更基本的问题是，谓词根本就不是名称。蒯因说，"红"（red）这一语词的确适用于那些是红房子、红花或红的落日的个别事物，但除此以外并没有任何东西被"红性"（redness）这个词所命名，正如也没有任何东西被"房子性""花性""落日性"所命名那样。这里仅仅是表达房子、花和落日都是红的，而对谓词"红"的使用没有理由使我们承诺任何抽象属性或共相的存在。

约束变项

　　既然名称和谓词都不是本体论承诺的承担者，那究竟是什么使我们做出了这样的承诺呢？蒯因说是约束变项（或量化变项）。

所谓"约束变项"就是由量词约束的变项。比如，在"有些 x 是会飞的"这一陈述中，x 就是变项，而"有些 x"就是一个带有特称量词的约束变项；同理，"所有 x"就是一个带有全称量词的约束变项。蒯因要强调的是，无论"有些 x""所有 x"还是"没有 x"，变项 x 的取值范围都要受到量词的约束，而存在的全部意义就是成为约束变项的值。也就是说，所谓存在的东西就是在约束变项的指称范围之内的那些东西。如果一个陈述为真，那么该陈述也就假定了那些由其约束变项所指称的对象的存在。

例如，对于"有些东西是狗"这一陈述来说，要使这个陈述为真，"有些东西"这个约束变项所涉及的事物就必须包括那些是狗的东西。换句话说，唯有当这一约束变项能够指称是狗的东西时，该陈述所做出的断言才是真的。这样一来，它就必然承诺了是狗的东西的存在。

当然，通过约束变项承诺的存在物未必一定是像某只狗或某个人这样的个别事物。当我们说"有些动物学的种是杂交的，我们就做出许诺，承认那几个种本身是存在物"[1]，而当我们说"有个东西既是一个素数又是大于一百万的数"时，我们就承诺了大于一百万的素数这一抽象实体的存在。

蒯因说："我们的整个本体论，不管它可能是什么样的本体论，都在'有个东西'（something）、'无一东西'（nothing）和'一切东西'（everything）这些量化变项所涉及的范围之内。"[2] 总

---

[1] 蒯因：《从逻辑的观点看》，陈启伟等译，第 14 页。
[2] 同上书，第 13~14 页。

而言之，对约束变项的使用是我们卷入本体论承诺的唯一途径。

请注意，通过"存在就是成为约束变项的值"这一语义学公式，我们并不能说实际上有何物存在，而只能说人们认为有何物存在，也就是人们在各自的语言形式中承诺有何物存在。这意味着使用什么样的语言，就会有什么样的本体论。因为"一般地说，何物存在不依赖于人们对语言的使用，但是人们说何物存在，则依赖其对语言的使用"[1]。

那在不同的本体论之间，我们该如何选择呢？蒯因最终提倡一种宽容和实验精神。所谓"宽容"就是说每个人都有建立自己的概念结构或说语言形式的自由，而所谓"实验精神"就是实用主义精神。蒯因说，我们接受一种本体论在原则上跟接受一种物理学理论是相似的。决定物理学概念的合理构造的理由，同决定本体论概念的合理构造的理由没有种类上的差别，只不过后者涉及的是"最广义的科学的全面的概念结构"。关于物理对象或数学对象的本体论都是神话，都是理论预设，这同荷马诸神之间并无本质区别。因此，在不同场合，哪个好用，哪个便于我们解释问题，我们就用哪个。归根结底，选择一种本体论，只是选择了一种便于言说的概念体系，而这与事实如何并无直接关系。

蒯因通过引入约束变项的方法，为我们判断一种理论到底做出了怎样的本体论承诺提供了精确的标准。然而，如同逻辑主义普遍存在的问题那样，蒯因这一方法依然是一种过于理想化的设定。自然语言无法整齐划一地翻译为逻辑语言，在所谓"语义整

---

[1] 蒯因：《从逻辑的观点看》，陈启伟等译，第109页。

编"（semantic regimentation）的过程中必将丧失丰富的意义。就此而言，本体论承诺思想的适用范围是非常有限的。

此外，虽然蒯因重提本体论问题，但他的实用主义态度也遭到不少非议。既然接受哪一种本体论并无质的差异，那么不同本体论之间就具有相对性。在下一节我们将会看到，蒯因正是通过对翻译不确定性论题的思考，最终得出本体论的相对性这一结论。

第四节　翻译的不确定性

翻译的不确定性是蒯因的又一个非常著名的论题。所谓"翻译"就是将一种语言转换成另一种语言，而意思并不改变。那么所谓"翻译的不确定性"就是说这个转换并非唯一确定的，而这又与蒯因的行为主义意义理论直接相连。

刺激意义

通常，当两种语言表达式意义相同，我们就说这两种表达式是可以互相翻译的。比如，justice 和正义，rabbit 和兔子。但蒯因对这种传统的翻译理念提出了质疑，称其为"博物馆神话"。

因为在这种理念下，意义就好像展品，而语词就是意义的标签。替换不同的语词（如用正义替换 justice）并不会影响意义，就像替换不同的标签也不会影响展品那样。蒯因反对这种语义学，一种语言的词或句子的意义并非像展品那样确定无疑，更不是某种陈列于心灵博物馆中的精神实体，而是我们通过言语行为展现出的一种性质。

蒯因继承了杜威的自然主义语言观和行为主义的意义理论，而他进一步提出刺激意义（stimulus meaning）这一概念，认为我们是通过"刺激－反应"这种可被公共观察到的模式来解释意义的。一个语句对于某个说话者的刺激意义就是所有促使这个人表示肯定或否定（该语句）的刺激的集合，表示肯定就是肯定的刺激意义（affirmative stimulus meaning），表示否定就是否定的刺激意义（negative stimulus meaning）。这里的刺激指的是某种促使说话者做出回答的活动或情境。

举个例子。当一只兔子跑过来，母亲指着它对身边的女儿说："快看，那是只兔子！"当另一只兔子出现时，女儿就歪着头询问母亲说："这是只兔子吗？"母亲表示赞同，女儿便学会了一个词（"兔子"）。在这里，跑过来的兔子就是刺激，当母亲做出肯定的回答时，这一刺激就属于"这是只兔子吗"这句话的肯定的刺激意义。

在这里要注意三点。第一，刺激或刺激条件并不是兔子本身，毋宁说是由跑过来的兔子这一情境所给予我们的感官刺激，即便我们用一只假兔子来替换，刺激条件依然不会改变（想想母亲在家里教孩子看图识字的情形）。第二，"这是只兔子吗"这句话描述的不是主观私人化的感觉材料，而是客观、公共的可观察活动，因而它理应得到该语言共同体内所有观察者的赞成或反对；同理，刺激意义也不是隐藏于心灵中的观念，而是客观、公共的可观察活动刺激我们的感官所引发的某种表示肯定或否定的言语行为倾向。第三，刺激不是某一特殊事件，而是一种可重复的事件形式，我们不能说"两个相似的刺激出现了"，而应说

"同一个刺激再现了"（如上例中反复出现的兔子）。

当然，不是所有情况都像母亲与女儿之间的对话那样，在特定的场景中以特定的方式刺激说话者的感官，从而使其表示赞成或反对——也就是蒯因所谓"观察句"的情形。像"他是个哲学家""这个月是腊月""1+1=2"这样的句子就都不是观察句。[1] 但是根据蒯因的整体主义思想，不同类型语句之间的区别不是绝对的，而它们最终都会与刺激-反应模式相连，只不过这个刺激未必是当下的。

彻底翻译

那刺激意义和翻译的不确定性有什么关系呢？关系很大，因为蒯因的刺激意义理论建基于行为主义的研究方法。既然翻译就是将一种语言转换成另一种语言，这个转换所依凭的是对意义的理解，而语言表达式和对象之间并非像博物馆神话那样是一一对应的关系，我们对意义的理解是通过刺激-反应模式获得的，那么我们就只能通过询问的方式，观察说话者的言语行为倾向来核实一句话的意思，最终完成翻译。

为了说明这一点，蒯因提出一种语言翻译的极端情况，即彻底翻译（radical translation）的思想实验。它设想的是对一种我们迄今为止从未接触过的，比如非洲某原住民部落语言的翻译。

我们想象一个语言学家来到这个原住民部落，由于没有现成的翻译手册可供参考，那么对原住民语言最可靠的翻译就理

---

[1] 它们分别是非观察的场合句、非恒久的固定句和恒久的固定句。

应从那些谈论当下正在发生的事情的语句开始,而这类句子就是直接与刺激-反应模式相连的观察句。当下正在发生的事情对于语言学家和他的原住民向导都是一目了然的,于是当一只兔子跑过,原住民向导说"gavagai",语言学家便尝试性地把它翻译成"兔子"。然后在不同的刺激场合中,语言学家不断地追问"gavagai",以观察原住民向导的反应是肯定还是否定。最后,语言学家将土语与自己的母语相匹配,建立起翻译手册。

但问题是,在这些步骤中都存在不确定的因素。首先,语言学家怎么知道在土语中什么表示肯定、什么表示否定呢?靠手势判断吗?但在很多地方,相同的手势可能代表截然相反的意思(就像印度人摇头既可以表示肯定,也可以表示否定,还可以表示其他意思),语言学家只能通过观察去猜测。这还要排除原住民向导因为主观或客观因素做出错误判断的情况,甚至出于某种担忧而故意撒谎。

其次,即便语言学家能够确定,每当兔子出现时,他询问"gavagai"都能得到肯定的答复,他又怎么能确定"gavagai"指的就一定是"兔子",而不是"兔子的某个部分""某个年龄段的兔子"或"兔性"呢?蒯因说:"现在,麻烦在于:每当我们指着兔子的不同部分,甚至有时遮住了兔子身上的其余部分时,我们每一次也是在指着(整个)兔子。相反,当我们用一种总括的手势指示整个兔子时,我们依然是在指着兔子的许多(未分离的)部分。"[1]

---

[1] 蒯因:《本体论的相对性及其他论文》,哥伦比亚大学出版社,1969年,第32页。

如此一来，仅仅通过重复地向原住民询问"gavagai"，以得到他的同意或不同意，不足以让我们确定地知道究竟这个词指的是"兔子"，还是"兔子的某个部分"。这就是蒯因所谓指称的不可测知性（inscrutability of reference）。

再次，面对这种种不确定的因素，语言学家实际上已经不再是一个单纯的观察者了。正如我们前面所说，他必须在先地假设存在某种可能的翻译形式，然后通过不断地询问来检验这一假设。此外，原住民语言具有怎样的语法结构？这是在刺激意义的层次上无法直接获得的。因此，语言学家就不得不诉诸自己的语言习惯，将在自己母语中所具有的那些框架结构投射到对土语的翻译过程中去。也就是说，他必须假定土语与其母语在基本的语法结构上是相似的。这即是蒯因所说的分析假设方法。

通过分析假设，语言学家才能将土语中的词汇与母语相匹配。当然，这样的匹配也不是那么容易实现的。在不同语境中，土语的某个词可能存在着完全不同的翻译方式，这就需要再引入一些辅助假设来进一步解释土语的语法结构。

无论如何，语言学家正是基于这样或那样的分析假设，以及与之相关的辅助性假设来完成翻译手册的编撰的。因此，究竟应该怎样翻译就会受到语言学家自己的语言习惯和主观判断的影响，那么由他所编撰的翻译手册就具有很大程度的不确定性以及相对性。我们完全可以设想，两个彼此独立的语言学家基于不同的分析假设来编撰翻译手册，虽然这些手册可能都符合原住民向导的言语行为倾向，但彼此却不一致，甚至在很多地方是相互冲突的。蒯因说，这就是翻译的不确定性问题。

本体论的相对性

这里要澄清的是，蒯因说指称具有不确定性并不是由于我们认识能力的不足导致的，而是根本无法避免的事情。根据行为主义的意义理论，我们用"gavagai"指称"兔子"或"兔子的某个部分"，都能得到相同证据（言语行为倾向）的支持，但显然"兔子"不等于"兔子的某个部分"。那究竟哪种翻译才是正确的呢？在不同的分析假设下，可以说两种翻译都是有效的。至于哪一种是正确的、哪一种是错误的，这里根本不存在任何事实问题。指称的不确定性与事实无关。

蒯因说："我说的不确定性是更加彻底的，是指相互对立的分析假设系统可与有关的每种语言的所有言语倾向相一致，然而在无数情况下却可以产生出完全不同的翻译，不仅其相互的义释，而且每个系统的翻译都会被另一翻译系统所排斥。两种这样的翻译甚至可能有完全相反的真值，只要没有一种刺激会促使人们偏向于肯定其中的一方。"[1]

我们千万不要认为这种不确定性仅仅是在彻底翻译这一特殊情况下才会出现，实际上，在我们对日常语言的学习中同样会遭遇这类问题。当母亲教孩子学习母语时，通常会采用实指教学的方式，而这就涉及在彻底翻译中同样会涉及的观察句的情形。母亲指着跑过的兔子跟孩子说"兔子"，孩子便咿呀学语地模仿着母亲的发音；当另一只兔子出现，孩子便指着它说"兔子"。问题是，如同试图翻译土语的语言学家，孩子是如何确定地知道"兔

---

[1] 蒯因：《语词和对象》，陈启伟等译，北京，中国人民大学出版社，2005年，第74页。

子"指的就一定是兔子,而不是兔子的某个不可分割的部分呢?

根据刺激意义,刺激条件是跑过的兔子这一特定情境所给予我们的感官刺激,而非兔子本身(或任何绝对的指称物)。因此,即便孩子学会了使用"兔子"这个语词,他也无法确定"兔子"指的就一定是兔子,而不是兔子的某个部分。换句话说,在指称兔子或兔子的某个部分之间不存在任何差别,无论这种差别是语言之内的还是语言之间的,是主观的还是客观的。因此,指称不仅在彻底翻译中是不确定的,在日常语言中也是不确定的。

那我们又如何能够理解语词的指称和意义呢?这依然有赖于某种分析假设的建立。绝对地、孤立地去问"兔子"是否指称兔子或兔子的某个部分是没有意义的,只有相对于某种分析假设以及某种背景语言,我们才能有意义地追问这个问题。什么是背景语言?这就是一种语言赖以生根的背景知识或语言框架。我们谈论某个语词的指称或意义,一定是相对于某种背景语言来说的;正如我们谈论位置和速度,总是相对于某个坐标系来说的那样。因此,理解一个语词、理解一句话就是理解整个语言,这显然又与蒯因的整体主义思想相连。

指称唯有相对某种背景语言才有意义,这就必然倒向一种指称的相对主义,也就是所谓本体论的相对性(ontological relativity)。每一种指称都承诺了一种本体论,而相对于不同背景语言下的指称就承诺了不同的本体论。同样,既然在编撰翻译手册的过程中,我们总要基于某种分析假设来确定土语的指称和意义,那么这也就不可避免地将某种本体论强加给了土语。于是,不同的分析假设导致不同的翻译手册,不同的翻译手册也就承诺了不同的本体论。

简单评价

蒯因的翻译不确定性论题建立在行为主义的意义理论基础上，根据这一理论，意义的确立最终要与刺激-反应模式相连。且不论这一模式究竟在多大程度上对所有类型的语句都适用，即便所谓观察句的情形，蒯因的论述也存在难以自圆其说之处。

的确，在完全不了解土语的情况下，我们只能通过不断观察原住民向导的某种发音或手势来猜测他是在表示肯定还是否定。起初，我们可能猜错，也可能被原住民向导欺骗，但随着不断观察，一旦这一点被确认下来，它就不是相对的，而是绝对的了。即便蒯因声称不同的语言学家可能得出不尽相同的翻译手册，但我们无法想象在不同的翻译手册中，土语表示肯定或否定的情况也是不同的。

实际上，我们用什么词来翻译"肯定"或"否定"并不取决于刺激条件是什么，而是要基于原住民向导的发音或手势本身。如果大拇指向上（也可以是向下）表示肯定，那无论在何种刺激场合，无论在哪个语言学家那里，它都应该表示肯定。这听起来是合理的，因而至少说明对土语的翻译并不都是不确定的。

普特南认为，在把一种语言翻译成另一种语言的过程中，不可能存在绝对的不可通约性，否则翻译也就不可能了。就我们上面所讨论的例子而言，如果原住民部落的言语行为与我们完全不同，那么在一开始没有任何参照的情况下，我们怎么知道原住民向导的某个发音就是在表示"肯定"或"否定"呢？我们又凭什么期待在土语中就一定存在"肯定"或"否定"的表示呢？如果我们的确能够识别土语中的一些基本表达，那就不仅仅是因为我们采用了某种有效的假设，更是因为即便在截然不同的两种语言共同体中也必然存在一些基本的共通性。或许正如乔姆斯基所言，在所有语言背后都有某种普遍的语法规则。

这的确是有可能的。尽管处于地球两端的人在自然环境和文化传统上存在巨大差异，但毕竟都属于生活在一个世界图式下的人类共同体，因而我们对世界的把握和理解不可能迥然不同。质言之，我们都是人，因而我们必定拥有一致的先天认识形式，这是由我们共同的生理结构决定的。这种生理结构的一致性表现在思维－语言的层面，就是世界图式的一致性。我们用语言指称什么或不指称什么，不仅取决于我们各自的语法结构，更取决于共同的生理结构。或者说，由于人的生理结构具有一致性，所以基本的语法结构也具有一致性。

人类学家曾在 20 世纪 50 年代对几百种不同语言的口语进行了一项调查，结果显示有一半以上对"妈妈"的称呼都含有类似 ma 这样的音节（典型如 mama）。为什么这些发音如此相似？因为在婴儿咿呀学语的阶段，发出 ma 这样的音，舌头和嘴唇基本上不用费什么力气，张嘴就行，而如果要发出 r、i、v 这样的音就复杂多了。可见，人的生理结构先天地决定了我们更倾向于如何吐字说话。

听见孩子喊 mama，母亲就会报以温柔的微笑。似乎全世界的母亲对孩子展开微笑的面部表情都是高度相似的。总的来说，我们表达喜怒哀乐的情绪反应也都是相似的。不大可能出现这种情景，当一个原住民母亲失去自己的孩子时，她兴奋地手舞足蹈，而不是哭天抢地。蒯因自己也说，语言学家可以通过原住民向导"比较安然的反应"来确认哪个词表达的是"肯定"。可见，总有一些共通性是我们建立相互理解的天然基础,而这也是我们在翻译一种陌生语言时的可靠依据。

指称的情况也是如此。在某个情境中,当一只兔子跑过,最先能够引起人类感官注意的一定是那个作为完整个体的兔子,而非兔子的某个部分或兔子与背景事物的连接处。人的感知器官先天地决定了我们对个体事物的执念,反映在语言的层面,表示个体及其类事物的名词就具有绝对的优先性(如在句子中充当主词)。因此,当原住民向导指着跑过的兔子说"gavagai",我们把它理解成"兔子"就是相当合理的推论。[1]

但万一我们错了呢?万一原住民就是用"gavagai"指称"兔子的某个部分"呢?那也没关系,我们会知道的。翻译本就不是一蹴而就的事情,随着交往的深入,随着我们对原住民生活习性以及文化传统的了解,我们自然就会意识到之前理解中的一些偏差。因此,无论最初是基于何种不同的分析假设,当彻底融入土语的文化环境中,不同的语言学家对"gavagai"一词的指称都会有更加一致的意见,而经过他们修正的翻译手册也没理由是不相容的了。

当然,绝对精确的翻译确实是难以做到的,正如绝对精确的理解也是难以做到的那样。在汉语的西方哲学研究中,我们就经常苦恼于究竟该如何翻译 being 这个概念,无论是把它翻译为"存在(者)"还是"是(者)",都不尽完美。但这并不是说我们对 being 的翻译是相对而言的,或者几种翻译之间是不相容的。通过

---

[1] 实际上,不仅人对个体的感知具有优先性,我们有理由相信绝大多数动物也是如此。

一些补充解释，我们完全可以比较充分地理解 being 这一概念的丰富内涵。但是，如果要绝对地找一个汉语词汇去和它对应，使人们直观而又全面地把握这一概念的意谓则是比较困难的。

因此，正如蒯因的整体主义所提示的，翻译过程不是孤立地在词与词、句与句之间做绝对的对应，而是要把它放在整个语境中，放在整个语言系统中去理解。在这个意义上，蒯因对意义的"博物馆神话"的批判仍是有道理的。但这绝不意味着翻译或理解就是相对的，绝不意味着指称就是相对的。因此，我们也大可不必倒向某种本体论的相对主义。

无论如何，蒯因的思想激发了后来者的大量讨论。其中既包括他的学生戴维森，也包括我们在前文提到过的克里普克、普特南、塞尔等人。正是这些人构成了人们对当代语言哲学的新鲜印象。

第九章
戴维森的真值条件论

唐纳德·赫伯特·戴维森（Donald Herbert Davidson，1917.3.6—2003.8.30）生于美国马萨诸塞州斯普林菲尔德市，1949年在哈佛获得博士学位，曾先后在普林斯顿大学、纽约洛克菲勒大学、芝加哥大学以及加州大学伯克利分校任教。戴维森的思想主要以论文形式发表，后来被陆续整理成文集出版，这包括：《论行动和事件》(*Essays on Actions and Events*)、《对真理与解释的探究》(*Inquiries into Truth and Interpretation*)、《主体、主体间和客体》(*Subjective，Intersubjective，Objective*)、《合理性问题》(*Problems of Rationality*)、《真理、语言和历史》(*Truth，Language and History*)。他是蒯因的学生，也被认为是继蒯因之后美国当代最重要的哲学家之一。他在分析哲学、心灵哲学、行动哲学等领域都有突出贡献。在语言哲学方面，他的真值条件意义理论更是引起了较大反响。

第一节　真理定义

语言的意义是什么？它是如何产生的？这一直是语言哲学的核心问题。在以往的章节中，我们已经对此有过一些阐述，这里再做一个简单梳理。总的来说，比较有代表性的意义理论大致包括以下六种：意义的指称论、意义的观念论、意义的证实论、意义的使用论、意义的行为论以及意义的真值条件论。

意义理论

意义的指称论（Referential Theory）是说一个语言表达式的意义即是它所指称的对象，因而"金星"的全部意义就是它指的那颗星。我们应还记得，罗素就曾主张这一理论，但其中存在不少疑难。"启明星"和"长庚星"指称同一颗星，但我们不会认为它们具有相同的意思。再者，"飞马""独角兽""圆的方"并不指称真实存在的东西，那么它们到底有没有意义呢？此外，更一般的，如果说语词的意义就是它所指称的对象，那像"合适""所以""偶尔"这样的词指称了什么对象呢？显然，指称论的适用范围实在太有限了。

意义的观念论（Ideational Theory）是说语言表达式的意义就是它所代表的观念，比如"金星"这个词的意义就是我们心中所想到的金星的观念。洛克就持这样一种主张。那么观念又是从哪儿来的呢？洛克说来自感觉经验。这意味着在没有形成相应的观念之前，我们就无法有意义地使用一个语词，但这并不符合实际情况。一个天生的盲人也可以谈论某种颜色，但他并不具有这种颜色的感觉经验，也就没有关于这种颜色的任何观念。另外，说语词的意义就是它所代表的观念，而同一语词在不同人心中产生的观念可能不尽相同，那么到底谁的观念才是这个语词的意义呢？可见，观念论也难以自圆其说。[1]

意义的证实论（Verification Theory）主张一个语句或说命题的意义在于其被证实。逻辑实证主义者是这一理论的典型代表，他们为如何确定一个命题是有认知意义的提供了某种原则，即"可证实原则"。[2] 那什么样的命题是可证实的呢？纯粹逻辑的，或有关经验事实的，因为只有这样的命题才是能够被断定为真或假的。因此，像形而上学这类既不是逻辑的也无经验意义的命题就只能被抛弃掉了。当然，我们也在多个方面批评了可证实性这一原则。就逻辑实证主义者所拥护的科学理论而言，很多基本假设都无法彻底还原为可被经验检验的命题（相反，这些假设中少不了形而上学的成分），但我们绝不会认为它们是没有认知意义的。就此而言，证实论对有意义命题的界定也是过于狭窄了。

意义的使用论（Use Theory）主张"意义即使用"的原则。回顾维特根斯坦的后期思想，在提出"语言游戏"这一概念的过程中，他强调一个词的意义就是它在语言中的用法。在不同的语言游戏中，语词很可能有不同的用法。因此，像指称论那样孤立地将某个语词和某个对象——对应的做法是意义的使用论者坚决反对的。根据后者的主张，我们只有在某个特定的语境、特定的语言游戏中才能理解一个语言表达式的意义。然而，意义的使用

---

1 如果说观念是客观的又会怎样？那么我们还可以进一步追问：如何保证观念的客观性，以及所谓客观的观念存在于何处？理念的世界吗？
2 在某种意义上，现代操作主义以及实用主义也赞同这一主张。

论也常会遭到一些质疑。"意义即使用"的原则是否意味着，如果我们不实际使用一个词就无法知道它的意思？或者，是不是在所有关于语词的使用场合都体现了对其意义的解释？这似乎与我们的经验相悖。一个盲人当然可以知道"五彩缤纷"的意思，但他不会在通常人们使用这个词的那些语言游戏中实际地使用它。相反，即便语言学家不知道"gavagai"是什么意思，也不妨碍他们在与原住民的交流中使用这个词。此外，"使用"是个并不比"意义"更为清晰明确的概念。仅仅说意义在于使用，无助于我们更细致地理解语言表达式的意义是如何在不同的使用中得到解释和澄清的。

意义的行为论（Behaviorist Theory）主张语言表达式的意义在于说话者面对某种刺激所做出的反应，或说由这种刺激而产生的言语行为倾向。这里的刺激指的是在某一特定情境中的可观察活动，而蒯因认为我们正是通过"刺激－反应"这种可被公共观察到的模式来解释意义的。显然，意义的行为论同观念论的主张正相反——我们对意义的解释不应诉诸内在观念，而应考察外在行为。但如果说语言的意义与人内在的心理活动（如意向和信念）毫无关系，这似乎又走到了另一个极端。再者，是不是语言表达式的意义都能还原为某种外在的言语行为倾向呢？这也是个疑问。并不是所有句子都是那种在某个特定场景中以特定方式刺激说话者的观察句（"这是只兔子"），如果说理解"2+2=4"的意义也是对某种当下的外部刺激做出的反应，那就实在有些牵强了。

意义的真值条件论（Truth Conditional Theory）主张知道一个语句的真值条件也就知道这个语句的意义是什么。所谓"真值条件"，顾名思义，就是使得一个语句为真所需要满足的条件。在弗雷格看来，句子的指称（Bedeutung）就是它的真值，而句子的含义（Sinn）则为我们指明了它在何种条件下为真。换句话说，如果我们知道是什么事情使得一个句子被认为是真的，我们也就知道它的意义是什么。早期维特根斯坦也赞同这一主张，用他的话说："要理解一个命题的意思，就是要知道如果命题是真的，事情就该是怎样的。"（《逻辑哲学论》4.024）比如，如果要判断"今天外面下雪了"这句话的真假，我们就需要知道这个句子在什么条件下为真、什么条件下为假。显然，如果今天外面的确下雪了，这句话就是真的。因此，今天外面下雪了这个事情就是这句话能够成真的条件。戴维森的老师蒯因，以及蒯因所非常敬重的老师卡尔纳普都有过类似的看法。自然，戴维森也受到这一思想的影响。当然，对戴维森意义理论的形成影响最大的应该是塔尔斯基关于"真"（truth）这一概念的语义学定义。

（T）型等值式

在《语义性真理概念和语义学的基础》一文中，塔尔斯基向我们提出这样一个问题：在什么条件下我们认为"雪是白的"这句话为真（或假）？显而易见，如果雪是白的，这句话就为真；如果雪不是白的，这句话就为假。换句话说，语句"雪是白的"为真，当且仅当雪是白的。它的一般形式是：

（T）X是真的，当且仅当p。

其中，p指的是在语言中可以被断定为真的句子，如上述例子中后半部分不加引号的表达式——雪是白的。X 则指的是 p 这个句子的名称[1]，如上述例子中前半部分加引号的表达式——"雪是白的"。塔尔斯基说，这里的"p"和"X 是真的"在逻辑上等值，因此他将具有上述形式的等值式称为（T）型等值式（T-Equivalence）。任何 T-语句都可以通过这个等值式来表达。[2]

然而，仅仅列出这样一个等值式是不够的。塔尔斯基表示，由于自然语言是模糊和充满歧义的，因此我们用以给出真理定义的语言还必须满足两个条件：1. 这种语言必须具有明确规定的结构，而这指的就是演绎逻辑系统中的形式化语言；2. 要避免使用语义学上封闭的语言，为此就要区分对象语言和元语言。我们重点来说说第二点。

对象语言和元语言

什么是对象语言呢？就是被我们谈论的语言，我们所要寻求的关于真这一概念的定义，就是要应用到这种语言的语句上去。那什么是元语言呢？就是用来谈论对象语言的语言，我们用它来构造对象语言中的真理定义。这就是塔尔斯基对语言层级的划

---

1 为什么说是"名称"呢？塔尔斯基解释说，从语法的角度来说，只有名词或名词性的表达式才能作句子的主语，因此类似"X 是真的"这样的句子，它的主语 X 就不能被看作一个句子或其他不是名称的东西。再者，我们要在语言中描述某个对象，那自然就要用对象的名称而不是对象本身来进行描述，因此我们要对一个句子有所说，也要使用句子的名称，而非句子本身。
2 然而，塔尔斯基补充说，（T）型等值式还不能算是关于真理的完整定义，更具一般性的定义应是所有这些部分定义的逻辑合取。

分。为什么要做这种划分呢？因为如果不对语言进行分层，我们在一个单一封闭的语言系统中所进行的论述，就有可能导致悖论的出现。为了说明这一点，塔尔斯基举了一个例子。考虑下面这个句子：

印在这本书第 241 页第 5 行的句子不是真的。

现在，我们用 S 来表示上面这个句子，于是可得如下这一（T）型等值式：

（1）S 是真的，当且仅当印在这本书第 241 页第 5 行的句子不是真的。

而根据 S 的含义，我们可以直观地确定这一事实：

（2）S 就是印在这本书第 241 页第 5 行的句子。

因而，我们可以用 S 来替换（1）中的表达式"印在这本书第 223 页第 8 行的句子"。那么根据（1）和（2），我们就会得到：

（3）S 是真的，当且仅当 S 不是真的。

如此就产生了矛盾。为什么会这样呢？仔细观察就会发现，实际上前后两个 S 并不是同一个层级的表达。前一个 S 表示的是"印在这本书第 241 页第 5 行的句子不是真的"这句话的内容，后一个 S 表示的是这句话就印在这本书的第 241 页第 5 行。当我们把两个不同层级的表达混淆到一个层级的语言当中去，把表达式和表达式的名称混为一谈，就会导致悖论的产生。塔尔斯基把这种单一层级的语言称为"语义学上封闭的"语言系统，这也是自然语言所具有的特点。如果要消解悖论，就要避免使用语义封闭的语言，我们也就不能在这一语言内部去断定语句的真假。因此，需要对语言进行分层。

这样一来，我们再重新审视（T）型等值式：

（T）X 是真的，当且仅当 p。

现在，符号 p 代表的就是对象语言中的任意一个语句，X 则代表 p 语句的名称。这一定义以及它所蕴涵的所有等值式都应在元语言中来表述，也就是说，我们要谈论的语言表达式以及（比如）决定这一表达式是否为真的表达式，也都要在这种语言中来表述。这意味着对象语言必然包含在元语言之内。[1]

我们暂且不论塔尔斯基的语言层级论是否一劳永逸地消解了语义悖论，也不讨论他的（T）型等值式在多大程度上解决了真理定义问题。至少，正是塔尔斯基的这项工作深刻地影响了戴维森关于意义理论的思考。

---

[1] 需要强调的是，对象语言和元语言的概念是相对而言的，一种层级的元语言也可以是相对于某种更高层级的元语言的对象语言。

第二节　真理与意义

戴维森认为塔尔斯基的（T）型等值式，也即约定-T（Convention T）提供了我们迄今对意义理论所要求的全部东西。但塔尔斯基旨在通过诉诸意义概念来分析"真"这一概念，而戴维森则正相反，他把"真"看作核心的原初概念，把语句的意义归于语句的真值条件。

戴维森纲领

通常，一个表达意义的语句可以写成如下形式：

"s 意谓 m"，或"s 意谓 p"。

其中，s 表示语句的结构描述语（或名称），m 或 p 则表示指称该语句意义的单称词项或句子。问题是我们该如何看待"意谓"在这里的逻辑地位呢？"意谓"是一个内涵性词项，戴维森认为它无法用作对语句的描述和语句之间的连接词，从而说明意义问题。因此，我们只能想办法摆脱"意谓"这种内涵性的表达。[1]

如果换一种思路，根据意义的真值条件论，知道一个语句的真值条件就知道这个语句的意义是什么；也就是说，要知道一句话的意义是什么，就是要知道这句话在什么情况下为真。由此，

---

[1] 如果我们要用含有"意谓"这个词项的表达式来说明意义，而对意谓（mean）的解释恰恰需要求助于意义（meaning），那么显然这里就会出现某种恶性循环。

戴维森主张以一种外延的方式通过诉诸语句的真值条件来处理语句的意义问题，而塔尔斯基的约定-T刚好符合这一要求。

戴维森说："那种定义（约定-T）通过对每个语句的真实性给出充分必要条件而起作用，而给出真值条件也正是给出语句意义的一种方式。知道一种语言的语义性真理概念，便是知道一个语句（任何一个语句）为真是怎么一回事，而这就等于理解了这种语言。"[1]这样，戴维森诉诸真值条件的意义理论就具有相同的表达形式：

s是真的，当且仅当p。

然而，塔尔斯基强调，他的理论只有在具有明确规定结构的形式语言中才是有效的，戴维森却认为由约定-T所构造的意义理论是一种经验理论，它应当能够对自然语言的活动方式做出解释。

但自然语言毕竟不同于形式语言，比如，我们就无法直接通过约定-T解决自然语言所要面对的语境问题，也即"同一个语句在某一时间或从某人口中说出是真的，而在另外一个时间或从另外一个人口中说出则是假的"这类涉及不同时间与不同说话者的情况。[2]这意味着，有关自然语言的意义理论要考虑语句同时间和人之间的关系问题；也就是说，语句的真取决于某个说话者在某个具体时间的具体情况。由此，通过对约定-T的修改，我们可以得到类似下面的T-语句：

---

1 戴维森：《真理与意义》，见《语言哲学》，马蒂尼奇编，牟博等译，第135页。
2 同上书，第145页。

由 p 在时间 t 说出的"我毕业了"是真的，当且仅当 p 在时间 t 之前就毕业了。

　　由 p 在时间 t 说出的"下雨了"是真的，当且仅当在时间 t 时 p 的附近下雨了。

　　戴维森说，如果我们把真看作一种特性，那它不是语句的特性，而是言语行为的特性，或关于语句、时间和人这一"有序三元组"的特性。换句话说："语句仅仅相对于一个说话者和一个时间才为真，并且被认为是真的。"[1] 这样的 T-语句正是那种能够从经验上去检验的意义理论所应满足的形式。

　　戴维森关于意义理论的这一系列看法，后来被称为"戴维森纲领"。显然，戴维森纲领的最大特色就是将自然语言的意义问题做形式化的处理。以往专注于自然语言意义问题的哲学家普遍缺乏这种形式化的逻辑分析技术，而那些擅长逻辑分析的哲学家却又深陷构造人工语言的技术细节中，从而失去对一般性哲学命题的感知力。戴维森纲领使二者结合起来，将对意义问题这一语言哲学核心命题的研究推向了一个新的高度。

简单评价

　　当然，戴维森纲领并不能一劳永逸地解决意义问题，其中也存在不少疑难。

---

[1] 戴维森:《真理与意义》，见《语言哲学》，马蒂尼奇编，牟博等译，第 148 页。

首先，如同意义的指称论，戴维森纲领的适用范围显然也是过于狭窄的。须知，在自然语言中并不是所有句子都有真值，例如祈使句、疑问句等。那么我们又如何通过真值条件给出这些句子的意义呢？对此，戴维森自己也坦言，这还不是一个全面的意义理论。

其次，虽然戴维森声称意义理论的任务并不是要改变或改造自然语言，但塔尔斯基恰恰强调约定-T只适用于被彻底改造后的形式语言。因此，戴维森将意义理论建基于这样一种形式化的模式之上，就已经是对自然语言的改造了，从而不可避免地丢失了对自然语言丰富性的考察。不少评论者认为，那种意图通过逻辑分析的方式研究自然语言意义问题的做法终究是行不通的。

再次，意义的真值条件论把语句的意义和语句的真紧密联系在一起。戴维森纲领建基于塔尔斯基对真理的定义，而后者又源于古老的真理符合论——语句的真在于它与实在相符合。这是一种典型的实在论立场。但问题是，我们如何能够断言语句是与实在相符合的？戴维森在这一问题上的主要论敌达米特认为，实在论者仅仅抱有这样一种信念，即必定存在某个东西，正是它使得某个语句为真，而并不关心我们是如何知道这一点的。由此看来，意义的真值条件论根基不稳。[1]

最后，说到真理与意义的关系，戴维森把前者作为一个不可定义的原初概念，把真值条件作为给出意义的方式；可在塔尔斯基那里却正好相反，他通过诉诸意义来定义真。那么我们就要问

---

1 达米特从反实在论的立场出发，主张我们对语句真假的判断应该同我们对语句的认识能力紧密相连，也即一个语句的真在于我们有能力认识到它为真。

了：到底谁是谁的前提？我们究竟是通过真来给出意义，还是通过意义来断定真？根据戴维森，给出语句的真值条件，也就给出了语句的意义，而真值条件就是一个语句为真所要满足的条件。然而，如果我不理解语句的意思，我又怎么知道它为真需要满足的条件是什么？如果我要断定"红乌是二灯"这个句子的真假，但不知道"红乌""二灯"指的是什么，不知道"红乌是二灯"是什么意思，我又如何去做判断呢？

当然，戴维森关于意义问题的思考并未止步于此，而他将真看作不可定义的原初概念有着更深远的考虑。在《彻底的解释》等论文中，戴维森进一步修正和完善了他的意义理论，在这一过程中，起着核心作用的依然是真这一概念。

第三节　解释理论

蒯因曾提出彻底翻译（radical translation）的思想实验，由此说明翻译的不确定性论题。戴维森受此启发，进一步提出彻底解释（radical interpretation）这一概念。但戴维森的目的不是为了说明两种语言之间如何转换，而是为了在更一般的层面考察语言的解释何以可能。这就需要一种解释理论。

彻底解释

解释不同于翻译，解释不仅是相对于另一种语言来说的，也是对同一种语言来说的。但我们凭什么断定我们是在讲同一种语言呢？人们可能会说：讲同一种语言的人要以相同的方式来解释相同的表达。但这并没有真正回答这一假设何以成立。戴维森说，通过对彻底解释的考察能够帮助我们澄清这一问题，因为对另一个人言语的一切理解都涉及彻底解释。

那什么是彻底解释呢？它指的是解释者需要在不预设任何关于话语意义或说话者信念的知识这一情况下对话语进行解释，即解释者所面对的是一种对于他来说非常陌生的语言场景。[1]但在这种情况下解释何以可能呢？或者换句话说，解释者需要具备怎样的知识才能对说话者的话语进行理解和解释？这是解释理论需要首先回答的问题。

戴维森说，使解释成为可能的理论需要具备两个一般性要求：1.解释者必须能够理解说话者可能会说出的无限多语句中的任何一个，而我们也必须以有限的形式来陈述解释者如何能够做到这一点；2.通过解释者所获得的证据能够支持或证实这种解释理论，并且在彻底解释中这种证据必须能够在不使用诸如意义、解释、同义之类的语言学概念的情况下被表述。也就是说，一个是对解释理论提出了形式上的要求，一个是对解释理论提出了证据上的要求。

那么，我们从哪里能够找到满足这些要求的解释理论呢？毫不意外，戴维森的建议是：我们应从塔尔斯基的约定-T出发获得这一理论。

---

[1] 比如，你和另一个完全陌生的人流落到某个荒岛上。因为语言不通，你们之间完全无法交流，所以你必须从零开始构建对他的理解和解释。

形式基础

回顾塔尔斯基的真理定义,对于对象语言中的每一个语句来说,我们可以得到如下形式的 T-语句:

s 是真的,当且仅当 P。

然而,塔尔斯基旨在通过意义概念来定义真,而戴维森则颠倒了这一关系,他把真看作原初概念,通过真值条件来给出意义。并且,塔尔斯基的约定-T 只针对形式语言,为了使其适用于自然语言,戴维森通过构造语句、时间和人这一"有序三元组"扩展了约定-T,使其满足"语句 s 对于说话者 u 在时间 t 为真"这一自然语言的表达要求。这样一种改进后的约定-T 也为解释理论提供了一种形式基础。

戴维森说:"假如有一种令人满意的理论,我们只要知道说话者据以认为语句为真的那些条件,就能对每个语句提出一种解释。"[1] 知道语句为真的条件,就等同于知道语句的意义。因此,只要我们以"真"这一概念为基础,就能依此引出关于语句意义的解释。

"真"是许多语句要么具有、要么不具有的单一特性,比如"今天外面下雨了"就要么真,要么假。当然,说话者所说的话并非都是断定事实的陈述句,但我们仍有可能通过各种方式推

---

[1] 戴维森:《真理、意义与方法》,牟博译,北京,商务印书馆,2012年,第 193 页。

断出说话者认为什么语句是真的。因此，如果要回答前面的提问——我们（解释者）需要具备怎样的知识才能对说话者的话语进行理解和解释，答案就是：一旦我们掌握了说话者所说话语为真的理论，我们也就掌握了能够解释其话语的知识基础。通过改造后的约定-T 就是获取这种知识的合适形式，利用它的递归性，我们就可以做到通过有限的形式去解释无限多的句子。

证据基础

仅仅具有约定-T 的形式基础是不够的，一种合适的解释理论还需要满足第二个一般性要求，也就是它能够被解释者合乎情理的证据所支持或证实。

在自然语言的某个特定场合，解释者是如何知道说话者认为某个语句为真的呢？这无非来自两个方面：一个是语句的意义，一个是说话者的信念。戴维森说："一个说话者认为一个语句为真，这是两种考虑的结果：他所认为的语句含义和他所相信的事实所在。"[1] 但困难在于，在彻底解释的情形中，由于对说话者的语言一无所知，解释者无法直接采用诸如信念或意义这样的知识作为证据，而只能依赖那些非语义的、外部的可观察证据。

那什么样的证据符合这一要求呢？戴维森说，我们可以把说话者相对某一时间认为语句为真的态度，也即持真态度（hold-true attitudes），作为可以依赖的证据基础。相较于意义与信念，持真态度是非语义概念，这样解释者便可以在不知道语句意义的情况

---

1 戴维森：《真理、意义与方法》，牟博译，第 110 页。

下，仅通过观察说话者的言语行为来判断其认为什么语句为真。

举例来说，当杰克在某一时刻（比如星期一下午）说出"It's raining"这句话时，我们可以通过解释理论的形式基础得到如下T-语句：

（T）在英语中，"It's raining"这句话由 x 在时间 t 说出时为真，当且仅当 t 时在 x 附近天在下雨。

而我们通过观察杰克的言语行为，又可得到下述证据：

（E）杰克属于讲英语的语言共同体，他认为"It's raining"这句话在星期一下午为真，且星期一下午在杰克附近的确在下雨。

戴维森说，（E）就是表明（T）为真的证据（之一）。

但这里有一个问题，我们凭什么假定杰克认为某个语句为真，或说我们如何保证这种假定的正确性？即便当杰克说"It's raining"时，他周围的确在下雨，可我们怎么知道杰克是因为相信天在下雨，因此才说出"It's raining"的呢？杰克会不会搞错了，或者他根本没察觉到天在下雨，只是碰巧说出"It's raining"这句话？无论如何，如果情况确实如此，那我们就无法以持真态度为名而将（E）看作（T）的证据了。对此，戴维森进一步提出宽容原则（the principle of charity）来解决这一问题。

宽容原则

戴维森说:"我们必须假定一个说话者的大多数表达是关于他认为其为真的语句的表达:如果这是正确的,便确保了可独立地获得的证据基础。"[1] 假如此时雷雨交加,而杰克就身处其中,那么他不大可能会认为天没下雨。据此推断,此时他说"It's raining"就是真的,并且他相信这是真的。我们之所以会做出这样的推断,正是基于我们在先地(先验地)预设了宽容原则的成立。

我们预设了在绝大多数情况下,说话者认为是真的语句就应当被看作真的。它由明显事实来担保。正如前面的例子,当天在下雨时,说话者认为天在下雨就是符合这一明显事实的,因此"It's raining"是真的。

当然,说话者也可能犯错,他所表达的话语不可能都是真的。但我们之所以能对某些话语是错误的做出判断和解释,恰恰是基于对说话者大量正确表达(真语句)的参考。如果我们在先地认为说话者的话语大都是错误的或不合理的,那我们也就失去了对什么是真正不合理的话语的判断能力,从而也就无法正确地理解说话者。戴维森说:"只有在意见大量一致的背景下,意见不一致才同意见一致一样是可理解的。这个原则在被应用于语言时则被解释为:我们共同地接受或否定的语句越多(无论是否通过一种解释手段),我们对其余语句的理解就越透彻(无论我们是否对它们有一致的意见)。"[2]

---

[1] 戴维森:《真理、意义与方法》,牟博译,第202页。
[2] 戴维森:《对真理与解释的探究》,牟博、江怡译,北京,中国人民大学出版社,2007年,第166页。

我们同样预设了无论持何种语言的说话者，都应当和我们一样具有某种比较一致的理性模式，也即一切有理性者都共有的理性模式。我们无法设想任何有理性者是支持逻辑矛盾的，无法设想当他们说什么为真时其实意谓的是假，或有时意谓真有时意谓假。一个解释者不可能接受与他有巨大差异的理性模式，而不破坏解释所依赖的可理解性基础。

当然，宽容原则不仅适用于纯粹的逻辑真理，同样适用于那些构成我们总体信念体系的非逻辑真理（事实真理）。我们与说话者可能处于不同的语言文化共同体中，但我们共享一个客观世界，共享一个客观的真理概念，甚至共享一些基本的价值观念。这使得我们有理由相信，在相同情境中（天在下雨），如果我们认为天在下雨，那么说话者不大可能与我们持有截然不同的信念。我们同样有理由相信，当一个非洲原住民指着兔子的方向说出"gavagai"时，他指的就是那只兔子本身，而不是兔子的某个部分。因此，之所以我们能与他人正常交流，甚至在语言不通的情况下也能够产生理解，正是由于我们假定我们同说话者具有基本一致的理性模式。戴维森说："在这种情况下我们别无选择，而不得不将我们自己的逻辑投射到另外一个人的语言和信念之上。这意味着，被认作真的语句（在理性范围内）是逻辑上彼此相容的这一点，是对这些语句施加可能解释的一种限制。"[1]

因此，在这个意义上，宽容原则是强加于我们的。戴维森强调，在彻底解释的情况下，如果我们不在这些方面假定说话者与解释者具有一致信念，那么我们就无法迈出解释的第一步。如果

---

[1] 戴维森：《真理、意义与方法》，牟博译，第 111~112 页。

我们接受宽容原则,那么我们所面对的就必定是一个主体间的世界,我们关于这个世界的真理标准就是基本一致的。只要我们能够具有并共享一个客观的真理概念,我们就能实现言语交流,能够相互理解和正确地解释彼此的语言;只要我们对话语为真的信念是系统地由同一世界的相同事件和对象引起的,我们彼此表达的就是同一个意思。因此,在持真态度、宽容原则的假设下,戴维森以真为原初概念,以约定-T为形式的解释理论才得以可能。

由上可见,从对塔尔斯基(T)型等值式的改造,到解释理论的形式基础和证据基础,"真"这一概念都处于核心地位而贯穿始终。[1] 在戴维森看来,真理与意义是密不可分的,而他的策略正是通过围绕"真"这一概念来说明解释何以可能,并揭示意义的基础。当然,从真理定义出发是否能得到一种合适的意义理论,正如我们在上一节所评论的那样,是值得讨论的。但不管戴维森的这些主张在多大程度上解决了问题,他关于真理与意义理论的诸多创见对当代语言哲学的贡献仍然不可估量。

---

[1] 此外,从宽容原则出发,戴维森认为除了蒯因所提出的两个教条之外,经验主义还存在第三个教条——概念图式与经验内容的区分,也就是把我们的语言区分为起组织作用的概念图式和有待组织的经验内容。这似乎意味着概念图式有什么不同,语言就有什么不同。显然,这将导致一种概念相对主义。戴维森认为这样一种截然区分是不能成立的,而澄清这一点的关键依然同我们对真这一概念的理解有关。

第十章

克里普克的可能世界

　　索尔·阿伦·克里普克（Saul Aaron Kripke，1940.11.13—2022.9.15）生于美国内布拉斯加州奥马哈市，16岁时就写出一篇关于模态逻辑方面的论文，引起不小反响。1958年他进入哈佛大学求学，同戴维森一样师从蒯因，毕业后曾先后任教于哈佛大学、洛克菲勒大学、普林斯顿大学、纽约城市大学，等等。他在哲学方面的主要著述有《命名与必然性》(*Naming and Necessity*)、《维特根斯坦论规则和私人语言*》*(*Wittgenstein on Rules and Private Language*)、《指称与存在》(*Reference and Existence*) 等。其中，《命名与必然性》影响最大，而这本书的理论建立在可能世界语义学的基础上。

第一节　可能世界理论

同蒯因一样，克里普克首先是一位逻辑学家，他是模态逻辑[1]语义学的开创者之一。以此为理论背景，克里普克提出了不少具有创新性的思想，不仅为语言哲学，也为形而上学的进一步发展做出了突出贡献。

基本概念

可能世界是逻辑学家在研究模态逻辑时引入的一个概念，它表达的是相对于现实情况的一种可能性。在我们这个世界，苏格拉底是一位伟大的哲人，但我们也可以想象，在另一个可能世界或可能历史中他是一个铁匠、一个战士或者一个商人。这虽与我们所知的历史事实不符，但毕竟表达了一种可能性。

莱布尼茨是"可能世界"这一概念的最早提出者。他说世界是可能事物的组合，可能事物有无数种组合，因此就有无数个可能世界。莱布尼茨强调可能世界成立的一个前提是不包含逻辑矛盾，这是显而易见的。如果一个东西既是方的又是圆的，那它在逻辑上就是不可能的。因此，只有那些不包含逻辑矛盾的事物才是可能事物，而每一个由可能事物形成的组合就是一个可能世界。莱布尼茨提出可能世界的目的之一是为了解释可能性与必然性问题。在他看来，如果一个命题在某些可能世界为真，那

---

[1] 模态逻辑是处理包含"可能""必然""知道""应当"等模态词的逻辑，最早可以追溯到亚里士多德，在中世纪及现当代有进一步的发展。

它就是可能的；如果一个命题在所有可能世界为真，那它就是必然的。[1]

可能世界的本体论

可能世界是否真实存在？从莱布尼茨的描述来看，可能世界在某种意义上是存在的——它们都存在于上帝的观念中。每一个可能世界都具有一定的完满性，然而只有一个世界是所有世界中最完满的一个，上帝使之成为现实，这就是我们所生活的世界。

在当代，自从这一概念被引入模态逻辑，人们也对可能世界是否真实存在这一问题提出了各种看法。比如，大卫·刘易斯就持一种激进实在论的主张。他认为事物除了实际的存在方式之外，完全可能有其他无数种存在方式，因此我们有理由相信存在无数不同于我们所居住的世界之外的可能世界。每一个可能世界都与我们的现实世界具有相同的本体论地位，也就是说，每一个可能世界都是独立的、真实的存在，而我们的现实世界只是其中一个罢了。显然，这样一种观点与物理学中的"平行宇宙"概念非常相似。

但克里普克不同意这种观点，他持一种温和实在论的主

---

[1] 此外，我们应还记得，维特根斯坦在《逻辑哲学论》中曾提出过这样一种主张：一个命题对应一个可能事态，它是图示这一可能事态的逻辑图像；一个真命题对应一个事实，它是图示这一事实的逻辑图像。所有可能事态的范围构成一个逻辑空间，而所有处于逻辑空间中的事实构成世界——世界是事实的总和。因此，逻辑空间不仅包含一切事实的成分，也包含了所有可能事态；换句话说，它对应了世界的各种可能状态。卡尔纳普也有类似观点。

张——只有一个世界是真实存在的，那就是我们所生活的世界。不存在什么可能事物的实体，可能世界也并非像刘易斯说的那样是某种遥远的行星，或存在于另外一个空间中与我们的世界相似的东西。因此，克里普克更倾向于认为，"可能世界"指的不过是"世界可能会采取的各种方式"，或"世界的可能状态"。比如，我们投掷两个骰子，那么朝上那一面的数字组合就会有 36 种可能状态，可以说骰子的这 36 种状态就是 36 个"（微型的）可能世界"。当然，在这些可能世界中只有一个是真实的，那就是与我们掷下的骰子实际显示的状态相应的世界；我们绝没有必要假定，在其他某些地方存在着另外 35 个真实世界。换言之，当我们说"在某个可能世界，特朗普没有当选美国总统"时，我们不过是想象一种非真实情形下的可能状况。克里普克强调说，可能世界是被规定的，而不是被望远镜发现的。理解这一点非常重要，因为这涉及对跨世界同一性问题的解决。[1]

跨世界同一性

跨世界同一性（transworld identity）问题通常与跨世界识别（transworld indentification）问题紧密相连。它们要追问的是某一

---

[1] 当然，与以上两种实在论观点相对的是一种反实在论的观点，即模态结构论。代表人物有卡尔纳普、亚当斯等。他们主张"可能世界"只是一个语义工具，一个处理模态逻辑中命题真假的技术手段，这里谈不上什么本体论地位问题。因此，这种观点也被认为是一种语言学上的观点。"可能世界"仅仅代表了一种语句的集合，而所谓"现实世界"不过是其中所有元素在事实上为真的那个集合。

个体在不同可能世界是否能够保持同一，以及我们是依据什么来识别跨不同世界的个体是同一个体的。

举例来说，我们可以想象如果乔达摩·悉达多没有出家修行，那么他可能成为一个国王；当然，他还可能去做别的事情，因而存在着不同的可能性，也就对应着不同的可能世界。那么这时我们就要问：在不同可能世界中的悉达多是同一个悉达多吗？我们又是依据什么标准或方法来判断他们是否同一呢？

对此，持不同本体论观点的刘易斯与克里普克倒是结论一致，都认为不存在跨界同一的个体，但他们给出的理由截然不同。刘易斯虽然主张可能世界与我们所生活的现实世界一样是真实存在的，但他同时认为其他可能世界是独立于我们的世界而存在的，可能世界之间不相交，属于不同世界的事物没有时空联系。因此，我们世界中的悉达多与另一可能世界中的悉达多不是同一个体。既然可能世界之间是彼此独立、没有联系的，那么认知主体就无法认识其他可能世界的个体，跨界识别也就不可能了。

但这就引出新的问题，既然不同可能世界中的悉达多不是同一个体，他们之间又是什么关系呢？对此，刘易斯提出所谓"对应体"理论——现实世界中的个体在其他可能世界有其副本或对应体。比如，对于W_1世界中的个体a和W_2世界中的个体b来说，如果在W_2中没有什么东西是比个体b更相似于W_1中的个体a的，那么b就是a的对应体（当然，a在不同的可能世界有不同的对应体）。因此，当了国王的悉达多就可以是出家修行的悉达多的某个对应体。

刘易斯的这种观点遭到克里普克等人的坚决反对。如果某个个体在另一可能世界的对应体只是相似而非同一，那当我们说

"如果悉达多没有出家修行，他就将成为迦毗罗卫国的国王"时，我们就不是在谈论可能发生在悉达多身上的事情，而是在谈论发生在与他相似的某个人，即悉达多在另一可能世界的对应体身上的事情。这就与我们在模态逻辑的意义上考察事物的可能状态没有什么关系了，那么可能世界语义学也就失去了意义。

之所以会导致这样的结局，源头还是在于刘易斯的激进实在论。根据克里普克的温和实在论，真实存在的只是我们生活的现实世界，可能世界或可能事物仅仅是在抽象的意义上来说的。因此："如果鲁迅没有弃医从文，那么他将成为一名优秀的医生。""如果萨拉热窝事件没有发生，第一次世界大战恐怕就不会爆发。"当我们在做这样的反事实陈述时，我们的目的只是为了谈论居于现实世界中的同一事物（或世界）的不同可能性或可能历史，而绝不是在谈论与它相似的另一世界的某个对应体。其前提恰恰就是事物的同一性，而绝非不可传递的相似性。因此，克里普克评价说："在我看来，刘易斯的观点（对应体理论）比它所代替的超世界的同一性这个通常的概念更加荒谬。"[1]

既然可能世界实际上指的就是世界的可能状态，而不是真实世界的虚幻复制品，那么也就不存在什么跨界同一或跨界识别问题。克里普克说："只是因为我们可以（严格地）指称尼克松，并且规定所谈论的是（在某些情况下）本来会发生在他身上的事情，'超世界的同一性'在这种情况下才没有问题。"[2] 也就是说，不是因为存在不同的可能世界，然后我们才讨论在这些不同的可

---

[1] 克里普克：《命名与必然性》，梅文译，上海，上海译文出版社，2005年，第26页。
[2] 同上书，第30页。

能世界中是否存在同一个体；正相反，是我们在先规定了所谈论的是同一个体，然后再去考察这同一个体的不同可能性。一言以蔽之：可能世界是被规定的，而不是被发现的。[1]

第二节 历史因果命名理论

指称问题是语言哲学的核心问题之一，它涉及我们对名称是如何与它的指称对象建立关系的理解。克里普克非常关注指称问题，在可能世界理论中，他提出"严格指示词"这一概念，以此表明他对指称问题的基本主张，并进一步提出著名的历史因果命名理论。

含义与指称

17世纪的英国哲学家约翰·密尔将名称分为专名（proper name）和通名（general name），同时区分了名称的内涵（intension）与外延（extension）。所谓内涵就是名称的含义，所谓外延就是名称指称对象的集合。比如"鸟"的内涵可以是"长有羽毛的卵生

---

[1] 此外，齐硕姆站在坚决反对可能世界理论的立场上，也认为跨世界同一性问题存在诸多困难。比如，个体跨界同一是对莱布尼茨"同一不可分辨原则"的违背。这一原则是说如果两个事物是同一的，那么一个事物所具有的全部属性另一个也都有。然而，不同可能世界的个体，如作为国王的悉达多与作为觉者的悉达多，毕竟具有不尽相同的属性，因此说它们是同一的就是矛盾的。

脊椎动物",符合这一内涵的所有个体就是"鸟"的外延。密尔认为像"鸟"这样的通名是既有内涵又有外延的,也就是既有含义又有指称,而像"苏格拉底"这样的专名就只有外延而无内涵,也就是只有指称而无含义。

但我们知道,弗雷格不同意这种观点,他认为专名也是有含义的。比如"苏格拉底"的含义就是"柏拉图的老师""被雅典法庭判处死刑的哲学家",等等。这其实就是罗素所说的描述语。罗素主张任何普通专名都不过是伪装的或缩略的描述语,比如"荷马"就是"那个写作《伊利亚特》和《奥德赛》的人"的缩写。这样一来,专名就通过改写为描述语获得了含义。[1]

然而,克里普克认为将描述语等同于专名是成问题的。因为对"苏格拉底"的描述既可以是"柏拉图的老师""被雅典法庭判处死刑的哲学家",也可以是"克桑蒂贝的丈夫"。也就是说,一方面人们可以从不同视角去描述苏格拉底,另一方面不同的人对苏格拉底的认识也可以是不一样的。如此一来,专名的含义就是不确定的。实际上,弗雷格已经意识到这个问题,他承认在完善的语言中应当避免这种情况的出现。

针对这个问题,维特根斯坦和塞尔主张专名的含义不是某个描述语,而是一簇描述语,这被称为"簇描述语理论"。因此,"苏格拉底"的含义不是"柏拉图的老师"或"被雅典法庭判处死刑的哲学家",而是包含了这些描述在内的一簇描述语,它指称的就是满足了这一簇描述语(或至少其中足够数量的描述语)

---

[1] 当然,罗素自己是主张意义的指称论的。只不过他认为我们通常所说的专名不是真正的专名,而是描述语的简写。在克里普克看来,这就与弗雷格的观点是一致的。

的那个对象。然而，在克里普克看来，无论一个还是一簇描述语都不等同于专名，更无法决定专名的指称。为此，他引入了可能世界理论来说明这一问题。

严格指示词

　　虽然在现实中苏格拉底的确被判处了死刑，但我们完全可以想象在某种非真实的可能历史中这一悲剧并没有发生；甚至苏格拉底也不是一个哲学家，而是继承了他父亲的职业成为一个雕刻匠。也就是说，苏格拉底是柏拉图的老师并最终被雅典法庭判处死刑只是偶然发生的一系列事实，绝非必然为真（在所有可能世界都为真）。这说明，无论一个还是一簇描述语都很可能只代表了专名的一些偶然特性，那怎么能说它们构成了专名的含义呢？

　　另一方面，我们还可以做这样一种假设，比如《指环王》的作者实际上不是托尔金，而是一个叫杰克逊的人。只是不知道什么原因，这本小说的手稿落在了托尔金的手上，他以自己的名义发表了它。因此，尽管表面上看符合"《指环王》的作者"或一簇与之相关的描述语的那个人是托尔金，但它实际上指的应该是杰克逊。那么，当我们想用"托尔金"去指称那个写了《指环王》的作者时，我们究竟是在指称谁呢？由此可见，描述语也不能决定专名的指称。因此，克里普克总结说，决不能将名称与描述语相等同，因为名称是严格指示词，而描述语是非严格指示词。

　　什么是严格指示词（rigid designator）呢？"如果一个指示词在每一个可能世界中都指示同一个对象，我们就称之为严格的指示词。否则就称之为非严格的或偶然的指示词。"[1]

即便在另一可能世界,苏格拉底不是那个被雅典法庭判处死刑的哲学家,他也不可能不是苏格拉底,我们也仍然是用"苏格拉底"在指称他。因此,"苏格拉底"在所有可能世界都必然指称苏格拉底,它是一个严格指示词。回到上一节的结论:这是我们在模态逻辑语义学下的一个规定。"正像我们的语言中使用的那样,当我们谈论非真实的情形时,它(严格指示词)代表了那件事物。"[2] 换言之,正是因为我们可以严格地指称苏格拉底,并且规定所谈论的是可能发生在他身上的事情,我们关于非真实情形的假设或反事实陈述才是有意义的。但对于"被雅典法庭判处死刑的哲学家"这样的描述语来说,它在不同可能世界完全可以指称不同的人,比如,实际上被判死刑的是柏拉图,那么它指称的就是柏拉图而非苏格拉底。因此,描述语是非严格的指示词。

历史因果链

基于以上,克里普克同意密尔的看法,专名只有指称而无含义。但既然专名不等同于描述语,那它的指称又是依据什么而被确定的呢?于是,克里普克提出了他的历史因果命名理论:专名的指称是由一条历史因果链决定的。

一个名称能够指称一个对象,这首先源于一场"命名仪式"。它可以通过实指的方式,也可以通过描述语的方式来确定。随后

---

[1] 克里普克:《命名与必然性》,梅文译,第 29 页。
[2] 同上书,第 61 页。

这个名称"一环一环地传播开来",听到这个名称的人就与之前传播这个名称的人拥有共同的指称。比如孩子一生下来,父母便对身边的人宣布:"这是李明。"显然,这是一种实指命名的情况。在李明的成长过程中,他的家人、朋友、同事都这样称呼他,学校、单位、社会团体都这样记录他。通过一环又一环的信息链,"李明"这个名称便被不断传播开来。在这个过程中,人们甚至不需要了解李明是个什么样的人,不需要知道他都经历过什么或具有哪些属性,他们只需在社会活动中谈到李明便能将这一名称的指称关系传递下去。总而言之,只要是处于这一信息传播链上的人就都能正确地指称李明。

当然,还存在另一种情况,我们不是通过实指的方式,而是通过描述语来给对象命名。比如,人们可以通过"在八大行星中距离太阳最远的那一颗星"来给海王星命名。当然,根据克里普克的说法,虽然这一描述语可以确定"海王星"的指称,但前者依然不能等同于后者,不是后者的含义。正如前面已经强调过的,描述语是非严格指示词,它所描述的是对象的一些偶然特性,而非必然特性,但专名是严格指示词,它在所有可能世界指称同一对象。因此,尽管在某种情况下,上面所提到的描述语可能不再适用于对海王星的描述了(因而也就不再能够提供正确的指称),但"海王星"依然指称海王星。

此外,克里普克还认为,像"水""老虎""黄金""闪电"这种自然种类事物的普通名称同专名一样适用于历史因果命名理论,因而它们的指称也可以通过实指或描述语的方式被确定下来。比如,我们可以设想在某个命名仪式上,人们指着一只老虎说:"这就是老虎。"或者:"老虎就是能被这样或那样一些特性说明的事物。"继而这一名称的指称通过历史因果链条一环一环地传递下去,以至于很多没见过老虎的人也能使用这个词。

通名无含义

我们前面说了,同密尔一样,克里普克认为专名只有指称而无含义,但同密尔不同,克里普克说通名也是没有含义(内涵)的。然而,这似乎与我们的常识相悖。通名所指称的是一类事物,而我们之所以认为某些个体属于某个类,正因为这些个体符合类的定义(描述),也即内涵决定外延。

克里普克当然不反对我们可以通过描述语来命名类或通名,但他认为,如同专名的情况,描述语所能给出的很可能只是通名的某些偶然特性。比如对于黄金来说,我们可能会这样描述它:"黄金是一种黄色的金属。"但完全存在一种可能,这只是我们视觉上的一种错觉,它其实是另一种颜色;或者即便最初观察到的金子是黄色的,但后来证明可能有些金子是白色的;又或者虽然某个东西看起来正如黄金一样,但它其实是块假金。换句话说,仅仅知道黄金是黄色的不足以决定"黄金"这个词的指称(既不充分也不必要)。

同理,我们可以说老虎是"一种黄褐色、带有黑色条纹、四条腿的大型食肉动物"。但我们完全可能看到一只三条腿的或者白色的老虎,而我们不能说这就不是老虎了。由此可见,描述语所能给出的不过是自然种类事物的外在特征或偶然特性,而非内部结构或必然特性。

通名不同于描述语,这还意味着通名和专名一样是严格指示词。那是什么决定了像"黄金""老虎"这样的通名在所有可能世界指称同一类事物呢？克里普克说是事物的本质属性，关于这一点，我们将在下一章做进一步介绍。

简单评价

毋庸置疑，克里普克的历史因果命名理论是对传统描述语理论的有力挑战，它极大丰富了指称理论的可能性，对推动语言哲学的发展具有重要意义。但这一理论本身也存在不少问题。

首先，并不是所有名称都有所谓命名仪式，克里普克的理论仅仅适用于像人名、地名、舰船名这样一类名称的情况。即便是这类名称，按照克里普克的说法，名称与对象的指称关系将通过一条历史因果的信息链传递下去，但究竟怎样就算是准确地传递了信息，使我们能够将名称与对象严格对应起来，克里普克语焉不详。

只是从朋友那儿听到李明的名字并不能帮助我们有效地建立指称关系。达米特据此认为，从别人那儿听到一个名称是一回事，知道这个名称指称什么则是另一回事。假如某个人从没去过雍和宫，不知道它指的是什么地方，而现在有人跟他说："李明现在在雍和宫。"他就能正确地使用"雍和宫"这个名称吗？他就知道"雍和宫"指的是哪里吗？显然不能。他还需要通过各种途径了解其他更多信息（雍和宫是个什么场所？它在哪个省哪个市？），才能真正确定这一名称的所指。因此，仅仅处于历史因果的信息链上不足以帮助我们正确使用一个名称，它至多只是我们建立正确指称关系的一个参照。

其次，如何保证在历史因果信息链两端的人指称一致也是个问题，因为很可能在信息传递的过程中同一名称的指称会发生变化。对此，G. 埃文斯在他的《关于名称的因果理论》一文中提出了一个著名的反驳：原本"马达加斯加"这个名称是指非洲大陆的某个地方，但由于马可·波罗误解了别人的话，错把它当成指称与非洲大陆隔海相望的那座大岛屿了，此后人们也沿用了这个指称。按照历史因果命名理论，"马达加斯加"这个名称的信息链自它的命名仪式以来，应当是因果的一环套一环、严丝合缝地传递下去的，中间不应该出现中断的情况。然而通过埃文斯的例证可见，事实并非如此。

实际上，名称的指称发生变化在现实中是非常常见的事情。克里普克自己也说："从我们对'圣诞老人'这个词的用法到历史上的某个圣者之间可能有一根因果链条，但是孩子们在使用这个词的时候，或许并不指称那个圣者。"[1]这再次说明，仅仅依靠历史因果命名理论不足以解释人们是如何使用名称进行指称的。要使这一理论成为一种真正严密的指称理论，还必须满足其他条件。

再次，那种认为名称是缩略的描述语的观点其实不无道理。仅从字面上看，"启明星""长庚星""圣诞节"，以及"联合国""星期一""自由女神像"等等一长串名称都能印证这种说法的合理性。即便像人名这种看起来没什么描述性的名称，我们在具体使用时也常常要把它们转化成某些描述语，而不是追溯到它的命名仪式了事。比如"李明后天要来咱们家，我说的是我上高中时的那个同桌"，而非"李明啊，就是李建文和张夏芳所生并

---

[1] 克里普克：《命名与必然性》，梅文译，第 77 页。

由他们命名的那个男子"。或许在另一可能世界的李明不是我的同桌,如果是那样,我还是会用其他一些描述语去描述他,否则除了实指的情况,我不知道该如何向下传递这个指称关系。

由此可见,描述语是否构成名称的含义,是否描述了名称的必然特性,与它是否能够帮助我们确定名称的指称并不矛盾。如果历史因果理论需要某些补充条件才能成为"真正严密的指称理论",那么描述语理论正是那个合适的对象。历史因果理论把我们引向指称关系(可能)的源头,而具体到每一环指称关系的定位和确认则离不开描述语理论。两种理论是互补而非互斥关系。[1]

第三节 先天偶然与后天必然

基于可能世界理论,克里普克的另一个重要贡献是提出了先天偶然命题和后天必然命题。在一种传统的认识里,先天的就是必然的,后天的就是偶然的。克里普克把"先天的"与"偶然的"放在一起,"后天的"与"必然的"放在一起,可谓对传统的一种突破。

先天必然与后天偶然

自莱布尼茨-休谟-康德以来,知识通常被划分为这样两个

---

[1] 除此以外,克里普克的理论中涉及通名的问题也不少,我们将放到下一章一并讨论。

类型：分析的与综合的。"红花是红的"是一个分析判断，"这朵花是红的"是一个综合判断。在康德那里，更严格地说前者是先天分析的，后者是后天综合的。

所谓"先天的"(a priori)意思就是不依赖于经验的，所谓"后天的"(a posteriori)就是依赖于经验的。"红花是红的"之所以是先天的，因为我们无需经验就能判断这个命题的真假；"这朵花是红的"之所以是后天的，因为我们必须亲眼见过这朵花才能确认这个命题的真假。并且，根据"红花"的定义，红花必然是红色的，它不可能是别的颜色，因此它是分析的，但根据"这朵花"的定义，它是不是红色的就不一定了，也有可能是别的颜色，因此它是综合的。那么也就是说，凡是先天分析判断都应当必然为真，凡是后天综合判断都只是偶然为真。

当然，康德在这个区分的基础上又提出了所谓"先天综合判断"，并认为像几何、算术这样的知识就是先天综合的。这个观点后来遭到了不少批评，人们还是更倾向于休谟的划分原则，把先天-分析-必然与后天-综合-偶然严格地区分开来（如在逻辑实证主义者那里）。在蒯因一章，我们已经介绍了他对分析与综合截然二分这一经验主义教条的著名批判。到了克里普克这里，他又把矛头指向了先天与必然、后天与偶然之间的关系上。

先天偶然命题

在传统的认知里，先天的就是必然的，后天的就是偶然的，但克里普克不这么认为。他主张"先天的"和"必然的"这两个语词并非一个范畴的概念，"先天的"是一个认识论概念，而

"必然的"是一个形而上学概念。

当我们说"什么是先天的"时，就是说对它的认识是不依赖于经验的，因而它是一个认识论命题；当我们说"什么是必然的"时，就是说它在所有可能世界都是这样（它不可能不是这样），因而它陈述的是一个形而上学命题，这与我们如何认识它无关。既然"先天的"和"必然的"分属不同领域，它们就并非两个外延相同的概念，不应将二者严格等同起来；同理，"后天的"也不应等同于"偶然的"。当然，克里普克并不反对存在先天必然为真或后天偶然为真的命题，只不过基于以上分析，他认为还存在着先天偶然为真和后天必然为真的命题。

比如，对于用来确定"一米"这个长度单位的巴黎标准米尺（the standard meter in Paris）来说，我们可以有如下命题："巴黎标准米尺在t_0时刻是一米长。"根据克里普克，这就是一个先天偶然命题。之所以说它是先天的，是因为如果我们用"巴黎标准米尺的长度"来定义"一米"，那么我们知道它是一米长就不是通过后天经验才得到的结果。因此，这个命题是先天的。那为什么说它是偶然的呢？因为当我们用"巴黎标准米尺的长度"来定义"一米"时，实际上是用这根棍子确定了"一米"的指称——一米是多长呢？就是在某个时刻（t_0）那根棍子（巴黎标准米尺）的长度。然而，长度只是棍子的偶然特性，因为如果把棍子加热，由于热胀冷缩，它很可能就不是那个长度了。也就是说，巴黎标准米尺在t_0时刻是那么长（我们据此指称了一米）只是一个偶然事实。完全可以想象，这根棍子的长度在另一可能世界与我们的世界不一样。

由此，克里普克进一步说，"一米"是一个严格指示词，它在所有可能世界都指称一米,它不可能指称别的长度,但"巴黎标准米尺在 t_0 时刻的长度"不是一个严格指示词,因而它在不同可能世界指称的长度可能会不同。只是恰好在我们这个世界(现实情形下),在 t_0 时刻我们指着这根棍子规定说:"这就是一米长。"因此,它是一个先天偶然为真的命题。

后天必然命题

关于后天必然命题,克里普克举了"启明星是长庚星"的例子。启明星是我们在清晨看到的某颗星,而长庚星是我们在傍晚看到的某颗星,后来人们才发现原来它们是一颗星(金星)。那么"启明星是长庚星"就是一个经验发现,因此它是一个后天为真的命题。那为什么又是必然为真的呢?因为既然启明星和长庚星是同一颗星,那么"启明星"和"长庚星"就具有相同的指称,而它们又都是严格指示词(专名),所以它们在所有可能世界都指称同一颗星。换句话说,"启明星是长庚星"在所有可能世界为真,因此它是一个必然为真的命题。

克里普克认为在科学发现中也大量存在后天必然命题的例子,比如"水是 H_2O"。"水的分子式是 H_2O"是自然科学中的一个经验发现,因而它是一个后天为真的命题。但如果科学证明水的分子式,也即本质属性就是 H_2O,那么一种不是 H_2O 的物质就不可能是水,即使它同样具有无色、无味、透明的外在特征。归根结底,"水"和"H_2O"都是严格指示词,它们在所有可能世界都指称同一物质,因此"水是 H_2O"就是必然为真的。同样,像"热是分子运动""黄金是原子序数为 79 的元素"等科学命题都涉及两个严格指示词之间的同一性关系，因而也都属于后天必然命题。

简单评价

克里普克先天偶然命题与后天必然命题的提出，是继蒯因之后对传统的先天-分析-必然与后天-综合-偶然这一划分原则的进一步冲击。正如蒯因所面对的质疑那样，克里普克的主张也引起了不少争议。

克里普克认为先天性是一个认识论概念，这似乎易于理解。但他又说一个先天的知识并不必然被先天地认识，它也可能是我们依据经验性的证据所相信的东西。这一说法令人感到困惑，因为所谓"先天知识"原本就是指不依赖于经验的知识。在这里，克里普克似乎是把先天知识本身的先天性与我们通过哪种途径（如某种后天经验）了解并相信这种知识的先天性混淆到一起去了。

另一方面，虽然必然性这一概念的确频繁地出现在与形而上学有关的问题中，但这并不意味着它只是一个形而上学概念。克里普克自己也承认必然性具有认识论的意义，并且恰恰等同于先天性的意思。[1] 因此说，先天性与必然性分属不同领域，二者无法互换使用，这本身就是成问题的。正是由于这种不恰当的区分，导致克里普克由此提出的先天偶然命题与后天必然命题都存在着内在的矛盾性。

---

1 参见克里普克：《命名与必然性》，梅文译，第15页。

当克里普克说"巴黎标准米尺在 t_0 时刻是一米长"是一个先天为真的命题时,他意在表明该命题描述了一个定义,由于这个定义我们先天地就能确认它的真;当他说这是一个偶然为真的命题时,他又是在谈论该命题所指向的事实:在现实世界,巴黎标准米尺在 t_0 时刻是一米长是一个偶然事实。因此,两方面综合起来就得到一个先天偶然命题。

问题在于,如果要保证"巴黎标准米尺在 t_0 时刻的长度"是对"一米"的定义,也就是保证"巴黎标准米尺在 t_0 时刻是一米长"的先天性,那就恰恰意味着无需经验我们就能断言在任何非真实情形下"巴黎标准米尺在 t_0 时刻的长度"都指的是"一米长"——这正是该命题先天(也即必然)为真的应有之意。如此一来,"一米"就不是严格指示词了,因为根据定义,一米在另一可能世界的长度是由那个世界中巴黎标准米尺的长度规定的,而在不同可能世界,巴黎标准米尺的长度可能不同。

相反,如果像克里普克所主张的那样,"一米"是严格指示词,它在所有可能世界都指称一个特定长度,而"巴黎标准米尺在 t_0 时刻的长度"不是严格指示词,它在不同可能世界并不都指称一米,那么"巴黎标准米尺在 t_0 时刻是一米长"就不是先天为真的了。只能说恰巧在现实世界,这根棍子的长度是一米长——它的确只是偶然为真。当我们假设在其他可能世界巴黎标准米尺不一定是一米长时,我们就不再把这一命题看作一个先天规定(定义),而是看作一个经验事实。因此,这个命题或者先天必然为真(把它看作一个定义),或者后天偶然为真(把它视为一个事实),而不可能存在先天偶然为真的情况。

关于后天必然命题的例子也存在相似的问题。克里普克说"启明星是长庚星"是一个必然为真的命题,他给出的理由是"启明星"与"长庚星"都是严格指示词,它们在所有可能世界指称同一对象,因此必然为真。这样讲固然不错,但这是在语义学层面的考察,与经验事实无关。也就是说,因为"启明星"和"长庚星"的指称都是金星,所以说"启明星是长庚星"就相当于说"金星是它自身"(逻辑同一律)。它的形式类似于 a=c,b=c,因此 a=b。显然,无需经验事实我们就可以断言其必然为真。在这个意义上,"启明星是长庚星"就应当是一个先天必然命题。

但如果克里普克又想强调"启明星是长庚星"是后天为真的,那他要谈论的就不再是语义学层面的同一性问题,而是在追溯这个同一性关系的事实来源,也即早上出现在东方的那颗星就是傍晚出现在西方的那颗星这样一个经验事实。可如果谈论的是经验事实,我们缘何能够断言它是必然为真的?科学家在经验世界所发现的当然不是"金星等于它自身"这样的逻辑同一律,更不可能是"在所有可能世界,早上出现在东方的那颗星必然是傍晚出现在西方的那颗星"这样一个形而上学断言。我们完全可以想象,在另一可能世界,早上出现的那颗星不是傍晚出现的那颗星,而不会产生任何矛盾。我们认定"启明星"和"长庚星"指称相同,是建立在一个偶然的经验事实之上的。因此,说它必然为真是没有道理的。总而言之,这个命题或者先天必然为真(在语言自身的层面),或者后天偶然为真(在经验事实的层面),而不可能后天必然为真。

同理,水的分子式是 H_2O,在事实层面上是一个后天经验发现,我们当然不能说科学能够断言水必然是 H_2O,因而在事实层面"水是 H_2O"就是后天偶然的。克里普克也同意科学理论是可以改变的,但他似乎是想说,如果科学在当下证明水的本质是 H_2O,那么说"水"就是在说"H_2O","水是 H_2O"就是必然为真的。正如"据证明当且仅当一种物质对象中包含的唯一的元素是原子序数为 79 的元素的话,这种物质对象就是(纯)黄金。在这里,'当且仅当'可以被看作严格的(必然的)"[1]。此时,"水"("黄金")和它的本质"H_2O"("原子序数为 79 的元素")都是严格指示词,在所有可能世界指称同一事物。但这就又是在语言层面的谈论了,相当于说"水"("黄金")的定义是通过"H_2O"("原子序数为 79 的元素")来给出的。

此外,如果说"苏格拉底""金星"甚至"水""黄金"这些名称是严格指示词,我们大概能够领会。然而,"H_2O"和"原子序数是 79 的元素"也是名称吗?它们为什么是严格指示词呢?克里普克争辩道,因为"H_2O"和"原子序数是 79 的元素"道出了"水"和"黄金"的本质,这又涉及我们该如何理解克里普克的本质主义思想。关于本质主义,普特南也有相似的主张,我们将在下一章一起来介绍。

1　克里普克:《命名与必然性》,梅文译,第 124 页。

第十一章
普特南的缸中之脑

希拉里·怀特哈尔·普特南（Hilary Whitehall Putnam，1926.7.31—2016.3.13）生于美国伊利诺伊州芝加哥市，1944年进入宾夕法尼亚大学学习哲学，后就读于加州大学洛杉矶分校，在赖兴巴赫指导下获得哲学博士学位，曾先后任教于西北大学、普林斯顿大学、麻省理工学院及哈佛大学。普特南一生著述颇丰，包括《心灵、语言和实在》(*Mind, Language and Reality*)、《理性、真理与历史》(*Reason, Truth and History*)、《实在论的多副面孔》(*Many Faces of Realism*)、《重建哲学》(*Renewing Philosophy*)、《事实与价值二分法的崩溃及其他论文》(*The Collapse of the Fact/Value Dichotomy and Other Essays*)，等等。普特南不仅关注语言哲学，他还在物理学、数学、逻辑学、科学哲学、心灵哲学，甚至伦理学、神学等诸多领域有深入研究，并积极投身社会政治活动。他始终关注哲学大问题，也从不固守某一种结论。德国哲学家施太格缪勒评价普特南是"当代唯一具有'纵观全局'能力的哲学家"[1]。

第一节　语义外在论

在上一章，我们介绍了克里普克的历史因果命名理论。无独有偶，普特南在这一问题上的思考与克里普克非常接近。普特南认为传统意义理论建立在这样两个假设之上：1. 知道一个词的意义就是处于某种心理状态；2. 一个词的意义（内涵）决定其外延。将两点综合起来便可推出：心理状态决定了语词的外延。这是一种典型的语义内在论，而普特南则持一种相反的主张。

意义不在头脑中

普特南认为，在大部分传统哲学家那里，语词的意义就是某种隐藏在头脑中的概念，从洛克到弗雷格莫不如是。[2] 说一个人拥有一个概念，就是说他拥有某种特殊的心理意象（mental images）；说两个人有相同的概念，就是说这两个人拥有相同的心理意象。简言之，意义（内涵）在我们的头脑中，它表现为某种

---

[1] 施太格缪勒：《当代哲学主流》，下卷，王炳文、王路等译，北京，商务印书馆，1992年，第306页。
[2] 在普特南看来，弗雷格虽然反对洛克的主观观念论，但他又倒向某种客观观念论。因此，弗雷格反对的只是将概念等同于主观的心理殊相，而并不反对将其等同于一般的心理实体，本质上就仍未脱离心理主义。

心理意象；由于内涵决定外延，所以心理意象最终决定了语词的表征或指称对象。

普特南不赞同内在论的基本主张，他提出一系列假设予以反驳。比如，设想在宇宙中存在一个与地球极为相似的星球，这个星球上的事物看起来与地球上都一样，这就是所谓孪生地球（Twin Earth）。孪生地球上的人与地球上的人具有相同的语言、思想、感觉、相貌、气质。甚至，每一个个体在孪生地球上都有一个相应的副本，比如那里也有一个王维，他与我的每一个分子都相同。那么我们就有理由相信，他与我关于同一概念的心理意象应该是一模一样的；换句话说，一个概念在我们和孪生地球上的人们心中的内涵是相同的。

现在假设，孪生地球上的江河湖海中充满着一种看起来与地球上的水一模一样的液体，唯一的区别是孪生地球上的水的化学分子式不是 H_2O，而是 XYZ，但我们对此一无所知（假设我们谈论的是还没有化学的时代）。那么情况会怎么样呢？由于它们看起来一样，都是无色透明可以饮用的液体，所以无论我们还是孪生地球上的人关于"水"这一概念的心理意象就不会有什么不同。可是由于孪生地球上的水的分子式是 XYZ，它实际上不是地球上的水，那么"水"这个词在地球与孪生地球上的指称就是不一样的。由此可见，有相同的心理意象并不能决定有相同的外延。

内涵不决定外延

此外，普特南认为传统理论总是将一个名称的意义解释为一系列概念或特征的合取，如"柠檬"就是"色黄、味酸、皮厚"

等特征的合取。那么,"任何具有色黄、味酸、皮厚等特征的东西是柠檬"就似乎成了一个分析命题。但问题是,并非所有柠檬都符合这些特征。一个绿色的柠檬仍然是柠檬,一只三条腿的老虎仍然是老虎。也就是说,总可以有不正常的成员存在。那我们是不是可以这样说:"一个正常的柠檬应当拥有色黄、味酸、皮厚等特征。"可我们怎么知道柠檬在"正常情况下"应该是什么样子?或许柠檬原本不具有这些特征,或许它本该是绿色的甚至蓝色的,只是由于某些外部条件的作用才使它变成如今(不正常)的样子。可见,对柠檬特征的描述并非分析地为真。

当然,普特南讨论这些并不是要追问一个生物学问题,而是要说明传统意义理论认为内涵决定外延是不对的。如果有一天柠檬真的变成蓝色了,有关它的特征描述就可能变成"色蓝、味酸、皮厚"。可见,我们如何界定语词的内涵恰恰要受到外延的影响;或者说,"一个人为了确信自己有'正常的用法'、'惯常的意义'或其他的什么,他就必须确信他有正确的外延"[1]。实际上,语词的外延(指称)本就是意义的一个组成部分,只不过这里的"意义"不能狭义地等同于内涵。

总之,普特南反对传统理论所依赖的两个假设,以及由此得出的推论——心理状态决定语词的外延。他认为这种语义内在论忽视了意义与世界之间的联系,把他人和世界抛在一边,从而陷入心理主义无法自拔。与之相对,他主张一种语义外在论,即重视外延(指称)在构成语词意义过程中的重要作用。

---

[1] 普特南:《语义学是可能的吗?》,见《语言哲学》,马蒂尼奇编,牟博等译,第606页。

语言劳动分工理论

既然语词的外延不是由内涵或心理状态决定的，那是由什么决定的呢？普特南提出语言劳动分工理论和因果指称理论来说明这一问题。所谓"语言劳动分工"，是指我们的社会存在对语言理解的劳动分工。以"黄金"为例。众所周知，黄金是贵金属，常常被制作成昂贵的首饰。想象我们的语言共同体就是一个"工厂"，在这个"工厂"里，有些人的"工作"是购买黄金首饰，有些人是销售黄金首饰，还有些人则是告诉人们哪些才是真正的黄金，后一种人就是我们语言共同体中的专家。

每个人都希望自己买的黄金是真的，但绝大多数人都没必要掌握辨别黄金真伪的知识，如果有需要，去找个懂行的专家就好了。这体现的就是一种社会劳动分工，而这也进一步导致语言层面的劳动分工。我们不掌握辨别真假黄金的知识，就自然无法断言"黄金"一词的所指，这就需要专家来告诉我们："黄金指的是原子序数为79的那种元素。"

随着社会的发展以及科学的进步，社会劳动分工不断细化，语言劳动分工的现象也越来越普遍。比如在化学出现以前，没有人知道水的分子结构是 H_2O，人们对"水"一词的意义理解是差不多的，也就无所谓语言的劳动分工。当化学出现以后，虽然绝大多数人都知道水是 H_2O，但只有少数专家能够真正将水与其他看起来像水的液体区分开来。因此，我们在拿不准的时候，就需要依赖这些专家的判断来进行正确的指称，语言的劳动分工由此形成。可见，对语词意义的理解是一个社会活动过程，而绝不取决于内在的心理状态。

因果指称理论

问题在于,我们是如何从专家那里知道语词的意义或指称的?

回顾上一章,克里普克主张名称能够指称对象首先源于一场"命名仪式",随后这个指称关系便通过一条历史因果链不断传递下去。普特南承认他的因果指称理论正是受益于克里普克的这一思想,但相较而言,他更关注物理学名词及自然种类通名的指称问题。与"命名仪式"相似,普特南提出"引进事件"(an introducing event)这一概念来说明人们当初是如何从专家那里学会使用这些词的。

他举例说,假如当本杰明·富兰克林在做那个著名的风筝实验时,我们恰好就在旁边。富兰克林告诉我们:电是一种物理量,它在云中集聚,当达到某种临界点时就会以闪电的形式从云中流向地球,随后沿着他的金属风筝线流动,等等。此时,他就是在做一种有关物理学名词的近似正确的描述,而我们就这样学会了使用"电"这个词。普特南说:"让我们把这一事件,即我获得了以这种方式使用'电'这个名词的能力称为引进事件。"[1] 无论"电"这个词的内涵如何发生改变,我们对这个词的使用始终会与这个引进事件因果地联系在一起。如果我们又把这个词教给其他人,关于它的用法便因果地传递下去。一旦"电"被引进一个人的词汇中,无论直接通过引进事件,还是间接地通过别

---

[1] 普特南:《说明与指称》,见《语言哲学名著选辑》(英美部分),涂纪亮主编,北京,生活·读书·新知三联书店,1988年,第342页。

人,这个词的指称便固定下来。

通过这个例子我们也可看出,普特南不仅强调指称的因果链,同样强调在这一过程中是否传递了正确的信息,或说真信念(如富兰克林关于电的那些描述)。这正是他与克里普克的不同之处。

普特南认为,按照克里普克的说法,即便一个人对某一事物(或人)没有任何真信念,也不妨碍他通过一个名称来指称这一事物(或人)。如此一来,假如有人问我蒯因是谁,我不厚道地告诉他蒯因是一位罗马皇帝;如果他相信我说的,逢人便说"蒯因是一位罗马皇帝",而这就是他关于蒯因所"知道"的一切,那我们能说他正确地指称了蒯因吗?因此,普特南评价说:"我感到就人们所允许的因果链而言,人们不应该像克里普克那样随便。"[1]

既然我们是从专家那里学会如何指称的,专家又是依凭什么能够确定一个词的指称并建立对事物的正确认知的?在这个问题上,普特南与克里普克的看法一致,认为这需要诉诸事物的本质。

第二节 本质主义

本质主义肇始于亚里士多德。在《论题篇》中,亚里士多德提出本质是十范畴之首,它意谓事物的"是什么",而我们可以通过下定义的方式来给出事物的本质。自此以后,追问事物是什

---

[1] 普特南:《说明与指称》,见《语言哲学名著选辑》(英美部分),涂纪亮主编,第 346 页。

么便成为一个基本的哲学命题。在当代，对本质命题的思考得益于语言哲学的新发展，克里普克和普特南是其中的代表人物。

克里普克的本质理论

克里普克在他的历史因果命名理论中就已经涉及对事物本质的考察，他将其与可能世界理论联系起来。于是，一事物的本质就是该事物在所有可能世界都必然具有的属性。进一步来说，克里普克认为个体事物的本质是它的起源，而自然种类事物的本质是它的内部结构。

首先，对于像苏格拉底这样的个体，无论"柏拉图的老师"还是"被雅典法庭判处死刑的哲学家"都没有道出他的本质，因为我们完全可以想象在其他可能世界苏格拉底不是柏拉图的老师，或者没有被判处死刑。那什么是苏格拉底的本质呢？克里普克认为，这就要追溯到苏格拉底的起源，而这个起源就是其父母所提供的受精卵。无论我们如何想象有关苏格拉底的不同可能性，我们也不能想象苏格拉底不是他的父母所生，正是由他父母的精子和卵子结合生成的那颗受精卵才使得苏格拉底成为他自身。因此，一个对象的起源就是这个对象的本质。

当然，这是对有生命的个体来说的。对于一个无生命的个体，例如某张桌子，克里普克说它的本质就是构成它的那种物质材料，实际上这还是追溯到了它的起源。

其次，对于像黄金这样的自然种类事物来说，说它是一种黄色的金属并没有说明它的本质，我们完全可以想象一种表面上与黄金极为相似的东西，但它其实是假金。那什么是这类事物的本质呢？克里普克说是该类事物所有成员都具有的内部结构。黄金的原子序数是 79 就是它的内部结构，因此原子序数是 79 就是黄金的本质；同理，水的分子结构是 H_2O，因此 H_2O 就是水的本质。然而这些都是科学发现的必然真理，也就是说，在所有可能世界黄金的原子序数必然是 79，水的分子结构必然是 H_2O。

克里普克还认为像老虎这样的动物也具有自己的内部结构，也就是老虎的本质。某些看起来是老虎的动物未必是老虎；相反，即便一只老虎的皮肤是白色的，或者是三条腿的，只要它的内部结构与一般的老虎是一致的，那么它就仍是老虎。

普特南的本质理论

普特南并不是一个坚定的本质主义者，但他同意克里普克的一些基本看法，即事物的表面特征并不构成事物的本质，本质是其内部结构。

"老虎是有条纹的大型猫科动物"并不是一个分析命题，因为老虎也可能没有条纹，正如柠檬也可能不是黄色的。的确，"色黄""味酸""皮厚"这些特征都与"柠檬"这个名称有联系，但它们并不是成为柠檬这类事物成员的充要条件，甚至不是成为其正常成员的充要条件。普特南总结说："所有的老虎都有条纹不是分析的，有些老虎有条纹也不是分析的；所有的柠檬都是黄的不是分析的，有些柠檬是黄的也不是分析的；甚至老虎是动物或柠檬是水果也不是分析的。"[1]

---

[1] 普特南：《说明与指称》，见《语言哲学名著选辑》（英美部分），涂纪亮主编，第 348 页。

因此，无论"色黄""味酸"还是"皮厚"，都无法帮助我们确定"柠檬"的指称。归根结底，事物的表面特征都是可以改变的，但事物的本质是不会改变的，否则它就不是它自身了。因此，只有把握事物的本质才能正确地认识事物。那什么是柠檬或老虎这类事物的本质呢？普特南说，从生物学家的观点看，也许是这类事物内在的 DNA 结构。

再回到孪生地球的例子。孪生地球也存在与地球上的水看起来一模一样的液体，于是我们都用"水"来指称它们。然而，一旦我们通过化学分析发现在孪生地球上的水其实是 XYZ 而非 H_2O，那我们能说水有两种本质，或者存在两种水吗？普特南认为不能。因为如果水的本质是 H_2O，那么我们用"水"所指称的就必然是具有 H_2O 这一本质的事物，所以不可能存在某个可能世界，其中水不具有这一本质。用克里普克的话说，"水"是严格指示词，正因为这种严格指称性才保证了跨世界的同一性，所以"水"在所有可能世界都指称 H_2O。既然孪生地球上那种看起来像水的液体的本质是 XYZ，那么它就不是水。

无论老虎、柠檬、水还是黄金，我们对自然种类事物的认识是在不断深入的，但这类事物的指称并没有因此改变："黄金"在两千年前的指称与今天并没有什么不同。普特南反对以下这种相对主义观点，即认为在古希腊"黄金"的指称满足当时人们对黄金的操作定义，而在今天"黄金"的指称也满足今天人们对它的操作定义[1]。普特南认为这将导致一种真理的怀疑论。

---

1 是指根据当时人们对事物现象层面的理解，通过一系列描述语所下的定义。

当阿基米德断言国王的王冠不是纯金的时候，他所依据的并不是黄金的表面特征（某种操作定义），而是其隐秘的内部结构（本质）。由此可见，无论古代人还是现代人，最终都要依据事物的本质来确定其指称，只不过古人对事物本质的认识还不像今天这么精确。只要事物的本质不变，我们与古人所谈论的就是同一种意义（指称）上的黄金。

克里普克的问题

早期分析哲学拒斥形而上学，反本质主义阵营声势浩大。但自蒯因、斯特劳森以来，形而上学在英美学界大有复兴之势，克里普克与普特南重新引入本质主义更是对此起到积极推动作用。然而，他们都把对本质的探寻放在科学主义的背景中，认为对事物本质的揭示是科学的任务。尤其是，他们将事物的本质单纯地归结为某种物理起源或物理结构，这多少是把本质主义问题简单化了，其中也存在不少疑难。

按照克里普克的说法，苏格拉底的本质是他父母所提供的那颗特定的受精卵，因此在任何可能世界中，凡是由这颗受精卵形成的都是苏格拉底。但我们完全可以想象在某一可能世界这颗受精卵没有发育成人，或者由于它受到不明辐射而变异成某种怪物，甚至不知道什么东西，在这种情况下我们还能说这是苏格拉底吗？我们可以想象苏格拉底不是哲学家，但我们能想象苏格拉底不是人吗？由此可见，个体的起源恐怕并非个体成为其自身的充分条件。

再者，克里普克的个体本质起源说与他的命名仪式说也很难兼容。假设英国女王伊丽莎白二世并非乔治六世及其妻子所生，而实际上是美国总统杜鲁门夫妇的孩子。但她刚出生的时候就被神不知鬼不觉地替换到了英国王室，并被命名为"伊丽莎白"，此后她的经历也正是我们今天所知道的有关女王的一切。那么情况会怎么样呢？

既然女王实际上是杜鲁门夫妇所生，也就是说她的源头并非英国王室，那么按照本质起源说，她就不是伊丽莎白，伊丽莎白本人很可能就不存在。然而，根据克里普克的因果指称理论，我们之所以能够确定一个名称的指称，是因为最终要回溯到某个命名仪式。既然在英国王室的命名仪式上那个由杜鲁门夫妇所生的孩子被命名为"伊丽莎白"，此后人们也都这样称呼她，那么为什么她就不是伊丽莎白呢？克里普克说"伊丽莎白"是严格指示词，它在所有可能世界都指称伊丽莎白，那么它的严格指称性究竟是由命名仪式确定的，还是由本质起源确定的呢？

实际上，当我们谈及伊丽莎白二世时，我们会说她是世界上在位时间最长的女王，是出访过其他国家最多的英国君主，是查尔斯国王的母亲，等等。我们很可能谈及她所经历的一切，而不大可能谈及她是由哪颗受精卵发育起来的。因此，即便这位女王并非英国王室血亲，也并不影响我们认为她就是那个我们所知道的伊丽莎白。相反，即便乔治六世有一个亲生女儿，她本该是伊丽莎白，但阴差阳错被掉了包，成为另一个人，度过了另一段人生，我们可能会承认她本该是英国女王，但不大可能会说她就是伊丽莎白。由此可见，个体起源并非个体成为其自身的必要条件，它也不能帮助我们确定个体的指称。

至于克里普克说无生命个体（某张桌子）的本质是构成它的

物质材料，他的意思是说，如果一张桌子是由某种物质材料构成的，那么它就不可能由其他材料构成。换句话说，但凡不是由这一物质材料构成的东西就不是这张桌子（诉诸必要条件）。这相当于亚里士多德所说的质料因。但亚里士多德说构成个体的原因除了质料因外，还有形式因。对某个雕塑来说，形式就是这个雕塑的形状或模样，而这才是它的本质。

仅仅说某物是由某种物质材料构成的，无助于说明事物是什么。同一物质材料也可能制成两张或更多张桌子，我们无法通过追溯物质材料来确定哪个才是我们指称的那一个。况且，假设为了修理这张桌子，我们用一种新的材料不断更换它的部件，直至所有部件都被更换完毕，此时我们该如何看待这张桌子的本质？现在这张桌子与之前的桌子是同一张桌子吗？不是吗？（参考"忒修斯之船"问题）

普特南的问题

相较而言，普特南更关心自然种类通名的指称问题，但他同克里普克一样把自然种类的本质归结为某种物理化学结构，这同样存在不少疑难。

普特南说，由于地球上水的分子结构是 H_2O，那么"水"就指称 H_2O。孪生地球上那种看起来像水的液体，由于其分子结构是 XYZ，所以即便具有一样的表面特征，它也不是真正的水。但是，既然普特南同意科学是不断发展的，今后的研究很可能推翻先前的结论，那么我们完全可以想象在将来的某一天科学家发现水的本质并非 H_2O，而是另一种更深层次的结构，并且孪生地球上的液体也具有同样的深层结构。这样,无论 H_2O 还是 XYZ 都只是水的一种浅层的结构特征、一种偶性,类似于柠檬有大小或颜色的差异,那么这种分子结构就并非水的本质。如果这种假设是成立的,我们就不能说不是 H_2O 的液体就不是水了。

更何况,在地球上水、水蒸气和冰的分子结构都是 H_2O,但我们能说"水""水蒸气"和"冰"的意义或指称相同吗?显然不能。即便它们具有相同的分子结构,它们的状态可以相互转化,我们也并非在相同的意义上使用这些语词,这说明仅凭事物的内部结构并不能决定语词的意义和指称。在日常语言中,我们说一块冰是冰,不是直指它的化学分子式,而是它冰冷的触感和晶莹剔透的外形。此时,恰恰是事物的那些表面特征在起作用。

我们之所以能用"水"来指称孪生地球上的那种液体,是因为它看起来、喝起来与地球上的水没有什么区别。或者至少对于孪生地球上的人来说,这种液体的作用与地球上的水是一样的。更极端的,假设在某个星球的江河湖海中流淌的液体里含有某种人类无法适应的剧毒成分,但对于这颗星球上的智慧生命来说(由于他们的生理结构),他们就是用这种液体来解渴、冲洗、做饭,那我们把这种液体翻译(命名)为这个星球上的"水",有什么问题呢?总而言之,我们对语词的使用是因语境而流转的,恰恰是在那些具体语境中的言语活动才能引导我们正确地指称。

另外值得注意的是,无论普特南还是克里普克的表述似乎都会给人一种印象,事物的表面特征与其内部结构无关。克里普克甚至举出这样的例子:假如有一种动物,它看上去符合老虎的所有表面特征,但它的内部结构与老虎有很大差异,比如它其实是一种爬行类动物，那么即便它看上去像老虎，也并不是老虎。

的确，事物的表面特征具有一定的迷惑性，表面看上去是黄金的东西未必真的是黄金，也可能是假金。因此，仅通过表面特征我们并不能断言事物是什么，但这并不意味着在通常情况下事物的表面特征与其内部结构是毫无关联的。在鸟类的羽毛、流线型的身材与轻盈的骨架之间必定具有某种逻辑相关性，而这些都指向了鸟的本质；相反，我们很难想象存在一种具有老虎全部表面特征的爬行动物。克里普克自己也说黄金是什么颜色是由其原子结构决定的，可见事物的表面特征与其内部结构有着紧密的联系；现象与本质并不割裂。

最后，如同克里普克的命名理论，普特南的因果指称理论也面临适用范围过于狭窄的问题。归根结底，科学本质主义主要适用于自然种类事物或科学研究的对象。对于像眼镜、沙发、自行车这样的人工事物来说，其意义（本质）并不在于什么物理结构，而在于它们所实现的功能或用途。此外，普特南的语义外在论特别强调外延的重要作用，但对那些没有确定外延的语词就显得无计可施。总而言之，科学本质主义既不是本质主义的完满方案，也不是语义学的可靠基石。

第三节　缸中之脑

普特南的科学本质主义隐含了这样一种实在论思想：世界由独立于心灵的客观实在组成，科学能够揭示实在的面孔。这同时也指向一种真理符合论的信念，既然知识的对象是客观实在的，那么一个命题的真就是它与对象的符合,而唯有科学描述才是符合对象本质的真知识(水的本质是 H_2O,老虎的本质是其 DNA 结构)。人们常把普特南这一阶段的思想称为"科学实在论"。但面对来自各方面的批评,普特南不断反思以往的观点,又逐渐转向"内在实在论"的主张。缸中之脑假设就是在这样的背景下提出的。

缸中之脑假设

假设有一个邪恶的科学家将你的大脑从身体上切下放入一个营养缸中,并将神经末梢同一台超级计算机相连,使你具有一切如常的幻觉。你能感受到物体、人群、天空,你能够跳跃、奔跑、微笑。但实际上你所经验的一切都只是从那台计算机传输到大脑的电信号。你甚至会以为自己正在阅读这本书,正在思考这样一个有趣但荒唐的假设:一个邪恶的科学家把你的大脑放入一个营养缸中并与一台超级计算机相连……

我们还可以设想,不是只有你的大脑被放在营养缸中,而是所有人的大脑都在缸中。甚至连邪恶的科学家也不必存在,整个宇宙就是一台超级自动机,它管理着一个充满大脑和神经系统的巨大的营养缸。它使我们形成一种集体幻觉,当我觉得自己正在和你交谈时,你也觉得正在听我讲话。我们以为我们生活在现实中,但一切不过是梦幻泡影。

在做出如上假设后,普特南问道:如果我们以这种方式成了一个缸中之脑,我们能不能说或想到我们是缸中之脑?他的回答是:我们不能。

普特南认为缸中之脑假设虽然并不违反物理定律，与我们的主观经验也没有什么不一致，却不可能是真实的，因为它是自我反驳的。所谓"自我反驳"的意思就是指一个命题的真同时蕴涵了它的假。比如"所有全称命题都是假的"，如果这个命题为真，那么它就是假的，这就导致了自我反驳；当我说"我不存在"时也是类似的情况。普特南认为缸中之脑假设恰恰具有这种性质，因此它不可能是真的。

神秘的指称理论

那普特南为什么觉得缸中之脑假设是自我反驳的呢？因为它依赖于一种神秘的指称理论。这种理论认为在我们的表征（representation）系统和它所表征的东西之间具有某种内在的、固有的、神秘的联系，似乎凡是我们能想到的语词或心理图像就必然地表征与它们有关的东西。

为了说明这一理论，我们来看下面的例子。在沙地上有一只蚂蚁，它弯弯绕绕地爬着。纯粹出于偶然，这只蚂蚁爬行所划出的那条曲线看起来居然有点像丘吉尔的模样。那么蚂蚁是否画了一幅丘吉尔的肖像画呢？当然没有。这只蚂蚁肯定没见过丘吉尔，它也没有画丘吉尔的想法。它仅仅是无意间在地上划了一条曲线，只是我们觉得有点像丘吉尔罢了。

显而易见，无论这条曲线、这幅物理图像如何与丘吉尔相似，都不必然表征或指称丘吉尔。归根结底，任何物理对象本身都不指称事物。那怎么样才能说这条曲线表征了丘吉尔呢？我们通常的想法是，如果蚂蚁真的见过丘吉尔，并且有意在沙地上画出丘吉尔，那才能说这条曲线表征了丘吉尔。由此看来，表征或指称的首要条件是意向（intention）。也就是说，是心灵在指称某物，因为心灵具有意向性的特征，而物理的东西没有。但心灵如何就能指称，意向性又何以可能？人们并没有对此给出值得信服的论证。普特南评价说："这个结论来得过于仓促了；只是设定心灵的神秘力量，是解决不了任何问题的。"[1] 这就是他所说的神秘的指称理论。

人们或许会说，心灵能够指称是因为它能通过内在的心理意象或语词来表征事物。比如我说出或想到一个词"树"，它就表征或指称了树。但普特南马上论证道，就像物理图像与它们所表征的东西之间没有必然联系那样，心理意象与它们所表征的东西之间也没有必然联系。

他再次举例说，假设在某个星球上进化出了人类，他们虽然与我们相像，但从未见过树。有一天，一艘飞船经过他们的星球，偶然地将一张树的图片留在了那里。当这个星球上的人看到这张图片时，可能会产生某种同我们相似的心理意象，但由于他们没见过树，他们就不知道这张图片上的东西是什么，所以他们关于这张图片的心理意象就不可能表征树。

这同样适用于语词的情况。纸上的某段文字看起来可能是对树的确切描述，但如果它是由猴子随意地在打字机上敲出来的，那么这段文字就不指称树或任何东西。如果有人能背诵这段文字却不理解它是什么意思，那么它在这人心中也不指称任何东西。

---

[1] 普特南：《理性、真理与历史》，童世骏、李光程译，上海，上海译文出版社，2005年，第3页。

更进一步来说，即使不是把单个语词，而是把能够决定语词在上下文中如何使用的规则或整个语言系统都考虑进来，也不能保证语词有特定的指称。比如我们给一台机器安装一套强大的语言程序，使得它能够像通过了图灵测试一般对圣托里尼岛的风光"侃侃而谈"。但它实际上根本认不出一花一草、一砖一瓦，哪怕它们就在它面前。在这种情况下，我们能说这台机器有所指称吗？甚至，我们可以把这样两台机器连接在一起，让它们相互"交流"。即使全世界都消失了，也丝毫不会妨碍它们继续"愚弄"彼此。缸中之脑的情况与之何其相似。

因此，普特南总结说，无论是怎样的表征系统——物理的或心理的，言语的或视觉的，都不与它所表征的事物之间具有内在的必然联系。

我们不是缸中之脑

现在，让我们回到缸中之脑的假设。正如以上思想实验所说明的那样，当缸中之脑想到"我面前有一棵树"时，看起来他们也会产生某种与我们相似的心理意象，但这并不指称现实中的树。也就是说，缸中之脑所想到的"树"同现实的树之间没有什么必然联系，正如另一星球上的人在看到那张图片时的心理意象同现实中的树也没有什么联系。总之，缸中之脑"虽然能够想和'说'我们所能想、所能说的任何话语，但（我认为）他们不能指称我们所指称的东西。尤其是，他们无法想或说他们是缸中之脑（即使通过心想'我们是缸中之脑'）"[1]。

---

1 普特南：《理性、真理与历史》，童世骏、李光程译，第9页。

当然，普特南并不反对缸中之脑假设具有物理的可能性。比如在某个可能世界，其中一切有感觉的生物都是缸中之脑。但物理的可能性并不等于实际上的真实存在，而普特南要论证的关键就在于——我们不是缸中之脑。

如果我们是缸中之脑，当我们说或想"我们是缸中之脑"时，它有可能指称意象中的缸和脑，或是引起这些经验的电信号，但绝不可能指称现实中的缸和脑。正如另一星球上的人与树没有因果联系那样，缸中之脑与现实世界也没有因果联系。因此，如果我们是缸中之脑，那么我们说"我们是缸中之脑"的意思就是我们是意象中的缸中之脑。但问题在于，缸中之脑这个假设原本要说的当然不是我们是意象中的缸中之脑，而是现实的缸中之脑。这里就出现了矛盾：假如我们是缸中之脑，并且能想到我们是缸中之脑，那么我们反而就不是真正的缸中之脑了。因此，"我们是缸中之脑"这个命题是自我反驳的，结论自然是：我们不是缸中之脑。

内在实在论

我们在本节一开始提到，普特南的缸中之脑假设是在内在实在论的背景下提出的，而他提出内在实在论的目的是为了反对两种哲学观点：一种是外在实在论（也即形而上学实在论），普特南早期所流露出的科学实在论倾向就属于这种观点；另一种是相对主义。

外在实在论主张世界是由不依赖于心灵的客体组成，这就导致一种主客二分（笛卡尔主义），那么对世界的真实描述就在于内在的语词或思想符号与外在事物的符合（真理符合论），反映在语义学层面就是神秘的指称理论。人们认为缸中之脑假设是可以成立的，所犯的错误之一就是相信这种神秘的指称理论。根据这种理论，当我想到"我是缸中之脑"时，就必然有一个现实的缸和脑与之对应。但普特南通过一系列论证意图说明这是错误的：意象并不必然指称外物。

普特南认为赞成缸中之脑假设所犯的另一个错误是过于看重物理的可能性，而它的背后正是科学实在论（外在实在论）的图景。的确，我们所处的时代是科学的时代，科学被认为是唯一指向实在世界的真知。在这样一种文化氛围下，有一种将物理学看作我们的形而上学，将各种精密科学看作对这个宇宙最终极、最真实描绘的倾向。于是，真理就是物理学真理，可能性就是物理的可能性，而这种物理的可能性就成了可以断定什么东西是真实存在的试金石。普特南当然不反对物理的可能性，缸中之脑假设也可以具有这样一种可能性，但这并不意味着我们真有可能成为实际的缸中之脑。排除这种可能性的不是物理学，而是哲学。

认为什么东西独立于我们的认识而存在，仿佛用一种上帝的眼光在看世界，这正是缸中之脑假设赖以生根的土壤。与之相对，内在实在论者拒斥缸中之脑假设。在他们看来，这不过是一种纯粹的语言构造，而不具有实际意义。换言之，只有外在实在论才会导致缸中之脑的困境，内在实在论则不会。世界并不独立于人的心灵而存在，不存在什么"上帝的眼光"，存在的只是现实的人的看法。因此，"世界是由什么构成的"这个问题只有在人的视域中，在由人所构建的概念框架内谈论才是有意义的。也就是说，关于世界的一切描述都是相对于某种概念框架来说的，对象并不独立于概念框架而存在。

那什么是真理呢？真理是某种（理想化的）合理的可接受性。也就是说，如果一个陈述是真的，它就是能被合理地接受的。但这也不是要把真理等同于合理的可接受性。"地球是平的"这个陈述在3000年前是可以被合理地接受的，但如果说这个陈述（即便在3000年前）是真的，那就不对了。由此可见，合理的可接受性既有时间性，又是相对于某个或某些个体的；真理则不依赖于一时一地的合理正当，它应是稳定的或趋同的。所以说，真理是合理的可接受性的某种理想化。我们假定存在一些认识论上的理想条件，如果一个陈述在这样一些条件下被证明可以成立，我们就说它是真的。虽然这种理想条件就像物理学中的无摩擦平面一样终不可得，但我们可以无限地逼近它。

内在实在论强调概念框架的相对性，但这并不导致相对主义。比如，不同科学家对某种理论实体（如电子）的描述可能不同，但由这个名称（"电子"）所指称的对象却是一致的，因为总有一条因果指称链将这些不同描述串联起来。相对主义则不同，根据这种观点，每一个概念系统都同其他概念系统一样好。结果就是，一个彻底的相对主义者无法肯定任何东西，因为一切都是相对的。到头来就像费耶阿本德所说："怎么都行！"最终只会滑入反实在论和主观主义的漩涡。

内在实在论更不是主观主义，它也不是那种认为心灵构筑了一切的唯心论思想。如果非要说，那也应该是心灵和世界共同构成了心灵和世界。换句话说，心灵既不独立于世界，世界也不独立于心灵，二者彼此关联，共同成就。

简单评价

毋庸置疑，普特南通过围绕缸中之脑假设的一系列论证，将矛头指向以笛卡尔为代表的主客二分法，从而完成对外在实在论和相对主义的批判，这个过程是相当精彩的。但仔细审视整个论证过程就会发现，它并没有看上去那么逻辑融贯。

比如，普特南说缸中之脑假设是自我反驳的，但仔细对比它与"所有全称命题都是假的"这样的陈述就会发现，后者的自我反驳性一目了然，前者却并非如此。普特南预设了一个前提，即如果我们坚持外在实在论，那么根据神秘的指称理论，缸中之脑说"我们是缸中之脑"并不指称现实的缸中之脑，而只指称意象中的缸中之脑。我们提出"我们是缸中之脑"这一假设，原本想要指称的当然不是意象中的缸中之脑，这才导致自我反驳。

然而，如果说"我们是缸中之脑"原本想要指称的就是现实的缸中之脑，那么实际上这里已经隐含了我们不是缸中之脑的结论。换句话说，普特南已经把结论当成了前提，并在此基础上展开论证。只有当我们能够设想自己是现实中的人而不是缸中之脑，我们才能设想自己所说的话指称一个现实中的人所能指称的东西，也即指称现实的缸中之脑。然而，如果我们不知道自己是不是缸中之脑，我们又怎么能断言，当我们说"我们是缸中之脑"时原本想要指称的就是现实的缸中之脑呢？我们不是缸中之脑，我们在现实中——这本来是普特南要力求证明的结论，现在却变成了论证的前提。因此，这里存在循环论证的谬误，而据此认为缸中之脑假设是自我反驳的就难以成立了。

再者，即便不考虑循环论证的问题，普特南对缸中之脑缘何不能指称外部世界的说法也存在一些疑难。普特南从他的因果指称理论出发，认为另一星球上的人之所以不能指称树，是因为他们没有见过树，也就是说他们与树之间没有因果联系。同理，由于缸中之脑与外部世界之间根本没有因果联系，所以也不可能有效地指称外物。

但如果我们是被一个邪恶的科学家将大脑从身体上切下，并放入营养缸中成为一个缸中之脑，这至少意味着我们在成为缸中之脑前应当还是一个正常人，是经验过外部世界的。那怎么能说我们没有与外部世界存在丝毫的历史因果联系呢？即便我们已经成为缸中之脑，我们的"所思所想"和"使用语词进行指称"这些幻觉的实现都来自科学家输入的电信号，但科学家与外部世界是有直接的因果联系的，因而作为缸中之脑的我们与外部世界至少存在间接的因果联系。这就像即便我们从没见过黑洞，也不了解关于它的理论，但通过社会交往活动，我们与物理学家的理论描述，与天文学家发布的黑洞"照片"之间总会形成一条因果指称链。

就算连邪恶的科学家也不存在，我们所在的整个宇宙都是由一个自动机控制的缸中之脑的世界，那么自动机之外还有没有世界？它如何与这外部世界产生联系？它是怎样编写出诸如"苹果""田野""塔顶"这些与我们所生成的幻觉有关的语词程序的？它有没有一个设计者？如果没有设计者，它是如何产生并运作这一切的？如果有设计者，那么它的设计者是不是与外部世界存在因果联系？普特南自己也说："尽管机器并不感知到苹果、田野和塔顶，但它的设计制造者是感知得到的。借助设计制造者的感知经验和知识的中介，在机器与实在世界的苹果等等之间有某种因果联系。"[1]虽然普特南又强调说,即便如此,这样一种微弱的联系也很难成为指称的充分条件,但只要他仍坚持因果指称理论,这种辩护就显得有些苍白无力了。总之,认为缸中之脑不能因果地指称外部世界,这一点也是不成立的。

虽然我们在这里指出了普特南缸中之脑论证中的一些问题,但依然无法遮蔽这一思想实验的魅力与价值。我们是否生活在缸中之脑的世界,这一命题不仅涉及语义学研究,与认识论的怀疑主义相关,也同样可以从认知科学、心灵哲学等角度展开更广泛的思考与讨论。

除此以外,普特南对外在实在论以及相对主义的批评是否公允,而内在实在论是否真正摆脱了主客二分的思维模式,它究竟在何种意义上仍是实在论,它与主观主义和相对主义的关系是否得到了有力澄清,这些问题也存在普遍的争论。好在普特南是一个勇于自我批判的人。在不断的总结和反思中,尤其是在泰勒和罗蒂的影响下,普特南逐渐转向实用主义,并最终成为一个"新实用主义者"。

---

[1] 普特南:《理性、真理与历史》,童世骏、李光程译,第12页。

第十二章
塞尔的意向性

约翰·塞尔（John R. Searle，1932.7.31—）生于美国科罗拉多州丹佛市，1955年进入牛津大学学习，获博士学位，曾先后任教于牛津大学和加州大学伯克利分校。他的主要著述包括《言语行为》(Speech Acts)、《表达和意义》(Expression and Meaning)、《意向性》(Intentionality)、《意识的奥秘》(The Mystery of Consciousness)、《心灵、语言和社会》(Mind, Language and Society)，等等。塞尔是奥斯汀和斯特劳森的学生，自然深受牛津日常语言学派的影响，他是奥斯汀言语行为理论的主要继承者。

第一节 再论言语行为

在日常语言学派一章，我们已经介绍了奥斯汀对言语行为理论的开创性工作。他主张说话就是做事，言语就是行动，并进一步将言语行为划分为以言表意、以言行事和以言取效三种类型。塞尔同意奥斯汀的基本思想，并在批判继承奥斯汀的基础上阐发了自己的言语行为理论。

语义和语力

塞尔与奥斯汀一样，认为语言交流的最小单位不是符号、语词或语句，甚至不是符号、语词或语句的标记（token），而是言语行为。当然，塞尔所说的言语行为主要指的是以言行事行为。

奥斯汀说以言表意行为是以某种意义说出一个语句，而以言行事行为是以某种力量说出一个语句。塞尔却认为，我们不能把以言表意和以言行事看作两种不同的言语行为。在绝大多数情况下，我们都无法抽象出与以言行事行为无关的以言表意行为，其中的关键在于语句的力量与语句的意义是紧密相连的。比如，"我发誓我会娶她为妻"，这个句子的意义就包含了某种以言行事的力量（"发誓"）。当语句的力量就是意义的一部分时，语义就决定了语力。因此，没有两种不同的行为，而只有同一行为的两个不同标签。归根结底，以言表意也是以言行事。

当然，我们之所以会觉得以言表意和以言行事是有区别的，是因为对大部分用来实现以言行事行为的语句来说，我们总可以把它们看作由两个部分组成，也即两个不同标签：表示命题的部分与表示功能的手段。表示命题的部分就是以言行事的内容，而表示功能的手段就是以言行事的力量，也即说话者要完成的是什么样的言语行为。我们说出含有某一命题内容的话语是为了实现行事的功能，因此，表意与行事在本质上是无法分开的。

显然，尽管每一种以言行事行为要实现的功能是不尽相同的，但它们却可以含有相同的命题内容。请看下面的例子：

（1）约翰要离开这个房间吗？（疑问）
（2）约翰将离开这个房间。（断定）
（3）约翰，离开这个房间！（命令）
（4）但愿约翰离开这个房间。（愿望）
（5）如果约翰愿意离开这个房间，我也愿意离开。（假设）

这五个句子要完成的是不同的以言行事行为，但它们都具有共同的特征，如都指称了约翰，都表达了这个人离开房间这个行为，也即都具有相同的命题内容：约翰将离开这个房间。换句话说，命题内容是一致的，但其中展现的以言行事的力量则是不同的。

塞尔的这种区分其实并不新鲜，此前人们就已注意到语句与语句所要表达的思想内容（命题）的不同。"雪是白的"和"Snow is white"表达了相同的命题，但却是两种不同语言的句子。同样是"王维是个诗人"这句话，一个人这样说时，他意指的是唐朝诗人王摩诘，而另一人说时意指的却是本书作者，那他们所表达的就是不同的思想。

弗雷格早就意识到应注意命题内容与命题态度的区别。命题态度不仅包括疑问、愿望、命令等，也包括做出断定，而后一种情况往往被人忽视。就"约翰将离开这个房间"这句话来说，乍一看，它与它所要表达的命题内容是非常一致的，但实际上一个断定句的命题内容与对该命题的断定是有区别的，断定是一种命题态度。"约翰将离开这个房间"具有约翰将离开这个房间这一命题内容；而当我们说"约翰将离开这个房间"时，就是做出一种断定——断定这句话是真的。

塞尔也认为我们可以把一个命题与对那个命题的一种断定或陈述区别开来："一个论断是一个以言行事的行为，但一个命题则根本不是一种行为，尽管表达一个命题的行为是完成特定的以言行事行为的一部分。"[1]正是注意到了这一点，塞尔才强调既不要把以言表意看作不同于以言行事的一种言语行为，又要注意区分在同一以言行事行为中，语义和语力这两个标签或部分的不同。

以言行事行为的分类

奥斯汀将以言行事行为划分为五种类型：1. 判定式（verdictives），就是根据一些理由来宣布某些发现，如"坚信""分析""估计"；2. 阐释式（expositives），就是阐明观点、进行论证或澄清用法，如"肯定""否认""强调"；3. 执行式（exercitives），就是对某一行动做出决定，如"命令""推荐""宣布"；4. 行为式（behabitives），就是对别人行为的反应或态度，如"道歉""祝贺""赞许"；5. 承诺式（commissives），就是对某一行动做出承诺，如"许诺""发誓""保证"。

但塞尔觉得这种划分不是很成熟，存在很多缺点。比如，这一分类与其说是对以言行事行为进行的划分，不如说是对以言行事话语中的动词进行的划分。奥斯汀似乎觉得对以言行事动词的划分就等同于对相应行为的划分，但这是没有道理的。比如"宣

---

[1] 塞尔：《什么是言语行为》，见《语言哲学》，马蒂尼奇编，牟博等译，第235页。

布"这个词，人们可以宣布命令、承诺或报道，但宣布不等于命令、承诺或报道。宣布本身并不是某种以言行事行为，而是某种以言行事行为由以完成的方式。

塞尔认为这个分类最大的问题是没有一个清楚的或始终一贯的原则。正是由于没有这样的原则，再加上对以言行事行为和以言行事动词之间的混淆，因此不同类型之间经常出现交错重叠的情况。很多动词处于两个相互竞争的类型之间，比如奥斯汀把"描述"这个词既列入判定式，又列入阐释式，其原因就在于分类原则缺乏系统性。

正是基于这些考虑，塞尔提出了他对以言行事行为进行分类的12条标准，其中最重要的是以下三条。

第一，行为要旨方面的区别。以言行事的要旨就是以言行事的目的，不同类型的以言行事行为有不同的目的。比如命令的目的就是让听话者去做某件事，而承诺的目的就是让说话者承担做某件事的责任。这里要注意，以言行事的要旨或目的并不等同于以言行事的力量，前者只是构成后者的一部分条件。"我恳求你跟我一起去"和"我命令你跟我一起去"具有相同的目的，但不能说二者具有相同的语力。

第二，语词和世界之间适应方向（direction of fit）上的区别。适应方向指的是以言行事的命题内容是以什么方向与世界相联系的，是语词适应世界的方向，还是世界适应语词的方向，还是相互适应的方向，还是没有方向。比如，陈述就是语词适应世界，一个陈述为真就意味着该陈述与事实相符合（"外面下雨了"）；承诺则是世界适应语词，一个兑现了的承诺意味着说话者的行动符合他做出的承诺（"我答应会娶你"）。

第三，表现出来的心理状态的区别。这指的是说话者在做出某种以言行事行为时所具有的态度或立场的不同。比如，当一个人陈述或断定"雪是白的"时，就表明他相信这是真的；当一个人承诺或威胁"我要跳下去"时，就表明他有这么做的意向；当一个人命令或请求你"离开这里"时，就表明他有让你这么做的愿望。

根据这些标准，塞尔将以言行事行为分为以下五种类型。

1. 断定式（assertives）：这类行为的要旨就是做出断定，使说话者承认某个命题的真理性，适应方向是从语词到世界，心理状态是信念。对断定式最简单的检验办法就是看它是否具有真值。标准的断定式语句："我预料他会来。"

2. 指令式（directives）：这类行为的要旨是说话者试图让听话者去做某件事，适应方向是从世界到语词，心理状态是愿望。显然，这类行为的语力强度可能不同（如"请求"与"命令"）。标准的指令式语句："我命令你离开。"

3. 承诺式（commissives）：这是从奥斯汀那里直接继承下来的一个类型。这类行为的要旨是说话者有责任去做某些事，适应方向是从世界到语词，心理状态是意向。这里需要注意的是，虽然承诺式与指令式的适应方向是一致的，但二者的行为要旨并不相同，因此仍属于两个类型的以言行事行为。标准的承诺式语句："我发誓要报仇。"

4. 表情式（expressives）：这类行为的要旨是表现出对于命题内容所表述的事情的心理状态，属于这类行为的动词包括"感谢""道歉""哀悼""欢迎"等。显然，表情式行为无所谓适应方向，也即在完成此类行为时，说话者既不使语词适应世界，也不使世界适应语词。不过，表情式行为的命题内容所包含的某种特性总是或者与说话者有关，或者与听话者有关，而不可能都没有关系。我可以祝贺你升职加薪，也可以祝贺你喜结连理，但通常情况下我不会因牛顿第一定律而祝贺你。标准的表情式语句："我感谢你给我这笔钱。"

5. 宣告式（declaratives）：这类行为的要旨是说话者宣告某个事态的发生，从而实现这个事态。换句话说，成功完成一个宣告式行为，就能使其命题内容与现实世界产生一种对应关系。比如，如果我成功地任命你为总经理，那你就是总经理了；如果我成功地宣布你们二人结为夫妻，那你们就是一家人了；如果我成功地向你宣战，那我们就开战了。由此可见，宣告式行为的适应方向是双向的，也就是从语词到世界，又从世界到语词。此外，塞尔认为宣告式行为无所谓心理状态。标准的宣告式语句："我宣布会议结束。"

可以看出，塞尔的分类的确较奥斯汀更为严谨清晰。塞尔反复强调，对以言行事行为的分类不是对以言行事动词的分类，很多动词都不是以言行事要旨的标志。当我们将以言行事的要旨作为区分语言用法的依据，对其中的基本概念进行细致地分门别类，便不会像维特根斯坦等人说的那样，认为存在着数不清的语言游戏或语言用法，无章可循。由此，塞尔满怀自信地说："语言有无限众多的用法这种幻觉之所以产生，是由于人们对于把一种语言游戏（或语言用法）与另一种语言游戏（或语言用法）划分开来的标准没有搞清楚。"[1]

---

[1] 塞尔：《对以言行事行为的分类》，见《语言哲学名著选辑》（英美部分），涂继亮主编并译，第243页。

第二节　言语行为与意向性

在上一章我们说到，普特南反对那种认为在我们的表征系统和它所表征的东西之间具有某种内在联系的神秘的指称理论，他尤其反对人们试图通过意向性来解释这种表征关系。与之相对，塞尔恰恰认为表征之可能正在于说话者具有表征的意向。即便在普特南看来这一结论来得过于仓促，但塞尔坚持认为意向性是语言能够表征的一个不可或缺的前提，我们不可能再找到其他更好的解释。[1]

基本概念

现代哲学中的意向性理论源自德国哲学家和心理学家布伦塔诺。他认为心理现象总是指向某个对象，总是与对象有所关涉，也即总是具有意向性的特征。比如，在爱中总有某个对象被爱，在欲望中总有某个对象被欲求，在判断中总有某个对象被肯定或否定。布伦塔诺强调，意向性是心理现象有别于物理现象的本质特征。

塞尔同意布伦塔诺的基本观点，他说："意向性是为许多心理状态和事件所具有的这样一种性质，即这些心理状态或事件通过它而指向或关于或涉及世界上的对象和事态。"[2] 假如我有所担

---

1 可以说，从戴维森的真值条件论到克里普克-普特南的历史因果理论，都是一种语义外在论的主张，而塞尔则依然捍卫传统的语义内在论。
2 塞尔：《意向性：论心灵哲学》，刘叶涛译，上海，上海人民出版社，2007年，第1页。

忧，那必定是对某样东西的担忧；假如我有所愿望，那必定是对某件事情的愿望；假如我有某种意向，那必定是一种想要去做某事的意向。总之，意向性具有指向性。

但塞尔提醒我们注意以下三点。

第一，并不是所有心理状态都具有意向性的特征。希望、害怕、信念是意向性的，我害怕什么、我对什么有信念总是指向什么。同样，如果我是因为某件事情而感到焦虑，那这种焦虑的心理状态也具有指向性。但如果我仅仅是焦虑或沮丧，却并不因为什么事情而感到焦虑或沮丧，那么这种无指向性的心理状态就不是意向性的。

第二，这说明并非所有有意识的心理状态都是意向性的，比如一瞬间的得意感、无指向性的焦虑；并且也不是所有意向状态都是有意识的，比如一个人具有某种信念，但在通常情况下他并没有意识到自己具有这种信念（我自然相信我的曾祖父是个中国人，但我从未有意识地考虑过它）。由此可见，有意识的状态与意向状态虽有交集，但并不同一。

第三，意图或意向只是诸多意向状态中的一种形式。当然，意图（intention）和意向性（intentionality）具有明显的语义关联，但前者并不因此具有任何特殊地位。意向状态中还包括信念、愿望、害怕等其他形式，而说它们是意向性的并不因为它们包含某种意图，比如一个具有某种信念的人并不因此就具有要做某事或想要得到某种东西的打算或想法。总之，我们不能把想要做某事看作意向状态的唯一或某种特殊的形式。

内在的或派生的

那么意向性和言语行为有什么关系呢？塞尔说："以言行事的行为是语言交流中的意义单位，这一事实的一个结果就是以言行事的行为本质上是意向性的。……以言行事的行为，意义和意向是结合在一起的。"[1]

意向性具有指向性，它使得我们的心灵能够表征实在世界，与实在建立联系。当然，语言或符号系统也具有指向或表征实在的功能，而这种功能是由心灵的意向性派生的。语言是如何表征实在或与实在相联系的？通过意义来联系，而意义恰恰是一种派生的意向性。心灵通过把意向性赋予符号或声音才使它们具有了意义，并将它们与实在联系起来。

塞尔说，派生的意向性是相对于内在的意向性来说的。所谓内在的意向性（intrinsic intentionality）指的是那种能够归属于某个主体的原初的意向性，也即在我们的意识活动中，在我们内心里所具有的意向性。比如，如果我现在想睡觉，那么"我想睡觉"就表征了我内在的这种意向状态。这种意向状态是归属于我的，不依赖于他人的，或者与他人无关的。也就是说，无论其他人怎么看，我都具有想睡觉的意向状态。

所谓派生的意向性（derived intentionality），指的是由内在的意向性所派生出来的意向性，也即我们语言的意义。在英语中，"I want to sleep"的意思是"我想睡觉"。但这个英语句子的意向

---

[1] 塞尔：《心灵、语言和社会》，李步楼译，上海，上海译文出版社，2001年，第132页。

性不是内在的,而是派生的,因为它的意向性取决于讲英语的那个人内在的意向性。也就是说,如果讲英语的那个人用"I want to sleep"这句话意指想睡觉的意向状态,他就把这一意向状态赋予了这句话,那么这句话自然就表达了"我想睡觉"的意思。但他还可以用这句话意指其他东西,或者不意指任何东西(比如只是做口语练习)。因此,句子的意义并不内在于句子自身,而是来自说话者,来自说话者意向性的派生。塞尔总结说:"一切语言的意义都是派生的意向性。"[1]

意向状态的结构

正因为言语行为的本质是意向性的,其意义是由内在的意向性派生的,所以言语行为与意向状态才能在相同的意义上表征对象和事态。这也说明二者应当具有相似的结构特征,因而通过对比言语行为的结构我们就能得到意向状态的结构。塞尔认为,在言语行为的结构与意向状态的结构之间至少存在四点相似或关联之处。

1. 在言语行为理论中,以言行事行为是由命题内容和以言行事的力量两个部分组成;相似地,意向状态也是由表征内容和心理模式两部分组成。就"你离开这个房间"这一命题内容而言,存在可以表现不同语力的以言行事行为,比如我可以命令你离开这个房间,请求你离开这个房间,或预言你将离开这个房间。同样,就"你离开这个房间"这一表征内容而言,也可以存在表现

---

[1] 塞尔:《心灵、语言和社会》,李步楼译,第89页。

不同心理模式的意向状态，如我相信你会离开这个房间，担心你会离开这个房间，希望你会离开这个房间。

2. 正如以言行事行为具有不同的适应方向，意向状态也具有不同的适应方向。我们知道，断定式言语行为（陈述、描述、断言）的适应方向是从语词到世界，指令式言语行为（命令、指挥、要求）与承诺式言语行为（诺言、发誓、保证）的适应方向是从世界到语词，而表情式言语行为（感谢、道歉、哀悼）无所谓适应方向。与之类似，意向状态中也存在从心灵到世界、从世界到心灵以及没有适应方向的情况。比如，信念这种意向状态就具有从心灵到世界的适应方向。如果我的信念是错的，那么出问题的就是我的信念，而不会是世界。与世界相符合是信念的责任，如果不符合，我就需要调整我的信念。像愿望这种意向状态就具有从世界到心灵的适应方向。如果我没能实现某个愿望，那么不能与我的愿望相符合就是世界的过失，我们无法通过说这是一种错误的愿望来解决问题。要想实现愿望，唯有努力改变世界。此外，也存在没有适应方向的意向状态，如高兴或悔恨。如果我为你考上理想的大学而由衷地感到高兴，尽管我的高兴中包含着你已经考上大学这一信念，以及希望你考上大学这一愿望，但我的高兴本身无所谓真假（像信念那样），也无所谓是否被满足（像愿望那样），因而也就谈不上什么适应方向。

3. 除了适应方向的不同，不同类型以言行事行为的心理状态也不尽相同。如断定式是信念，指令式是愿望，承诺式是意向。我做出某个陈述，就是表达某种信念；我命令某人去做某事，就是表达某种愿望；我承诺去做某事，就是表达去做某事的意向。显然，这里的心理状态就是意向状态，而所有这些以言行事行为及其意向状态都具有内在的关联性。当你做出一种言语行为时就必然要表现相应的意向状态,你不可能说"今天下雨了,但我不相信今天下雨了",或者"我命令你去睡觉,但我不希望你去睡觉"。在做出某种言语行为时又否认相应的意向状态是不合常理的。即便说话者是不真诚的,他并不具有那种信念、愿望或意向,但他毕竟在完成某种言语行为时表现出了那种信念、愿望或意向。因此,塞尔也把在某一言语行为中表现出来的意向状态称为该行为的真诚条件。

4. 除了真诚条件,还有满足条件。言语行为与意向状态的第四个关联之处就是它们具有相同的满足条件,而这通常是指命题(表征)内容与实在世界之间的符合。换句话说,当实在世界正如言语行为或意向状态所表征的那样存在,那么这一言语行为或意向状态就得到了满足。例如我说:"请你出去!"如果你真的出去了,这一言语行为就得到了满足。我相信月球绕着地球转,如果这一信念与实际情况相符合,那么我的信念也就得到了满足。塞尔说,对于每一种具有适应方向的言语行为来说,它被满足当且仅当它所表达的意向状态得到满足。一个陈述是真的当且仅当被表达的信念是正确的,一个命令被服从当且仅当被表达的愿望得以实现,一个承诺被兑现当且仅当被表达的意向得以施行。因此,言语行为的满足条件就是意向状态的满足条件。塞尔强调说,理解表征的关键就在于满足条件。

通过以上,我们捋清了意向状态所具有的结构特征。虽然我们是通过言语行为来解释意向状态的结构的,但塞尔认为心灵现象比语言现象发生得更早,因此真正的逻辑方向就应是根据意向状态来解释言语行为。

第三节　意向性与意义

既然心灵现象比语言现象发生得更早,而意向状态与言语行为又具有同构性,后者应被前者所解释,那么我们就应当根据意向性来定义意义。顺理成章地,对语言意义的理解便可通过一些非语言的概念加以分析。

意义意向

意义是一种(派生的)意向性,仅说明这一点还不够。是什么把它和其他类型的意向性区别开来的,都存在哪些不同的意向性?为此,塞尔将言语行为中的意向性划分为两个层次:一个是在做出言语行为时所表现的心理状态,也就是真诚条件,这个我们在前面已经介绍过了;另一个是想要实施并完成言语行为的意向,塞尔称之为意义意向。正是意义意向将我们内心的想法赋予物理声音或符号,并使其具有意义。

意义意向又可分为两个方面:一个是说话者想要表征某种事实的表征意向,另一个是说话者想要将某种事实传递给听话者的交流意向。交流是说话者通过言语行为对听话者产生某种影响,但一个人完全可以只是表征某种东西,而毫不关心对听话者产生什么影响。他可以做出某个陈述却并不想让听话者相信什么,甚至根本就没想让听话者理解他的陈述。

因此,表征意向不同于交流意向,并且表征意向先于交流意向。于是这种情况就是可能的:一个人想要表征某种东西,却并不想交流这种东西。我说"天在下雨",但我未必是说给谁听的。

但这种情况是不可能的：一个人想要交流某种东西，却不想表征这种东西。我不可能告诉你天在下雨，同时却不想让我的言说表征天气情况。一个人想要交流的东西就是他要表征的内容，因此表征意向是更在先的、更根本的，也是意义的核心组成部分。一个物理声音或符号有意义就在于它以某种方式表征了实在，意义就是实现表征意向的功能。

满足条件

那么，当一个人执行一种言语行为时，他究竟是如何做到将他的意向性赋予这些物理声音或符号的？这里的关键是满足条件。根据意向状态和言语行为的同构性，我们已知二者的满足条件是相同的：一个陈述是真的当且仅当被表达的信念是正确的。如果我说："天在下雨。"这通常也意味着我具有天在下雨的信念，或者至少表现出了我具有如此这般的信念，于是这个陈述为真的满足条件（也即真值条件）同我的信念的满足条件是一致的，那就是天在下雨这个事实。

但意义意向的满足条件并不等于意向状态或言语行为的满足条件。做出一个陈述不等于做出一个真陈述，意义意向只是做出陈述的意向。但做出陈述的意向必定会使说话者承诺去做出真陈述，并在其所做出的真陈述中表达真信念。这就意味着："意义意向的内容必须既能决定言语行动和真诚条件（意向状态）具有它们所具有的满足条件，而且还能决定它们具有相同的满足条件。"[1]

---

1 塞尔：《意向性：论心灵哲学》，刘叶涛译，第168页。

这一过程具体是怎样的呢？我们来看一个例子。

假如我最近在学习德语，于是我在淋浴时反复练习一个句子："Es regnet."（天在下雨。）此时我只是在练习口语发音，并不意谓天在下雨。那么在这个层面，说出这句话而并不意谓什么的意向（意向1）的满足条件仅仅是（我的意向应当指引我）说出这句话。

但是当我有所意谓的时候，比如一个人用德语问我天气如何，我回答说："Es regnet."此时我除了具有说出这句话的意向之外，还具有意谓天在下雨的意向——这就是意义意向（意向2），因为正是意义意向使我的话语具有意义。因此，意义意向的满足条件就是表征的实施，比如做出一个有意谓的陈述。可是做出一个有意谓的陈述不等于做出一个真陈述，我说"Es regnet"，但未必天就在下雨，我可能撒谎了。即便如此，只要我说出"Es regnet"并意谓天在下雨，那么无论天是不是下雨或者我是不是撒谎，这个意向仍有满足条件，即意向状态或言语行为的满足条件，在这个例子中也就是真值条件。

当我说出这句话并意谓它时，我的意图自然是承诺它的真值。"所以，意义意向等于这样一种意向：当我说'Es regnet'时，除了我说出那个话语的意向的满足条件以外，那个话语本身现在又有满足条件。当我说出某种东西并且意谓它时，我承诺了我所说的东西为真。不管我是诚实的还是不诚实的，情况都是这样。"[1]

此外，如果我意图将这句话的意义传达给听话者，那么这就产生第三部分的意向，也即交流意向（意向3）。交流的目的

---

1 塞尔：《心灵、语言和社会》，李步楼译，第138页。

是让听话者理解我的意思，因此它不等于表征意向。我说出"Es regnet"并有所意谓，这只是完成了表征；我要让听话者认识到我有一种希望他知道我意思的意图，从而使他知道我的意思，这才能完成交流。

因此，整个意向过程应当由三部分意向组成：1.说出这句话的意向（意向1）；2.说出这句话并有所意谓，从而使其具有满足条件的意义意向，也即表征意向（意向2）；3.使听话者通过认识到意向1和意向2而理解说话者意思的意向，即交流意向（意向3）。

至此，我们便通过意向性的概念解释了语句如何被赋予意义并实现交流的整个过程。

简单评价

塞尔在奥斯汀的基础上发展了言语行为理论，使其更为系统化，从而推动了言语行为的形式化研究。尤其是，塞尔将语言意义归因于心灵的意向性，这是其理论的独特之处。他从语言哲学与心灵哲学的维度考察意向性概念，不仅推动了意向性理论的发展，也开拓了语言哲学的研究视野。当然，塞尔的理论同样存在一些问题和困难。

首先，塞尔声称心灵现象比语言现象发生得更早，语言的意义派生于心灵的意向性，因此我们应该用意向性去解释言语行为。但他却恰恰是通过类比言语行为的结构来解释意向状态的结构，通过考察语言如何运作来考察心灵如何运作。塞尔坚称他只是将语言看作解释意向性的一种"启发性工具"，真正的逻辑顺序是从心灵的意向性到语言的意向性。但为什么是前者决定后者，而不是相反？

从直觉出发，塞尔认为就连不会说话的婴儿或没有言语行为能力的动物都是具有意向性的，由此可见，心灵的意向性要早于语言的意向性。但与其说这是论据，毋宁说是基于某种信念的断言，而他对此并没有给出更多更充分的解释。哈贝马斯就不同意塞尔的观点。如果说某一主体在前语言阶段就具有意向性的能力，那他是通过什么去表征和理解事态的？说心灵对事态的表征早于语言的表征，这是没有根据的。恰恰相反，如果离开了语言，我们就根本无法表征或者理解任何表征。因此，语言的表征能力才应是更在先的。

其次，塞尔将意义意向划分为表征意向和交流意向，但他又强调表征意向才是更根本的，是意义的核心部分，甚至干脆将表征意向等同于意义意向，而将交流意向搁在一边——意义的存在独立于交流意向。实际上，在塞尔早期的意义理论中，他更强调言语行为的基本目的是交流，意义正是在交流中被给出的。但到了后期，塞尔明显走向另一个极端。

的确，表征是先于交流的，但语言是以交流为目的的基本判断并没有错。从表征到交流，本应是言语行为的完整环节，我说出某句话未必一定要说给谁听，但我说话的目的最终还是要服务于交流，否则表征的意义又何在呢？一旦牵扯到交流，言语行为的意义就不是纯粹的表征能够涵盖的了，因为交流具有主体间性。我说："天在下雨。"我只是想表达天气状况的事实，你却理解成我不想陪你去郊外；或者，我的确有不想陪你去郊外的言外之意，但你却理解成我只是在提醒你别忘了带把伞。其中意义的构成成分并不单一，它由字面意思、说话者的意向与听话者的意向共同给出。此外，塞尔在考察间接言语行为以及隐喻问题时已经考虑到语境、约定以及背景知识在给出意义的过程中的重要作用，这也说明在复杂的言语行为中意义的决定因素是多方面的。

最后，塞尔说意义意向是做出陈述的意向，而做出陈述的意向必定会使说话者承诺去做出真陈述。即便说话者是不诚实的，他内心并没有他所表现出来的那种意向，这个意向本身依然具有满足条件。但这似乎是说，言语行为的满足条件并不一定取决于说话者的意向状态，而是取决于话语本身的实际效果。"我请你出去！"虽然我内心并不真的这么想，但按照塞尔的说法，这个命令依然能够得到满足，也即听话者受命于这句话去行动。可如果重要的不是说话者的主观意向是什么，而是他说了什么，我们还凭什么说是心灵的意向性决定了语言的意向性呢？

结　语

无论如何，塞尔力图将语言哲学建立在意向性理论之上这一基本思路是清晰可辨的。他曾经明确提出：语言哲学是心灵哲学的一个分支。我们对语言的理解要基于对心灵的理解，我们对语言的认识要服务于对心灵的认识。

这并不奇怪，从克里普克、普特南到塞尔，当代分析哲学家的思维旨趣已不再像罗素、维特根斯坦或奥斯汀那样专注于语言自身。这一方面是因为很多传统的语言问题在得到比较成熟的思考后已陆续进入语言学的领域，而不再属于语言哲学需要讨论的范畴。另一方面是因为在经历了近半个多世纪的反思后，人们不再把语言或语言分析看作哲学的唯一目的,而是把它当作一种有效的思维方法;人们也不再视传统哲学问题(如形而上学)是过时的或无意义的,而是积极地将传统引入现代。因此,今天的哲学家们更多是借助语言分析的方法来思考各种旧的或新的哲学问题,如在科学哲学、心灵哲学、认识论、伦理学以及形而上学中所能看到的那样。

或许正如塞尔所言,语言哲学作为一种思潮正在走向终结。

参考文献

中文文献

查尔默斯:《科学究竟是什么》(最新增补本),鲁旭东译,北京,商务印书馆,2018年。

陈波:《奎因哲学研究》,北京,生活·读书·新知三联书店,1998年。

陈嘉映:《简明语言哲学》,北京,中国人民大学出版社,2013年。

陈亚军:《从分析哲学走向实用主义——普特南哲学研究》,北京,东方出版社,2002年。

戴维森:《对真理与解释的探究》,牟博、江怡译,北京,中国人民大学出版社,2007年。

戴维森:《真理、意义与方法》,牟博译,北京,商务印书馆,2012年。

弗雷格:《弗雷格哲学论著选辑》,王路译,北京,商务印书馆,1994年。

弗雷格:《算术基础》,王路译,北京,商务印书馆,1998年。

哈贝马斯:《后形而上学思想》,曹卫东、付德根译,南京,译林出版社，2001年。

韩林合：《〈逻辑哲学论〉研究》，北京，商务印书馆，2007年。

洪谦主编：《逻辑经验主义》，上卷，北京，商务印书馆，1982年。

洪谦主编：《现代西方哲学论著选辑》，上册，北京，商务印书馆，1993年。

洪谦：《论逻辑经验主义》，北京，商务印书馆，2010年。

黄敏：《分析哲学导论》，广州，中山大学出版社，2009年。

江怡主编：《西方哲学史》（学术版），第8卷，南京，江苏人民出版社，2005年。

卡尔纳普：《哲学和逻辑句法》，傅季重译，上海，上海人民出版社，1962年。

克里普克：《命名与必然性》，梅文译，上海，上海译文出版社，2005年。

莱布尼茨：《人类理智新论》，陈修斋译，北京，商务印书馆，1982年。

赖尔：《心的概念》，徐大建译，北京，商务印书馆，2005年。

罗素：《数理哲学导论》，晏成书译，北京，商务印书馆，1982年。

罗素：《我的哲学的发展》，温锡增译，北京，商务印书馆，1985年。

罗素：《逻辑与知识》，苑莉均译，北京，商务印书馆，1996年。

罗素：《罗素自传》，第2卷，陈启伟译，北京，商务印书馆，

2003 年。

罗素:《哲学问题》,何兆武译,北京,商务印书馆,2007 年。

马蒂尼奇编:《语言哲学》,牟博等译,北京,商务印书馆,1998 年。

蒙克:《维特根斯坦传:天才之为责任》,王宇光译,杭州,浙江大学出版社,2011 年。

穆尼茨:《当代分析哲学》,吴牟人、张汝伦、黄勇译,上海,复旦大学出版社,1986 年。

皮尔斯:《皮尔斯文选》,涂纪亮、周兆平译,北京,社会科学文献出版社,2006 年。

普特南:《理性、真理与历史》,童世骏、李光程译,上海,上海译文出版社,2005 年。

蒯因:《语词和对象》,陈启伟等译,北京,中国人民大学出版社,2005 年。

蒯因:《从逻辑的观点看》,陈启伟等译,北京,中国人民大学出版社,2007 年。

塞尔:《心灵、语言和社会》,李步楼译,上海,上海译文出版社,2001 年。

塞尔:《意向性:论心灵哲学》,刘叶涛译,上海,上海人民出版社,2007 年。

施太格缪勒:《当代哲学主流》,下卷,王炳文,王路等译,北京,商务印书馆,1992 年。

斯特劳森:《个体:论描述的形而上学》,江怡译,北京,中国人民大学出版社,2004 年。

涂纪亮主编:《语言哲学名著选辑》(英美部分),北京,生活·读书·新知三联书店，1988 年。

王维：《形而上学之思》，北京，生活·读书·新知三联书店，2020 年。

维特根斯坦：《哲学研究》，汤潮、范光棣译，北京，生活·读书·新知三联书店，1992 年。

维特根斯坦：《维特根斯坦全集》，涂纪亮主编，石家庄，河北教育出版社，2003 年。

维特根斯坦：《逻辑哲学论》，贺绍甲译，北京，商务印书馆，2009 年。

休谟：《人类理解研究》，关文运译，北京，商务印书馆，1981 年。

徐英瑾：《维特根斯坦哲学转型期中的"现象学"之谜》，上海，复旦大学出版社，2005 年。

徐友渔：《"哥白尼式"的革命——哲学中的语言转向》，上海，上海三联书店，1994 年。

詹姆士：《实用主义》，陈羽纶、孙瑞禾译，北京，商务印书馆，1979 年。

张庆熊、周林东、徐英瑾：《二十世纪英美哲学》，北京，人民出版社，2005 年。

英文文献

Austin J. *How to Do Things with Words*. Oxford, Oxford University Press, 1962.

Ayer A. *Logical Positivism*. New York: The Free Press, 1959.

Ayer A. *The Origin of Pragmatism*. London: Macmillan & Co.

Ltd., 1968.

Chomsky N. *Aspects of the Theory of Syntax*. Cambridge: MIT Press, 1965.

Davidson D. & Hintikka J. *Words and Objections: Essays on the Work of W. V. Quine*. Dordrecht: D. Reidel Publishing Company,1969.

Davidson D. *Subjective, Intersubjective, Objective*. Oxford: Clarendon Press, 2001.

Davidson D. *Truth, Language and History*. Oxford: Clarendon Press, 2005.

Dummett M. *Origins of Analytical Philosophy*. London: Gerald Duckworth & Co. Ltd., 1993.

Dummett M. *The Seas of Language*. Oxford: Clarendon Press, 1996.

Floyd J. & Shieh S. *Future Pasts: The Analytic Tradition in Twentieth Century Philosophy*. Oxford: Oxford University Press, 2001.

Frege G. *The Basic Laws of Arithmetic*. tr. by M. Furth. Berkeley: University of California Press, 1964.

Frege G. *The Frege Reader*. ed. by M. Beaney. Oxford: Blackwell Publishers Ltd., 1997.

Hacker P. *Wittgenstein's Place in Twentieth Century Analytic Philosophy*. Oxford: Blackwell Publishers, 1996.

Hintikka S. *Rudolf Carnap: Logical Empiricist*. Dordrecht: D. Reidel Publishing, 1975.

Kripke S. *Naming and Necessity*. Cambridge: Harvard University

Press, 1980.

Kripke S. *Philosophical Troubles: Collected Papers*, Vol. 1. New York: Oxford University Press, 2011.

Lewis D. *Counterfactuals*. Oxford: Blackwell Publishers Ltd., 2001.

McGinn M. *Wittgenstein and the Philosophical Investigations*. London: Routledge, 1997.

Neurath O. The Scientific Conception of the World: The Vienna Circle. In *Empiricism and Sociology*, vol. 1. Dordrecht: D. Reidel Publishing, 1973.

Popper K. *The Logic of Scientific Discovery*. London: Hutchinson & Co., 1959.

Preyer G. *Donald Davidson on Truth, Meaning, and the Mental*. Oxford: Oxford University Press, 2012.

Putnam H. *Mind, Language and Reality*. Cambridge: Cambridge University Press, 1975.

Putnam H. *The Many Faces of Realism*. La Salle: Open Court, 1987.

Putnam H. *Realism with a Human Face*. Cambridge: Harvard University Press, 1990.

Quine W. *The Ways of Paradox and Other Essays*. New York: Random House, 1966.

Quine W. *Ontological Relativity and Other Essays*. New York: Columbia University Press, 1969.

Quine W. *The Roots of Reference*. La Salle: Open Court, 1973.

Quine W. *From Stimulus to Science*. Cambridge: Harvard University Press, 1995.

Rorty R. *The Linguistic Turn*. Chicago: University of Chicago Press, 1967.

Russell B. & Whitehead A. *Principia Mathematica*, vol. 1. Cambridge: Cambridge University Press, 1927.

Russell B. *An Inquiry into Meaning and Truth*. London: George Allen & Unwin Ltd., 1950.

Ryle G. *Collected Papers*. London: Hutchinson, 1971.

Searle J. *Speech Acts: An Essay in the Philosophy of Language*. Cambridge: Cambridge University Press, 1969.

Searle J. *The Philosophy of Language*. Oxford: Oxford University Press, 1971.

Searle J. *The Rediscovery of The Mind*. Cambridge: MIT Press, 1992.

Strawson P. *Individuals: An Essay in Descriptive Metaphysics*. London: Routledge, 1959.

Strawson P. *Analysis and Metaphysics*. Oxford: Oxford University Press, 1992.

Waismann F. *Wittgenstein and the Vienna Circle*. tr. by D. Schulte and B. McGuinness. New York: Harper & Row Publishers, 1979.

Wittgenstein L. *Philosophical Investigations*. tr. by G. E. M. Anscombe. Oxford: Blackwell, 1953.

Wittgenstein L. *The Blue and Brown Books*. Oxford: Blackwell, 1958.

Wittgenstein L. *On Certainty*. tr. by D. Paul and G. Anscombe. Oxford: Blackwell, 1969.

Wittgenstein L. *Tractatus Logico-Philosophicus*. tr. by D. Pears and B. McGuinness. London: Routledge & Kegan Paul, 1974.

Wittgenstein L. *Philosophical Grammar*. tr. by A. Kenny. Oxford: Blackwell, 1974.